Pourquoi les manchots
n'ont pas froid aux pieds ?

Mais qui mange
les guêpes ?

Pourquoi les manchots n'ont pas froid aux pieds ?

Mais qui mange les guêpes ?

et 211 autres questions
stupides et passionnantes

par les lecteurs de la revue *New Scientist*

TRADUIT DE L'ANGLAIS (GRANDE-BRETAGNE)
PAR NICOLAS WITKOWSKI

ÉDITIONS FRANCE LOISIRS

Titre original : *Why Don't Penguins' Feet Freeze ?*
Éditeur original : Profile Books, Londres

Titre original : *Does Anything Eat Wasps ?*
Éditeur original : Profile Books, Londres

Dépôt légal : septembre 2007
Éditions du Club France Loisirs, Paris
avec l'autorisation des Éditions du Seuil

Éditions France Loisirs
123, boulevard de Grenelle, Paris
www.franceloisirs.com

ISBN 978-2-298-00515-8

Introduction

Quand, en 1994, a été inaugurée la rubrique de courrier des lecteurs de notre revue hebdomadaire *New Scientist* intitulée « Le dernier mot », un des rédacteurs demanda combien de temps cette rubrique durerait. Les estimations variaient entre un et cinq ans. « Il serait en tout cas incroyable, affirma l'un d'eux, que l'on dépasse dix ans. Cela ferait plus de cinq cents questions intéressantes – il n'y en a pas autant que ça. »

Onze ans plus tard, vous lisez une petite sélection des questions et réponses d'une rubrique qui ne montre aucun signe d'essoufflement. Au cours des seules cinq dernières années, les lecteurs nous ont appris à quel degré d'obésité il fallait parvenir pour être à l'abri des balles, pourquoi les bières brunes prennent davantage la tête que les blondes, comment estimer la quantité de pluie contenue dans un nuage ou pourquoi les patates germées peuvent être dangereuses. Une des questions a même suscité un article dans la très sérieuse revue *Physica A*. Des chercheurs espagnols et américains s'y sont intéressés au comportement étrange de la liqueur de café quand on y verse de la crème…

Pourquoi « Le dernier mot » a-t-il connu un tel succès ? D'abord parce que cette rubrique tient entièrement à l'enthousiasme des lecteurs. Chaque semaine, notre serveur est inondé de questions étranges, aussitôt suivies d'une marée de réponses surprenantes en provenance d'autres lecteurs. Ce livre est donc le résultat de leurs efforts.

Vous pouvez participer vous-même à ce jeu permanent (http ://www.newscientist.com/lastword.ns) en posant une question ou y en répondant, mais souvenez-vous que les questions doivent être des petites questions anodines. Nous ne pouvons vous éclairer sur le mystère ou la signification de l'existence humaine, mais nous vous dirons pourquoi votre thé s'éclaircit si vous lui ajoutez du jus de citron. Et nous ignorons s'il existe de la vie ailleurs dans l'univers, mais nous savons comment faire des bulles d'air dans une barre chocolatée.

Bienvenue chez les adorateurs de l'ordinaire et les groupies de la trivialité !

Mick O'Hare
(qui remercie Jeremy Webb,
Lucy Middleton, Alun Anderson
et les équipes de *New Scientist*
pour leur collaboration)

Les commentaires en italique en réponse aux questions ont été établis par l'éditeur anglais du texte original et par l'éditeur français de la présente édition.

Pourquoi les manchots n'ont pas froid aux pieds ?

1. Notre corps

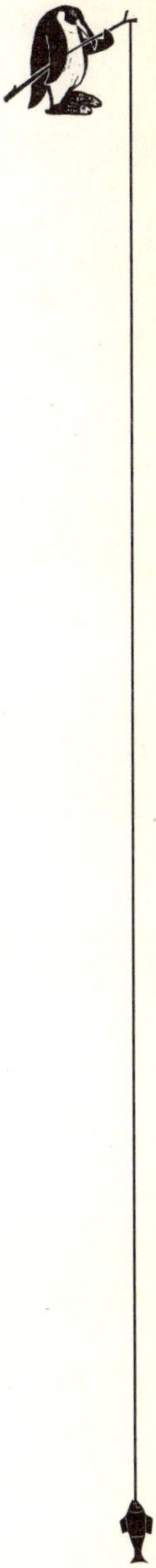

Gris naturel

Pourquoi les cheveux deviennent-ils gris ?

Keren Bagon

Le gris, ou le blanc, est vraiment la « couleur » naturelle des cheveux. Les cellules pigmentaires fournissant de la mélanine et situées à la base de chaque follicule pileux donnent leur couleur à nos cheveux lorsque nous sommes jeunes. Avec l'âge, la plupart de ces cellules meurent, et les cheveux perdent leur couleur. Ils deviennent gris.

Le processus de perte de la couleur initiale prend entre dix et vingt ans – la totalité des cheveux d'une personne (qui se comptent par centaines de milliers) deviennent rarement gris en une seule nuit. Curieusement, la production des cellules pigmentaires s'accélère souvent avec l'âge : les cheveux foncent parfois temporairement avant que les pigments cessent de se renouveler.

Bob Barnhurst

Éternueur photique

J'ai remarqué que beaucoup de gens ont tendance à éternuer quand ils passent d'un endroit sombre à un endroit situé en pleine lumière. Pourquoi ?

D. Boothroyd

Ce sont les photons qui vous chatouillent les narines !

Steve Joseph

Je crois que la réponse est très simple: quand le soleil tape sur un objet, surtout protégé par du verre, il en augmente notablement la température. L'air autour de lui s'échauffe aussi, s'élève et entraîne avec lui des millions de particules de poussière. Pénétrant dans les narines, elles provoquent l'éternuement.

Alan Beswick

Je suis sujet à ce phénomène, comme ma mère et une de mes sœurs. Cela est peut-être génétique, et confère un avantage du point de vue de l'évolution. J'ai fait ma petite enquête et il semble que nous autres, éternueurs «photiques», soyons en minorité. À mesure que la couche d'ozone s'amincit, cependant, laissant passer de plus en plus d'ultraviolets, nos yeux subissent des agressions croissantes. Ceux d'entre nous qui éternuent à la lumière seront mieux protégés que les autres, puisque l'on a tendance à fermer les yeux quand on éternue ! Le reste de la population va graduellement devenir aveugle, et ne sera certes pas favorisé par la sélection naturelle.

Alex Hallatt

La tendance à éternuer à la lumière est appelée éternuement «photique», ou «lié à la lumière». C'est un trait génétique transmis d'une génération à la suivante et qui affecte entre 18 et 35 % de la population. L'éternuement se déclenche car les réflexes protecteurs des yeux et du nez sont étroitement liés. D'ailleurs, quand nous éternuons, nos yeux se ferment. L'éternuement photique est un danger bien connu des pilotes de chasse, spécialement quand ils volent face au soleil ou sont exposés, de nuit, aux projecteurs de défense anti-aérienne.

R. Eccles, Centre de recherche sur les affections nasales, Cardiff, Grande-Bretagne

Voici quelques réflexions anciennes sur la question de l'éternuement à la lumière, tirées du *Sylva sylvarum* (1635) de Francis Bacon, pionnier de la recherche scientifique : « Avoir le soleil en face fait éternuer. La cause n'en est pas l'échauffement des narines ; s'il en était ainsi nous éternuerions chaque fois que nous faisons face au soleil ; c'est la descente de l'humidité du cerveau. Car elle rend les yeux humides ; et par imitation les narines s'humidifient aussi ; et l'on éternue. De même, gratter l'intérieur du nez l'humidifie, et provoque aussi l'humidification des yeux par imitation. Pourtant on a observé que, pour s'empêcher d'éternuer, il faut se frotter les yeux jusqu'à ce qu'ils s'humidifient. La cause en est que l'humeur qui s'apprêtait à descendre du cerveau vers les narines a été détournée vers les yeux. »

C.W. Hart, Smithsonian Institution (l'équivalent de notre Museum d'histoire naturelle), Washington

Le secret des empreintes

Pourquoi avons-nous des empreintes digitales ? Et à quoi cela nous sert-il ?

Mary Newsham

Les empreintes digitales nous sont très utiles pour saisir les objets et les tenir. Elles fonctionnent comme les sculptures sur les pneus d'une voiture. Les surfaces lisses adhèrent bien lorsqu'elles sont sèches, mais plus du tout quand l'humidité est forte. Les fines sculptures de nos empreintes sont conçues pour évacuer l'eau et assécher les surfaces des objets afin de faciliter la prise. Le fait que ces empreintes soient caractéristiques des individus est mis à profit par la police à des fins d'identification.

James Curtis

Les empreintes digitales sont la partie visible des replis faits par l'épiderme de la peau s'enfonçant dans le derme, replis dont la structure est très imbriquée. Ces empreintes amortissent les forces de cisaillement (latérales) qui pourraient désolidariser les deux couches de la peau et entraîner la formation d'une ampoule. On les trouve sur toutes les surfaces de peau soumises à de forts cisaillements – doigts, paumes, doigts de pied et coudes. Le fait que ces empreintes soient spécifiques à chaque individu tient au mode de formation semi-aléatoire des replis et autres structures du derme.

Keith Lawrence

? Doigts ridés

Pourquoi la peau – surtout celle des doigts et des orteils – est-elle toute ridée après une immersion prolongée dans l'eau ?

Lloyd Unverfirth

La peau qui recouvre les extrémités des doigts est spécialement épaisse et résistante. Quand elle est gorgée d'eau, elle gonfle. Et comme elle n'a pas la place de s'étendre, elle se replie sur elle-même.

Steven Frith

Toute la peau du corps ne se ride pas après une longue immersion, car elle est recouverte d'une couche de kératine qui empêche les pertes d'humidité – et les gains, d'ailleurs. Sur les doigts des mains et des pieds, cette couche de kératine est en permanence usée par le frottement. L'eau peut donc facilement, à ces endroits-là, pénétrer les cellules de la peau par osmose, et les faire gonfler.

Robert Harrison

? À gauche toute !

Comment se fait-il que quand je rentre du pub, après quelques bières, je dévie plus vers la gauche que vers la droite ?

Chris Wood

La même chose arrive aux gens qui marchent en forêt ou dans le désert. Bien qu'ils aient l'impression de marcher en ligne droite, la plupart des gens, privés de repères, tournent légèrement vers la gauche, finissant par décrire, en sens inverse des aiguilles d'une montre, un grand cercle qui les ramène à leur point de départ.

La raison en est que la plupart des gens ont une jambe droite plus forte et plus souple que l'autre. Les spécialistes du sport le savent bien, comme ceux qui ont eu l'occasion de faire des tests d'effort avec les jambes.

Beaucoup de gens peuvent aussi soulever la jambe droite légèrement plus haut que la gauche. La poussée plus grande qu'elle exerce sur le sol explique le lent virage vers la gauche qui apparaît après quelque temps.

Han Ying Loke

Le corps humain n'est jamais parfaitement symétrique. La jambe droite, en particulier, est souvent plus longue que la gauche. Un rond de bière placé dans le talon de la chaussure gauche devrait remédier au problème.

J. Jamieson

Nous avons tous un œil dominant auquel nous nous fions davantage qu'à l'autre. Instinctivement, nous avons tendance à nous diriger vers là où nous voyons le mieux, même si nous corrigeons cette tendance de façon à marcher droit. Quand nous trébuchons, nous aurons donc tendance à trébucher en direction de notre œil dominant.

En effet, le cerveau doit réagir vite pour rétablir la situation, et il donne davantage de poids à l'information provenant de l'œil dominant : cela nous incite à nous diriger du côté de cet œil. D'après la question posée, l'œil dominant de votre lecteur est le gauche.

Ce phénomène peut être mis à profit pour guider les animaux : couvrez l'œil gauche d'un cheval, il ira vers la droite.

Adrian Baugh

De toute évidence, votre lecteur va au pub avec sa monnaie dans la poche droite et ses clés dans la poche gauche. Quand il revient après avoir tout dépensé, le poids de ses clés le tire vers la gauche.

Simon Thorn

Les membres du département de physique de mon université ont fait une étude sur le sujet. La théorie qui en émerge, bâtie sur notre expérience de retour de pub à Auckland, fait simplement appel à la gravité.

La monnaie néo-zélandaise, en dessous de 10 dollars, est constituée de pièces, dont certaines sont assez grosses. Lors d'une soirée au pub, on accumule un bon paquet de ces pièces dans sa poche. En supposant que les pièces anglaises sont semblables et que votre lecteur les met dans sa poche gauche, les lois élémentaires de la gravité le tireront vers la gauche. Il arrive à certains Néo-Zélandais, dans ces circonstances, de décrire des cercles.

Nelson Christenson, université d'Auckland, Nouvelle-Zélande

Après être resté debout pendant des heures dans un pub, un verre de bière dans la main droite, il est inévitable que nous rétablissions inconsciemment l'équilibre en trébuchant davantage à gauche. Les buveurs de bière gauchers font l'expérience inverse.

Anonyme

Marche synchronisée

Pourquoi deux personnes marchant côte à côte ont-elles inconsciemment tendance à synchroniser leurs pas ? S'agit-il d'un instinct naturel ?

Simon Apperley

Le zoologiste Desmond Morris, spécialiste du comportement animal, affirme que cela est dû à une volonté inconsciente de montrer à notre compagnon que nous sommes d'accord avec lui puisque nous marchons au même rythme. C'est aussi un signe à l'égard des autres, exprimant notre synchronisation, notre empathie.

D'autres études suggèrent que nous adoptons aussi les manières et attitudes de nos compagnons, spécialement de nos supérieurs, en croisant par exemple nos jambes dans la même direction. On voit souvent, à une table de réunion, le patron qui se gratte le nez être imité par ses employés, sans qu'ils s'en rendent compte.

Adithi, Hong Kong

Bien qu'il ne s'agisse que d'une opinion personnelle, j'ai une explication au fait que les gens marchent de façon synchronisée. Voyant un groupe d'enfants marcher dans un parc sous la conduite de deux adultes, j'ai observé que les adultes synchronisaient leurs pas tandis que les enfants marchaient, couraient et sautaient partout un peu au hasard.

Peut-être ces enfants, libres encore de tout conformisme, n'ont-ils pas encore appris qu'il est inacceptable de marcher à son propre rythme.

Todd Collins

La prochaine fois que vous marcherez près de quelqu'un, brisez le pas. Puis essayez de suivre la conversation que vous aviez. Vous allez très vite revenir au pas car il est alors beaucoup plus facile de se tourner vers la personne et de la regarder.

La communication est grandement facilitée quand on est proche de son partenaire et à peu près stable. Elle est plus difficile quand on bouge sans arrêt.

Hamish

Il y a une explication plus prosaïque et moins « sociologique ». Quand on marche, on se balance légèrement de droite à gauche. Si deux personnes côte à côte ne marchaient pas en cadence, leurs épaules se heurteraient à tout bout de champ.

Peter Verstappen

L'art de la chatouille

Pourquoi cela ne fait-il rien quand on se chatouille soi-même ?

Daniel et Nicolas Takken (7 et 9 ans)

Si quelqu'un vous chatouille et que vous parvenez à rester détendu, cela ne vous fera rien. Bien sûr, il est difficile de rester détendu car les chatouilles créent un état de tension chez la plupart d'entre nous, à cause du malaise dû au contact physique, de la perte de contrôle et de la peur : cela va-t-il chatouiller ou faire mal ? Cependant, beaucoup de gens ne sont pas chatouilleux – ce sont ceux qui arrivent à rester détendus.

Quand vous vous chatouillez vous-même, vous ne perdez à aucun moment le contrôle de la situation. Cela ne fait donc aucun effet. La prochaine fois que quelqu'un vous chatouille, vous expérimenterez la même chose en essayant de fermer les yeux et de respirer calmement.

Le rire est le résultat de l'état de panique modéré dans lequel vous vous trouvez. Cette façon de répondre à une agression peut sembler incompatible avec la « survie du plus apte » favorisée par l'évolution, puisque la panique rend vulnérable. Mais dans ce cas comme dans bien d'autres, la nature n'a que faire de la logique.

Sigurd Hermansson

Projection électrique

Quand on reçoit une décharge électrique, on est violemment projeté en arrière. D'où vient cette force ? L'électricité n'exerce pas de force par elle-même...

John Davies

La force provient de nos propres muscles. Quand un fort courant électrique traverse notre corps, nos muscles se contractent violemment – et souvent bien plus violemment que nous ne pouvons le faire volontairement.

Ordinairement, notre corps limite le nombre des fibres musculaires qui se contractent simultanément. Une situation de stress peut accroître ce nombre, augmentant la puissance musculaire disponible ainsi que le risque de blessure. C'est cette force très particulière qui a permis à des mères de soulever la voiture sous laquelle leur bébé était coincé, ou à des psychotiques d'échapper par la force à plusieurs infirmiers.

Quand les muscles sont stimulés par un courant électrique, ces limites naturelles ne s'appliquent plus et les contractions peuvent devenir très violentes. Comme les décharges électriques parcourent généralement un bras, l'abdomen, puis une ou les deux jambes, de nombreux muscles se contractent simultanément. Les résultats sont imprévisibles, mais, les muscles des jambes et du dos étant spécialement puissants, la victime peut fort bien traverser la pièce de façon totalement involontaire. Ajouté à la commotion de l'électrocution, cela donne l'impression de recevoir un choc violent plutôt que d'en être la source.

La distance à laquelle les gens se projettent ainsi est stupéfiante. Une femme, par exemple, touchée par un éclair alors qu'elle était dans un parking mouillé par la pluie, s'est retrouvée 12 mètres plus loin. Dans son cas, d'autres phénomènes physiques ont pu intervenir, comme la formation, et l'explosion, de vapeur d'eau à l'endroit du foudroiement. La femme a survécu, mais en a gardé des brûlures et de graves séquelles nerveuses.

Outre les bleus et autres blessures causés par les chocs électriques, un des effets secondaires les plus communs est la crampe musculaire due à la contraction excessive, qui peut aussi endommager les articulations et les tissus conjonctifs. Les physiothérapeutes, chiropracteurs et ostéopathes demandent souvent à leurs patients s'ils ont subi une électrocution.

Le fait d'être projeté à travers la pièce peut vous sauver la vie, puisque cela coupe le contact électrique. Mais il arrive que lorsque la victime tient la source de courant, sa main et son bras se referment dessus en se contractant. Si rien ne vient l'aider, elle meurt d'électrocution ou de fibrillation cardiaque.

Je me souviens d'un récit, peut-être apocryphe, concernant un micro mal relié à la terre, auquel un chanteur rock resta involontairement agrippé. Malheureusement, personne ne trouva plus étranges que d'habitude ses mouvements de détresse, et il fallut du temps à ses musiciens pour comprendre, et couper l'alimentation électrique.

Roger Dearnaley

Il est intéressant de se demander pourquoi la victime est projetée à travers la pièce et non tétanisée dans une posture figée. La raison en est que certains groupes de muscles sont dominants. Cela est particulièrement visible sur les victimes d'attaques cérébrales. Si l'attaque est suffisamment sévère pour qu'aucun contrôle volontaire ne s'exerce sur un côté du corps, le bras est replié, ainsi que le poignet et les doigts repliés, tandis que la jambe est tendue et le pied en extension.

Hors de tout contrôle cérébral, les mouvements réflexes

mettent tous les muscles en action, agonistes et antagonistes à la fois. La dominance d'un de ces groupes de muscles sur les autres rend compte de l'effet observé.

Ainsi, lors d'une électrocution, c'est le déséquilibre de forces entre muscles chargés de la flexion et muscles chargés de l'extension qui cause la projection de la victime à travers la pièce.

Il n'est pas recommandé de faire l'expérience, mais j'ai entendu dire qu'il est plus sûr de toucher un fil électrique dangereux avec le dos de la main plutôt qu'avec la paume : la contraction musculaire qui en résulte ne vous force pas à agripper le fil et à subir une électrocution en continu.

Il faudrait aussi considérer les effets sur le cœur, mais c'est une autre question.

John Parry

? Des gauchers moins adroits ?

En tant que gaucher, j'ai été étonné et peiné d'apprendre que j'étais davantage exposé à une mort accidentelle. Pourquoi en est-il ainsi ? Un droitier n'a-t-il pas les mêmes risques que moi de mourir d'un accident ?

Alan Parker

À l'approche d'un obstacle, les droitiers ont tendance à contourner par la droite, et les gauchers par la gauche. Si deux droitiers, ou deux gauchers, approchent du même obstacle en venant de deux directions opposées, ils se croisent sans aucun problème. Si un droitier rencontre un gaucher dans ces circonstances, ils vont entrer en collision. La majeure partie des gens étant droitiers, ce sont les gauchers qui sont le plus exposés à des accidents de ce type. L'exemple est simpliste, mais multiplié par le nombre de situations semblables qui se présentent dans une vie humaine, il explique l'espérance de vie plus courte des gauchers.

Hannah Ben-Zvi

Nous autres, les gauchers, sommes davantage victimes d'accidents car les outils industriels et les machines sont conçus pour les droitiers. Les gauchers sont ainsi plus souvent victimes d'accidents sur les lieux de travail que les droitiers. Un exemple en est le fusil d'assaut SA-80. Quand on tire en le plaçant sur l'épaule gauche, il éjecte la douille dans l'œil droit du tireur.

Daniel Bristow

Halte aux pellicules

Comment marche le shampooing antipelliculaire ?

Eugene

Les pellicules sont dues à un surplus de bactéries *Pityrosporum ovale* qui vivent normalement sur la peau. Ce surplus cause des irritations locales qui se traduisent par une prolifération des cellules (kératinocytes) qui constituent la couche externe de la peau. Elles forment des écailles connues sous le nom de « pellicules ».

Les shampooings antipelliculaires ont trois modes d'action. Des produits à base de goudron (antikérostatiques) inhibent la division des kératinocytes. Des détergents (kératolytiques) limitent l'accumulation des pellicules, et des antifongiques, ou des produits comme le sulfure de sélénium, s'opposent à la multiplication des bactéries elles-mêmes.

Roddie McKenzie, université d'Édimbourg

La voix de Mickey

Pourquoi le fait de parler dans l'hélium élève-t-il la fréquence de la voix, alors que le son émis se transmet dans l'air ?

David Bolton

Le son se propage plus vite dans l'hélium que dans l'air car les atomes d'hélium (masse « molaire » = 4) sont plus légers que les molécules d'azote et d'oxygène (respectivement 14 et 16). Le son de la voix, comme celui de tous les instruments à vent, est dû à la formation d'une onde stationnaire dans une cavité emplie d'air. La fréquence de cette onde multipliée par sa longueur d'onde est égale à la vitesse du son. La longueur d'onde étant fixée par la forme de la gorge, du nez et de la bouche, si la vitesse du son augmente, la fréquence fera de même. C'est pourquoi l'hélium donne une voix nasillarde. Une fois que le son quitte la bouche, sa fréquence n'est plus modifiée : l'auditeur entendra donc la fréquence correspondant à l'hélium, et non celle correspondant à l'air.

Dans les instruments à cordes, la fréquence dépend de la longueur, de l'épaisseur et de la tension de la corde, mais pas de la composition de l'air. Ainsi, libérer de l'hélium au milieu d'un orchestre aurait un effet spectaculaire. Les instruments à vent se mettraient à jouer très aigu tandis que les cordes et les percussions joueraient normalement. Il existe un air d'opéra, celui du *Chant du cheval blanc* de David Belford, pour lequel la soprano est censée respirer de l'hélium afin d'atteindre la note finale, extrêmement élevée.

Eoin McAuley

T'as vu ton cortex !

Pourquoi le cerveau est-il plissé ?

Brian Lassen

Les circonvolutions du cerveau ont pour effet d'augmenter la surface du cortex. Les animaux moins brillants que nous, les rats par exemple, ont des cerveaux plus lisses. La majeure partie du travail du cerveau est fournie par la couche supérieure de cellules, le volume sous-jacent étant surtout occupé par des connexions.

Ainsi, si l'on souhaite améliorer le traitement de l'information, il vaut mieux multiplier les circonvolutions qu'augmenter le diamètre du cerveau.

Anthony Staines

Les circonvolutions ont évidemment pour effet de maximiser la surface du cortex cérébral. La question est : dans quel but ?

Si beaucoup de connexions à courte distance sont nécessaires, il vaut mieux regrouper les neurones sur de fines plaques à deux dimensions, et réserver la troisième dimension pour les connexions à longue portée.

Si les neurones étaient uniformément répartis dans tout le volume du cerveau, les connexions à longue portée pourraient être plus courtes, mais elles occuperaient l'espace situé entre les zones chargées du traitement de l'information, et allongeraient les connexions à courte distance, augmentant ainsi le volume global du cerveau.

Janne Sinnkkonen

Une autre réponse possible tient à la chaleur produite par le cerveau.

Les tissus cérébraux consommant beaucoup d'énergie, ils dégagent d'importantes quantités de chaleur. Posez une main sur votre front, et comparez la chaleur à celle de votre bras.

Les cerveaux des vertébrés inférieurs sont moins plissés que le nôtre car la chaleur à évacuer est moindre.

Les humains, eux, ont un gros cerveau qui travaille beaucoup. Les circonvolutions permettent, en augmentant la surface offerte aux vaisseaux sanguins, de faciliter l'évacuation de la chaleur. Si nos cerveaux devenaient plus complexes et plus gros, ces circonvolutions devraient augmenter de façon exponentielle afin d'assurer leur fonction de refroidissement.

Gerald Legg

Beaucoup de vertébrés intelligents ont un cerveau de grand volume et un cortex fortement plissé. Bien que le dauphin et le requin soient de taille comparable, le cerveau du dauphin est plus gros et bien plus plissé que celui du requin.

Le chat et le lapin sont aussi de taille comparable, mais le chat, carnivore, a un mode de vie plus complexe, de sorte que son cerveau, contrairement à celui du lapin, comporte des circonvolutions.

La taille de l'animal est aussi un facteur important. Les souris et les rats, dont l'intelligence est réputée, ont des cerveaux pratiquement dépourvus de circonvolutions, mais les éléphants et les baleines en ont davantage que les hommes.

Il est remarquable que cette surabondance de cortex cérébral ne corresponde pas nécessairement à un plus grand nombre de neurones. Chez les grands animaux, les neurones sont plus gros et plus espacés.

Une raison en est que, chez ces grands vertébrés, la proportion de neurones est plus faible. Il en résulte que le cortex, qui est une structure en couche, doit se plisser afin de contenir autant de neurones que celui des animaux plus petits, dont le cortex est lisse.

E. Ramon Moliner

Tirer la langue

Quand on fait quelque chose de difficile, on a tendance à tirer la langue. Ce comportement est-il culturel ?

Steve Townsend

Quand on se concentre sur quelque chose, un problème ayant à voir avec le langage par exemple, on utilise le même hémisphère que celui impliqué dans nos activités motrices. Il est d'ailleurs amusant de voir comment les gens ralentissent quand ils se mettent à penser à quelque chose de difficile tout en marchant. C'est dû à l'interférence des deux activités, qui font intervenir la même région du cerveau. Je suppose qu'en nous mordant la lèvre, en sortant la langue ou en faisant une grimace quelconque, nous bloquons l'activité motrice et gardons la tête fixe afin de minimiser le mouvement et l'interférence des deux fonctions.

Melanie Western

Des régions très étendues du cerveau sont consacrées au contrôle de la langue et au traitement des sensations qui en proviennent.

Peut-être le blocage de la langue contre les dents ou les lèvres permet-il de libérer ces régions afin de consacrer davantage de neurones aux tâches délicates – faire passer un fil dans le chas d'une aiguille par exemple.

Barry Lord

Des doigts qui craquent

Qu'est-ce qui cause le bruit des doigts, ou autres articulations, qui craquent ?

Marty Brown

Un claquement, ou craquement, est souvent entendu quand on déplace ou étire une articulation. Quand la pression du liquide synovial de l'articulation est abaissée, il peut se former une bulle de gaz. Le son peut aussi résulter du décollement des deux surfaces de l'articulation.

On entend parfois ces bruits lors des traitements ostéopathiques, mais cela ne prouve pas que le traitement a marché, ni qu'il a échoué si l'on n'entend rien.

Will Podmore, École britannique d'ostéopathie, Londres

Tous les tissus mous du corps, y compris les cartilages des articulations, contiennent de l'azote dissous. Quand on diminue la pression dans l'articulation en tirant l'os du doigt, l'azote passe à l'état gazeux et emplit soudain l'articulation avec un petit bruit sec.

Les radiologues voient souvent sur leurs clichés X un petit croissant gazeux à l'articulation de l'épaule des enfants qui sont tenus par les bras pendant la prise de vue. La force de traction sur les bras provoque l'apparition d'azote gazeux dans l'espace de l'articulation. Cela s'observe aussi, mais plus rarement, aux hanches.

On voit parfois des bulles très mobiles dans les hanches des bébés, lors des tests d'anomalies congénitales utilisant des ultrasons – surtout si le bébé est tenu fermement pendant l'examen. Ces bulles disparaissent ensuite, quand l'azote repasse en solution.

Si les doigts étaient passés aux rayons X aussitôt après qu'ils ont « craqué », la présence de milliers de microbulles opaques se traduirait sans doute par une zone légèrement lumineuse entre les os.

Tony Lamont, Hôpital pour enfants de Brisbane, Australie

Le vin changé en eau

Quelle que soit la couleur du liquide que nous avalons, elle disparaît lorsque le liquide quitte notre corps. Où va-t-elle ?

P. Beeham

Le liquide qui quitte le corps n'a pratiquement aucun rapport, en termes de composition chimique, avec celui que nous avalons. Toute substance avalée, solide ou liquide, passe par l'œsophage, le tube digestif, puis, si elle n'est pas absorbée, se voit incorporée dans les matières fécales. L'urine, au contraire, est créée par les reins à partir de déchets métaboliques produits dans les tissus et transportés par le sang.

Si vous buvez un liquide coloré, il se peut qu'il interagisse biochimiquement avec les systèmes de l'organisme. Dans ce cas, la réaction chimique éliminera ou modifiera les couleurs. S'il n'interagit pas, le système digestif refusera de l'absorber. Le liquide finira donc dans les matières fécales, lesquelles, vous l'avez sans doute noté, sont beaucoup plus colorées que les urines.

Stephen Gisselbrecht

Les substances colorées de la nourriture et de la boisson sont généralement des composés organiques facilement métabolisés par notre corps, qui les change en gaz carbonique, incolore, en eau et en urée. Les substances les plus coriaces sont confiées au foie, qui joue le rôle d'incinérateur de déchets. Cependant, dans les cas – très rares – où la quantité de colorants ingérés excède ce que le corps peut métaboliser, la couleur persiste lorsque le liquide quitte le corps. Le fait est bien connu de tous ceux qui ont absorbé de grandes quantités de bortsch (soupe russe à la betterave).

Hans Starnberg

? Grand-père est intact

Le grand-père d'un de mes amis a été récemment exhumé, en Italie du Sud, afin d'être enterré au côté de sa femme. Bizarrement, son corps était complètement intact, aucune décomposition ne s'étant apparemment manifestée. Il est pourtant mort il y a trente ans dans un accident de voiture, et a été enterré dans un cercueil ordinaire. Cela est-il fréquent ? Un corps peut-il ne pas se décomposer ? Le sol et la géographie jouent-ils un rôle ?

Kira Kay

L'« incorruption » d'un cadavre est plus commune qu'on ne le croit. On l'a longtemps prise pour un signe de sainteté. Parmi les exemples célèbres se trouve celui de la femme du poète anglais Dante Gabriel Rossetti qui lui apparut dans toute sa gloire lorsqu'il dut, en panne d'argent et d'inspiration, récupérer dans la tombe de sa femme les poèmes qu'il y avait inhumés.

L'incorruption se produit quand les tissus adipeux du corps se changent en adipocire, ou « gras des cadavres », substance de texture savonneuse composée d'acides gras saturés et de sels d'acides gras.

Les femmes sont souvent mieux préservées que les hommes, à cause sans doute du contenu en graisses supérieur de leurs tissus, mais la chaleur et l'humidité jouent aussi un rôle. Le mort que vous mentionnez, enterré en Italie du Sud, a bénéficié de conditions plus favorables que s'il avait été enterré dans une terre bien froide, en Angleterre. Certains cadavres à adipocire, très bien préservés, ont été trouvés en Italie.

L'adipocire peut soit se former très vite, en quelques semaines, soit en plusieurs années. Dans ce cas, le corps peut atteindre un état de décomposition avancé avant que l'adipocire ne se forme. L'obésité est un avantage: l'abondance de graisses et d'eau facilite la formation d'adipocire, quelles que soient les conditions d'enfouissement. Cette formation est aussi favorisée par l'enveloppement du corps dans un linceul de fibres synthétiques, par une humidité importante, et par la présence d'une substance comme le formol. Il arrive que les muscles, et pas seulement les graisses, se changent en adipocire. Si le corps du grand-père était vraiment bien conservé, cela a pu se produire.

Anne Rooney

Pour qu'un corps enterré se putréfie, il faut qu'il y ait assez d'humidité pour que les tissus se décomposent à la fois par autolyse et sous l'action des micro-organismes, processus qui commence généralement dans les intestins. Si le milieu d'enfouissement est sec et chaud, le corps a tendance à perdre de l'eau par évaporation, même s'il est enfermé dans un cercueil en bois bien étanche.

Il est probable que ces conditions étaient réunies dans votre cas, en Italie du Sud, et qu'elles ont interrompu la putréfaction. Il arrive même que des corps non enfouis, posés à même le sol, soient ainsi préservés de la corruption. Une grange bien ventilée serait idéale pour favoriser l'évaporation.

Un sol vraiment aride réalise ces mêmes conditions, et les cadavres y prennent l'aspect du cuir. Cette momification, naturelle dans les sables secs du désert, a sans doute mené, en ancienne Égypte, à en faire une pratique culturelle.

Alan Taman

Quelle est ta formule ?

Quelle est la formule chimique d'un être humain (les proportions relatives de ses constituants – et polluants), et quelle serait celle d'un extraterrestre ?

Paul Montmorency

La formule chimique de quelqu'un dépend de nombreux facteurs, en particulier du sexe. Les hommes contiennent davantage d'eau que les femmes, lesquelles contiennent davantage de graisses (lipides). En poids, l'oxygène représente environ les deux tiers, suivi du carbone (20 %), de l'hydrogène (10 %) et de l'azote (3 %). Les éléments chimiques venant des polluants ne sont présents qu'à l'état de traces.

Si un corps humain était ramené à l'état d'atomes séparés, sa formule serait à peu près :

$$H_{15750}\ N_{310}\ O_{6500}\ C_{2250}\ Ca_{65}\ P_{48}\ K_{13}\ S_{15}\ Na_{10}\ Cl_{6}\ Mg_{3}\ Fe_{1}.$$

En masse, la formule serait différente, car les atomes énumérés ci-dessus ont des masses différentes.

La composition chimique d'un extraterrestre dépendrait essentiellement de deux choses. D'abord, l'élément qui forme le « squelette » de ses molécules : toute la vie connue à ce jour est basée sur le carbone, atome capable de former de longues chaînes moléculaires sur lesquelles viennent se greffer d'autres éléments, mais rien n'interdit d'imaginer une vie basée sur le silicium, le phosphore ou l'azote. Ensuite, le solvant des réactions biochimiques qui ont lieu dans l'organisme : pour nous, c'est l'eau, mais l'ammoniac (NH_3) serait une bonne alternative car il dissout la plupart des molécules organiques.

Il est aussi liquide en dessous de 0 °C et abondant dans l'espace. Un extraterrestre pourrait donc être à base de silicium et d'ammoniac – un silicihomme, en quelque sorte.

Lauri Suoranta

Les éléments chimiques d'un être humain sont répartis en quelques molécules spécialement abondantes, comme l'eau (H_2O) ou le sucre ($C_6H_{12}O_6$), de sorte qu'une formule serait du genre :

$$7 \times 10^{25}\, H_2O + 9 \times 10^{24}\, C_6H_{12}O_6 + 2 \times 10^{24}\, CH_3(CH_2)_{14} + \text{etc.}$$

Cependant, une telle formule remplirait un livre entier et resterait fatalement incomplète. Le métabolisme, en effet, c'est-à-dire les échanges d'énergie entre le corps et son environnement, fait que la formule ne cesse de varier.

Connaître la réaction chimique d'un processus peut être utile. Si l'on détermine tous les éléments chimiques qui interviennent et toutes les équations mathématiques du phénomène, le processus peut théoriquement être déterminé et calculé à tout instant. Mais il se trouve que la vie est caractérisée par des dispositifs de rétrocontrôle de tous ses systèmes, dispositifs qui se mettent en place tout seuls. Les réactions chimiques ont bien lieu, mais la façon dont elles s'organisent est en permanence contrôlée par l'organisme. Cela signifie qu'il est non seulement impossible d'écrire la formule exacte d'un être humain, mais que cela est à la fois inutile et néfaste. La vie est définie par ce qu'elle fait des substances chimiques, et non par les éléments chimiques qu'elle met en œuvre.

Le même problème se poserait avec des extraterrestres. Les radioastronomes passent beaucoup de temps à scruter le spectre électromagnétique pour détecter d'éventuels signaux, mais comment reconnaîtront-ils qu'il s'agit de signaux émanant d'êtres vivants ? En y cherchant les caractéristiques du vivant, à savoir : un système sous son propre contrôle, et qui ne se réduit pas à une série de réactions chimiques.

John Walter Haworth

Ssshlakk !!!

Lors d'une électrocution, est-ce le courant, ou la tension, qui tue ?

Kyle Skotzke

C'est le courant (ou intensité) traversant le cœur qui est responsable de la plupart des morts par électrocution. L'effet, très variable selon les individus, dépend surtout de la durée d'exposition. La fréquence du courant – 50 hertz – est dangereuse, et des intensités de quelques dizaines de milliampères suffisent à causer des fibrillations cardiaques. Le cœur se met en surrégime et n'envoie plus de sang vers le cerveau ; la mort est l'affaire de quelques minutes.

Le corps ayant une certaine résistance électrique, l'intensité qui le traverse dépend de la tension, ainsi que de l'humidité de la peau et de l'endroit où elle pénètre. Il est donc très difficile de trouver une tension vraiment inoffensive. D'autres mécanismes peuvent mener à la mort par électrocution, en particulier la contraction musculaire. Si un courant traverse la poitrine, il peut interrompre la respiration et conduire à l'asphyxie. S'il traverse la tête, il peut aussi se traduire par une asphyxie en paralysant la région du cerveau consacrée à la respiration. Et l'intensité, là encore, est plus déterminante que la tension.

La plupart des victimes survivent à une électrocution, car le courant rencontre souvent des éléments qui réduisent son intensité – vêtements et chaussures présentent une résistance non négligeable au courant, dont les effets dépendent aussi crucialement de la durée du choc.

N.C. Friswell, membre du comité de travail « électrocution » de l'International Electrotechnical Committee, Horsham, Grande-Bretagne

Dans une électrocution, c'est l'intensité du courant qui tue, mais comme il n'y a pas d'intensité sans tension, la réponse n'est pas très pertinente. Si la résistance du corps humain était constante, la tension serait aussi déterminante que l'intensité. Il se trouve que cette résistance est très variable.

La peau bien sèche, par exemple, a une résistance électrique de l'ordre de 500 000 ohms. Cette résistance tombe à 1 000 ohms pour une peau humide, soit à peu près celle de l'eau salée. L'humidité est donc un facteur aggravant.

Le chemin suivi par le courant est crucial. C'est pourquoi il est conseillé, quand on fait une manipulation dangereuse, de porter des chaussures isolantes et de garder une main dans le dos, de sorte qu'un éventuel courant aura moins de chances de traverser la poitrine – et le cœur, ce qui provoquerait un arrêt cardiaque – que les pieds.

Le courant alternatif est réputé être quatre à cinq fois plus dangereux que le courant continu car il entraîne des contractions musculaires plus violentes. Il favorise aussi la sécrétion de sueur, ce qui diminue la résistance électrique du corps et augmente l'intensité du courant. Et il se trouve que la fréquence du courant alternatif, 50 hertz, est la plus dangereuse…

Mike Follows

L'électricité tue en focalisant l'énergie là où elle est indésirable. L'énergie électrique est le produit de la tension, de l'intensité et du temps. Elle peut être létale dès une intensité de 100 microampères, sous une tension de quelques volts, si elle est dirigée droit vers le cœur, ou à environ 30 milliampères sous quelques centaines de volts si elle passe d'une main à l'autre. Dans les deux cas, le résultat est une désorganisation du battement du cœur appelée fibrillation ventriculaire. Le remède est un autre choc électrique, au moyen d'un défibrillateur, à condition que vous en ayez un sous la main.

L'énergie électrique peut tuer autrement. La chaise électrique semble tuer par asphyxie, car elle entraîne la contraction involontaire des muscles impliqués dans la respiration. Elle « cuit » aussi ses victimes, mais ne semble provoquer ni fibrillation ventriculaire ni perte de conscience rapide due à la traversée du cerveau par le courant. En d'autres circonstances, de forts courants traversant le corps peuvent causer des brûlures intenses, lesquelles peuvent par la suite être la cause de la mort. Enfin, une décharge à haute tension peut enflammer les vêtements ou faire tomber une personne du pylône électrique sur lequel elle travaille.

Mike Brown

Le doigt dans le nez

Mon petit doigt entre exactement dans mon nez. Est-ce un hasard ? Sinon, pourquoi maman me dit-elle de ne pas me mettre les doigts dans le nez ?

Jack Walton (9 ans)

Ta mère ne sera peut-être pas d'accord, mais il y a un moyen simple de se nettoyer le nez, sans y faire entrer quoi que ce soit. Appuie sur une narine avec le doigt, inspire fort, ferme la bouche et souffle aussi violemment que possible l'air par l'autre narine. N'oublie pas de lever légèrement la tête pour ne pas salir tes vêtements.

L'existence de ce genre de technique montre qu'il n'y a aucune raison de vie ou de mort qui aurait fait coévoluer les doigts et les narines. Après tout, si le nez est bouché, on peut toujours respirer par la bouche. La sélection sexuelle aurait pu favoriser la relation doigt/narine si, par exemple, les femelles du Pléistocène préféraient les mâles qui se mettaient les doigts dans le nez, ou si mâles et femelles se mettaient réciproquement les doigts dans le nez en guise de rite de séduction. Cela n'a pas dû être le cas.

On doit en conclure que c'est bien une coïncidence qui fait que le doigt entre si bien dans le nez. Et je doute qu'un raisonnement du style « ils sont faits l'un pour l'autre » fasse changer ta maman d'opinion sur la rhinotillexomanie.

Holly Dunsworth

Les organes ont généralement des tailles comparables à ceux avec lesquels ils sont censés fonctionner. En témoignent celle des organes sexuels mâles et femelles chez les insectes et les mammifères, la bouche des bébés marsupiaux et les tétons de leurs mères ainsi que, chez de nombreux animaux, la taille des ongles ou des griffes utilisés pour le toilettage. Pour autant, une différence de taille ne signifie pas que les organes ne peuvent s'apparier. Chez les mammifères, par exemple, le vagin s'accommode du passage d'un bébé, bien plus gros que l'organe sexuel mâle. Des ouvertures très souples permettent ce genre d'adaptation.

À l'inverse, ce n'est pas parce qu'un organe s'adapte à une ouverture qu'il ne s'agit pas d'une coïncidence. Il y a d'autres endroits du corps où ton doigt pourrait entrer, et que ta mère te déconseillera formellement d'essayer, surtout en public.

Tu as cinq tailles différentes de doigt, et deux de narine ; la coïncidence est donc peu surprenante. Un autre animal semble jouer à l'occasion avec sa morve : l'éléphant de mer. L'art de se mettre les doigts dans le nez ne nous est donc pas spécifique, et ne peut être cité par les partisans de l'*intelligent design* (dessein intelligent), pour qui l'homme a fait l'objet d'une création (divine) particulière.

Jon Richfield

Certes, j'admets qu'un beau mouchage unilatéral est digne d'éloges, mais je mets en garde contre la suggestion de Holly Dunsworth de « souffler aussi violemment que possible » l'air par la narine. Mon expertise dans cette technique, quand j'étais gamin, s'est traduite par une lésion aux sinus et un grave saignement de nez.

Duncan Hannant, professeur d'immunologie,
université de Nottingham

Je voudrais aussi ajouter que cette technique, très utilisée par les joueurs de football, n'est pas spécialement hygiénique, et susceptible de répandre de nombreux microbes. Ne l'utilisez que quand vous êtes seuls.

Bron

2. Vous vous sentez bien ?

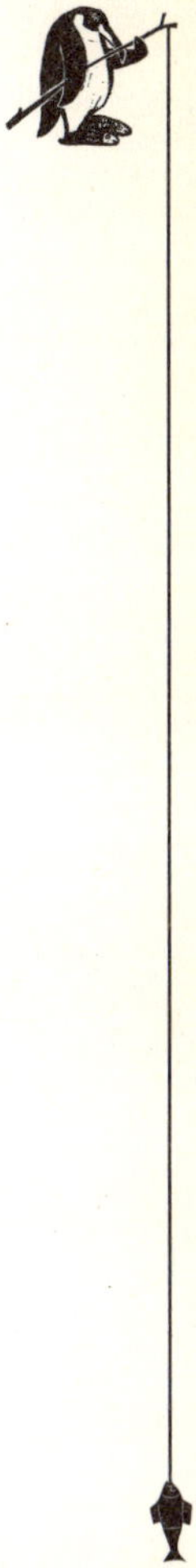

Attraper froid

Y a-t-il un rapport entre avoir froid et attraper froid ? Sinon, pourquoi dit-on toujours que l'on risque d'attraper froid si l'on dort découvert ou dans un courant d'air ?

Antonis Papanestis

Il n'y a aucun rapport, et cette association erronée s'est développée pour plusieurs raisons. Les virus du rhume se répandent plus facilement en hiver, saison qui voit les gens rassemblés à l'intérieur des maisons et proches les uns des autres.

En hiver, les gens ferment les fenêtres, ce qui accroît la concentration des virus dans l'air. En outre, l'air froid et sec fait gonfler les muqueuses du nez. C'est le fameux « nez qui coule », souvent associé, à tort, à une infection virale.

L'impression d'avoir froid puis d'attraper froid est fausse ; c'est le contraire qui se produit : c'est quand on a « attrapé froid » suite à une infection virale que se développe une sensation de froid.

Mark Feldman

Des études ont montré qu'il n'y a aucune corrélation entre la température et les rhumes. L'origine de l'idée selon laquelle on attraperait froid suite à une exposition au froid vient de ce que la sensation de froid est un symptôme classique de la fièvre qui précède le rhume ou la grippe. De là est issue l'expression « attraper froid ». La grippe s'appelle en anglais *flu*, abréviation d'*influenza*, car on croyait qu'elle résultait de l'« influence » des éléments. Le fait que les chercheurs scientifiques vivant en Antarctique n'attrapent jamais froid est une preuve que le froid n'a rien à voir dans cette affection.

Pedro Gonzalez-Fernandez

Quand il fait froid, on a moins de chances d'attraper froid. Les virus du rhume ou de la grippe ne supportent pas le froid; ils ont besoin de la douce chaleur du feu ou du radiateur pour survivre.

Esperandi

Vert morve

Désolé, mais je voudrais savoir pourquoi la morve est verdâtre.

David Tanner

De toutes les cavités ouvertes sur le monde extérieur, le nez est sans doute la plus hospitalière: chaud, bien aéré et humide, il est une source inépuisable de nutriments bactériens sécrétés par la muqueuse nasale (le mucus contient des glycoprotéines et des sels dissous). En d'autres termes, c'est un merveilleux bouillon de culture pour les bactéries, qui y pullulent.

Beaucoup de bactéries communes sont colorées: *Staphylococcus aureus* est doré, comme son nom l'indique, et *Pseudomonas pyocyanea* est bleu. En temps normal, ces bactéries et les autres micro-organismes continûment inhalés sont évacués par le mucus, puis digérés.

Il arrive cependant que le flux de mucus ralentisse et s'épaississe en réponse à une infection. Les bactéries peuvent alors se multiplier dans la cavité nasale et donner le mucus coloré que vous décrivez. Cette morve verte n'est pas le trait le plus charmant de nos bébés et jeunes enfants. Et si la couleur verte vous étonne, rappelez-vous ce qu'il se passe quand on mélange du jaune et du bleu.

Laurie North

Votre correspondant précédent explique que la couleur verte est due à la combinaison du jaune de *Staphylococcus aureus* et du bleu de *Pseudomonas pyocyanea*. Il s'agit d'une idée reçue. Bien que le *Manual of Determinative Bacteriology* de Bergey (Williams & Wilkins, 1974, p. 222) fasse de *P. pyocyanea*, « présent dans les blessures, brûlures et infections urinaires », l'agent de la couleur bleue du pus et du mucus nasal, cette cause est bien plus générale.

Le vert du mucus est dû à la présence d'oxydases et de peroxydases, contenant du fer, utilisées par les granulocytes polynucléaires neutrophiles. Ces globules blancs de courte durée de vie ingèrent avidement toutes sortes de bactéries et les inactivent en les oxydant, ce qui implique les enzymes ci-dessus, contenant du fer. Les déchets du processus (parmi lesquels se trouvent des leucocytes morts, des bactéries digérées et des enzymes) contiennent beaucoup de fer, ce qui leur donne une couleur verdâtre.

C.J. van Oss, Département de microbiologie, université de Buffalo, et J.O. Naim, Rochester General Hospital, New York

Le mucus nasal n'est pas toujours vert. Celui qui est produit au début d'un rhume, en réponse à l'attaque des tissus par les rhinovirus, est incolore. Il ne devient vert qu'au bout de quelques jours d'infection, quand les neutrophiles éliminent les déchets cellulaires et que l'infection secondaire s'installe.

Juli Warder

Les leucocytes polynucléaires sont équipés de plusieurs types d'enzymes, dont les plus efficaces sont les peroxydases.

On les trouve aussi dans le raifort et le wasabi japonais, auquel ils donnent sa couleur verte et son goût agressif. L'exposition à l'air, c'est-à-dire l'oxydation, du raifort lui fait perdre sa couleur verte, alors que le véritable wasabi est toujours servi frais.

J'espère que cette explication ne vous causera pas trop de sushi.

Steve Flecknoe-Brown

Une pile dans la bouche

D'où vient la douleur causée par le contact entre un plombage et du papier d'alu ?

Simon Oddy

Quand vous ressentez cette douleur, vous refaites sans le vouloir l'expérience historique de Luigi Galvani (qui ne voulait pas non plus la faire) en 1762.

Quand deux métaux différents baignent dans un liquide conducteur, un courant s'établit entre eux ; c'est ce courant qui stimule les nerfs de la dent.

C'est ce qu'il se passe quand du papier de chocolat entre en contact avec un plombage. Les deux métaux sont en fait séparés par un film de salive, laquelle, contenant divers sels, est suffisamment conductrice pour laisser passer un courant électrique. Le plombage étant très proche du nerf de la dent, la douleur est immédiate.

Galvani a fait ses expériences avec des pattes de grenouilles et des plaques de métal, mais l'effet était le même : les pattes se contractaient violemment ! Ce n'est pas lui, mais Alessandro Volta, qui comprit le phénomène et inventa, en 1800, la pile électrique.

Chris Quinn

Bouche sèche

Qu'est-ce qui fait que nous avons la bouche sèche quand nous sommes nerveux ?

Howard Foss

On a la bouche sèche lors d'un discours en public car le corps se met dans un état d'alerte, sous l'effet de l'activation du système nerveux végétatif. Ce trait s'observe dans tout le règne animal, et a été transmis par l'évolution car il permet de faire face à des situations de danger – d'échapper à un prédateur par exemple.

Les nerfs sont activés sélectivement, selon la nature de la menace. Le fait de manger n'étant pas jugé important – seule la fuite semblant alors souhaitable –, les nerfs qui contrôlent les glandes salivaires sont inhibés, et la bouche s'assèche. En outre, les pupilles se dilatent, ainsi que les vaisseaux sanguins, de façon à envoyer un maximum de sang vers les régions musculaires et cardiaques, qui en auront le plus besoin pendant la fuite.

M. Scotten

Cela est dû à la réaction d'évitement. Dans une situation tendue ou dangereuse, notre corps inhibe toutes les fonctions inutiles, entre autres la fonction digestive, dont les glandes salivaires font partie. À quoi bon digérer son dernier repas si un lion s'apprête à faire de vous son prochain (repas) ? De là viennent aussi les gargouillements d'estomac.

Bill Isaacson

La nuit au sec

Quand on a un gros rhume, le nez coule toute la journée mais s'assèche la nuit, quand on s'endort. Qu'est-ce qui arrête le mucus ? Et ne pourrait-on imaginer un médicament sur le même principe ?

Peter Rooney

Le nez coule essentiellement sous l'effet de la gravité. Quand on s'allonge pour dormir, le mucus nasal, au lieu de couler du nez, reste dans la gorge où il est inconsciemment avalé.

Si vous dormez sur le côté, une seule narine (la plus basse) se bouche. Pour se déboucher le nez, il suffit donc de changer de position afin de changer la direction d'écoulement du mucus.

Alexandra McKenzie Johnston

Le nez qui coule résulte de la position de la tête. Quand on dort, le mucus coule dans la gorge. Pour vérifier cette théorie, j'ai utilisé une table de massage et des oreillers, de façon à dormir le nez vers le bas. Vous pouvez faire l'expérience vous-même avec deux gros oreillers, mais prévoyez un bon paquet de mouchoirs : votre nez va couler toute la nuit.

Hank Roberts

C'est dans la tête

Le débat sur l'effet placebo dans les essais pharmacologiques semble se centrer sur l'effet placebo positif. Y a-t-il des effets placebo négatifs ?

Peter Grant

Un placebo est une substance sans effet pharmacologique, comme du sucre ou des fausses pilules. On l'utilise comme contrôle dans les essais de médicaments, les cobayes ne sachant pas s'ils ont affaire à un placebo ou pas.

L'effet placebo est toujours controversé, mais il semble bien plus psychologique que physiologique : généralement, les gens croient que la pilule qu'ils prennent aura des effets positifs. Il y a aussi un certain conditionnement ; un patient s'attendant à ce qu'un médicament ait un effet ressentira un effet.

Lors des essais d'analgésiques, par exemple, le cerveau a tendance à sécréter des substances semblables à des opiacés pour lutter contre la douleur. Une étude a montré que la douleur était réduite par un placebo que les patients prenaient pour un analgésique, mais que cet effet s'arrêtait si on leur donnait un médicament annihilant l'effet des opiacés.

L'effet placebo négatif s'appelle effet *nocebo*, terme latin signifiant « je vais faire mal ». Les patients recevant des placebos ressentent parfois des effets secondaires, comme de l'anxiété ou une légère dépression. On suppose que c'est dû à ce que le patient s'attend à un effet néfaste. Lors d'un essai, les femmes qui pensaient être sujettes aux problèmes cardiaques l'étaient près de quatre fois plus que celles (dont les facteurs de risque étaient exactement les mêmes) qui ne se pensaient pas menacées.

Les placebos posent un problème éthique. Leur principe est en effet de faire croire au patient qu'il prend un médicament efficace, alors que ce n'est pas le cas. Si le cobaye ressent en outre des effets secondaires désagréables, Hippocrate doit se retourner dans sa tombe.

Ian Smith

Il existe bien des effets placebo négatifs, les effets nocebo. Comme les placebos, ils ont un effet physique, mais pas selon des mécanismes physiques. Il semble que la psychologie du patient soit essentielle. Le nocebo, c'est « pense mal, sois mal », au contraire du « pense bien, sois bien » du placebo.

Le patient le plus susceptible d'expérimenter l'effet nocebo est du genre à exprimer des plaintes difficiles à diagnostiquer, et à penser que les médicaments sont peu efficaces. L'effet nocebo s'observe aussi sur le résultat des opérations. Les chirurgiens se méfient des patients défaitistes, convaincus que l'opération se passera mal. Des études ont été menées sur des patients qui déclaraient vouloir mourir pour retrouver leur femme ou leur mari décédé. La grande majorité de ces gens meurent effectivement.

Il y a peu de recherches sur l'effet nocebo car, pour des raisons éthiques, les médecins ne peuvent induire des maladies chez des individus sains. Et le durcissement des prescriptions éthiques a rendu délicate la réédition de certains tests nocebo classiques.

Ross Firestone

Il y a des effets placebo négatifs. Par exemple le vaudou et les pratiques magiques qui consistent à jeter des sorts. Leur principe est simplement de faire savoir à la victime qu'elle a été ensorcelée. Cela suffit généralement pour qu'elle le soit.

Steven Reitci

Genou baromètre

J'ai été blessée aux ligaments du genou dans un accident de ski il y a deux ans. Depuis, j'ai un « genou baromètre » : il me prévient – été comme hiver – quand il va pleuvoir, de sorte que l'humidité n'est pas le facteur crucial. Comment mon genou peut-il savoir qu'il va pleuvoir ?

Debbie Reid

De nombreuses études ont étudié le lien entre le temps qu'il fait et la douleur, spécialement dans l'arthrite. Elles montrent que l'effet est bien réel, mais l'origine de ces douleurs est encore trop mal comprise.

Le corps humain peut, schématiquement, être vu comme un tas de ballons remplis de gélatine montés sur un bâton. Des tissus sains – graisses, muscles ou os – sont relativement élastiques ; ils se contractent ou se dilatent en réponse aux variations de la pression atmosphérique. Des tissus endommagés, en revanche, sont moins souples, et répondent moins aux sollicitations climatiques.

Imaginez que plusieurs des ballons soient collés les uns aux autres, et que la pression atmosphérique diminue. Les ballons vont se dilater et les zones collées – qui représentent les tissus endommagés – seront étirées et déformées : voilà l'origine de la douleur, qui persistera jusqu'à ce que la pression revienne à sa valeur initiale, ou que les tissus s'adaptent à la déformation. Cela prend de quelques heures à quelques jours.

Il m'arrive de surprendre mon équipe médicale en annonçant le matin : « On va voir beaucoup de monde aujourd'hui. » Ils ignorent comment je peux prévoir les 20 à 30 patients supplémentaires qui consultent pour des douleurs venant d'une blessure ou d'une opération chirurgicale anciennes. Je préfère qu'ils croient à mes dons divinatoires plutôt que de leur avouer que je viens de lire le bulletin météo.

La baignoire d'eau très chaude est un bon remède. On peut aussi attendre que le temps change et, chez nous au Texas, c'est généralement ce qui se passe avant que la baignoire ne soit pleine.

Steven Ballinger

C'est un lieu commun de dire que l'arthrite est aggravée par l'humidité. Le rhumatologue Joseph Hollander, dans les années 1960, construisit une pièce climatisée pour en avoir le cœur net. Il trouva qu'une forte humidité associée à une basse pression atmosphérique – situation typique avant la pluie – est bien associée à des douleurs articulaires aiguës.

Une explication possible est que le changement de temps fait gonfler les ligaments, dont la pression sur les nerfs se traduirait par une sensation de douleur. Une autre est que l'air piégé dans l'articulation se dilate quand la pression baisse, ce qui aurait le même effet.

Une expérience japonaise récente montre que les douleurs lombaires liées aux variations de la pression atmosphérique sont dues à la formation de bulles de gaz entre les vertèbres. Ce phénomène, d'autant plus marqué que les disques lombaires sont endommagés, s'observe surtout chez les personnes âgées, et peut concerner toutes les articulations. Un bon remède est de préserver ses articulations du froid et de l'humidité. Et rien ne vous empêche de boucler vos fins de mois en émettant des bulletins météo articulaires.

Frank Wong

Une des explications du genou baromètre est le traumatisme osseux – c'est-à-dire les œdèmes causés par les microfractures des os –, assez commun après une blessure au genou. Les variations de pression atmosphérique, en modifiant le volume des œdèmes au sein de l'os, causent la sensation douloureuse. Si cette explication est bonne, on peut faire deux prédictions vérifiables : le traumatisme osseux doit être visible au scanner, et la capacité du patient à prédire le temps doit décroître à mesure que disparaît le traumatisme.

Peter Hallas

3. Des plantes et des bêtes

Sommeil perché

Pourquoi les oiseaux ne tombent-ils pas quand ils dorment ? Au fait : dorment-ils ?

Graeme Forbes

Les pattes des oiseaux sont munies d'un dispositif spécial. Le tendon fléchisseur du muscle de la cuisse passe devant le genou, autour de la cheville et s'attache sous les phalanges. Il assure qu'au repos le poids du corps de l'oiseau provoque la flexion du genou, l'extension du tendon, et la fermeture des griffes.

Cela marche si bien que l'on a retrouvé des oiseaux accrochés à leur branche longtemps après leur mort.

Anne Bruce

Oui, les oiseaux dorment – et certains dorment même sur une patte ! Plus surprenant encore : on peut provoquer leur sommeil par hypnose. Mon myna indien *(Acridotheres tristi)* peut en témoigner.

Si vous voulez hypnotiser votre oiseau, approchez-vous de la cage et appliquez-vous à vous-même la vieille recette « votre tête est lourde comme du plomb » (il est inutile de le dire à voix haute), en abaissant doucement vos paupières. Faites comme si vous alliez vous endormir, et votre oiseau vous suivra ; il relèvera une patte, enfouira sa tête sous l'aile et tombera dans un profond sommeil.

Mais les amateurs d'oiseaux savent bien que la façon la plus simple d'endormir un oiseau est de recouvrir sa cage d'un tissu pour simuler l'arrivée de la nuit.

David Leckie

Les oiseaux dorment par séries de périodes très brèves. Les martinets mettent la tête sous une aile. La vision étant essentielle pour les oiseaux, ils dorment généralement la nuit, sauf les espèces nocturnes bien sûr.

Le rythme sommeil / veille des bécasseaux semi-palmés *(Calidris pusilla)*, qui vivent dans les zones littorales, est quant à lui basé sur le rythme des marées.

D'autres espèces sont facilement bernées par la lumière artificielle. Les éclairages urbains peuvent donner des insomnies aux oiseaux chanteurs. L'éclairage d'un champ de course près de chez moi donne une illusion permanente de lever du jour : les rouges-gorges et les merles commencent à chanter vers 2 heures du matin. Et j'ignore si cela les fatigue autant que moi.

Andrew Scales

? Le suicide du poisson rouge

Suite à un deuil récent, nous voudrions savoir pourquoi les poissons sautent hors de leur aquarium.

Rowan et Vicky White

Les aquariophiles connaissent bien ce problème, qui les incite souvent à poser une plaque de verre sur leur aquarium. Plusieurs théories sont en présence pour expliquer les « suicides » de poissons. L'une d'elles est que les poissons sautent parfois hors de l'eau pour tenter de se libérer de leurs parasites.

Il se peut aussi que votre poisson ait tenté d'échapper à une

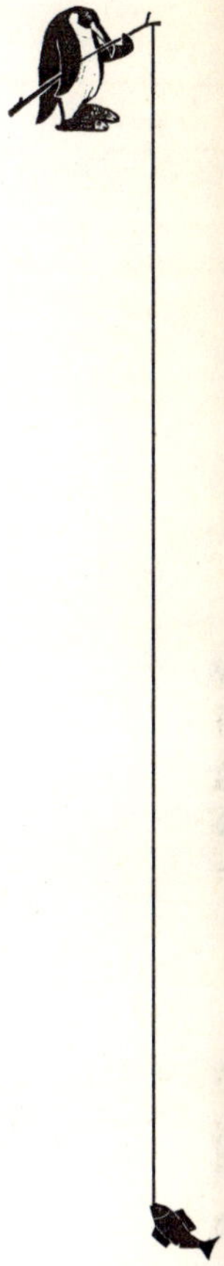

compagnie désagréable, ou des congénères agressifs, voire même de se livrer à un rituel de séduction original. Quoi qu'il en soit, je vous adresse mes sincères condoléances.

R. Rosenberg

Pour un poisson dans un aquarium, l'air de l'autre côté de la paroi ressemble à de l'eau. Et un proverbe poisson dit que l'eau est toujours plus claire de l'autre côté.

John Chapman

Psychologie du mouton

Pourquoi les moutons courent-ils tout droit devant les voitures au lieu de s'écarter ?

Aled Wynne-Jones

Les moutons, et bien d'autres animaux, courent tout droit car ils ne savent pas que les voitures ne peuvent rouler dans les fossés et franchir les haies. Les ancêtres des moutons étaient poursuivis par des loups et des chats sauvages. Si un animal poursuivi essaye de partir sur le côté, son prédateur a le temps de l'apercevoir et de changer de trajectoire pour l'attaquer. Mais si le mouton fait un écart au dernier moment (le lièvre est le maître de cette stratégie), il n'est pas rare de voir le prédateur, surpris, arrêté dans sa course ou roulant cul par-dessus tête.

La fuite du mouton devant une voiture n'est certes pas idéale, mais elle est moins mauvaise que la stratégie du hérisson…

Christine Warman

Les herbivores sont généralement tués par leurs prédateurs qui les attaquent de côté afin de les égorger. Pour eux, la meilleure protection est donc de garder le prédateur derrière eux, et d'empêcher tout dépassement. C'est pourquoi un kangourou, se voyant dépassé par une voiture, saute sur la route et se place devant la voiture, ce qui finit souvent très mal pour lui. Un mouton poursuivi par une voiture ira en ligne droite le plus vite possible aussi longtemps que persistera la menace.

G. Carsaniga

On sous-estime beaucoup les moutons. En réalité, ils courent tout droit pendant un certain temps (à perdre à laine), puis plongent sur le côté. Les pays à moutons sont souvent dotés de routes encaissées entre des talus ou des haies. Le mouton se dit que s'il ne parvient pas à battre la voiture à la course sur le plat, il aura encore moins de chances en escaladant le talus.

Seulement voilà: la voiture ralentit. Vient un moment où elle ne constitue plus une menace directe pour le mouton, qui en déduit qu'une voiture aussi lente serait incapable de le suivre sur le talus. Il s'y dirige donc, et comme les moutons sont rarement suivis par les voitures quand ils grimpent des talus et traversent des haies, ils en déduisent, à juste titre, que leur stratégie marche très bien.

Nous ferions bien, d'ailleurs, de nous en inspirer. Les humains, qui ont tendance à se jeter sur le bas-côté pour échapper aux voitures, sont plus souvent tués que les moutons. La logique ovine n'est pas si bête qu'elle en a l'air.

William Pope

Les moutons, animaux futés non dénués de psychologie, savent que la plupart des automobilistes, s'ils ne dédaignent pas un petit meurtre à l'occasion (vite expié par « il a sauté devant moi je n'ai rien pu faire »), n'ont pas pour seul but dans la vie de les occire. Courir tout droit est donc plus sûr que de prendre des risques en sautant n'importe où.

Erik Decker, Institut national vétérinaire, Tjele, Danemark

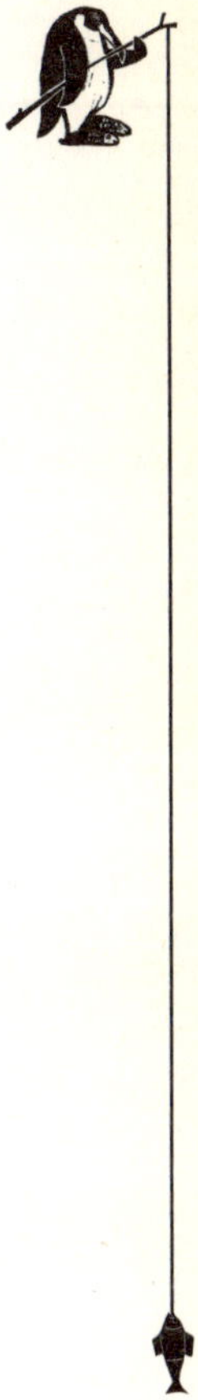

Friture éclair

Mon jeune voisin m'a demandé ce qu'il se passe quand un éclair touche l'eau. Les poissons sont-ils électrocutés ? Et qu'arrive-t-il aux passagers des bateaux à coque métallique ?

Chris Cooper

Quand un éclair touche la surface de l'eau, l'électricité peut rejoindre la terre d'une infinité de façons. Elle se répartit ainsi dans une demi-sphère en expansion rapide dont la capacité de friture décroît en proportion. Bien sûr, si un poisson était directement touché par l'éclair, il serait tué ou blessé.

La température au point d'impact – plusieurs milliers de degrés – a certainement pour effet d'évaporer l'eau. Cela provoque, sur une dizaine de mètres, une onde de choc capable de mettre à mal les poissons et de rendre sourds les plongeurs.

Andrew Healy

Pour être protégé d'un éclair, l'endroit idéal est l'intérieur d'un conducteur, comme une coque métallique de navire ou (si vous êtes un poisson) sous la surface de la mer.

Au siècle dernier, le physicien anglais Michael Faraday a montré qu'il n'y a pas d'électricité à l'intérieur d'un conducteur. Pour le prouver, il s'installa dans une cage métallique (appelée depuis « cage de Faraday ») et fit déclencher, en laboratoire, des éclairs sur la cage. Tout le monde fut ébahi de le voir sortir sain et sauf.

Eric Gillies

Oui, les poissons pètent

Pourquoi les poissons ne pètent-ils pas ?

Christine Kaliwoski

Votre lecteur est persuadé que les poissons ne pètent pas parce qu'il n'a jamais vu de bulles s'échapper du sien.

Le tube digestif des poissons produit pourtant bien des gaz qui sont évacués comme chez les autres animaux. La différence est dans l'emballage.

Les pets des poissons, en effet, comme leurs déjections, sont emballés dans une enveloppe gélatineuse avant d'être évacués. Cela donne une capsule fécale qui flotte ou coule, c'est selon. Mais comme les poissons sont coprophages, ces déjections ne traînent jamais très longtemps.

Derek Smith

J'ai souvent vu mes poissons rouges péter, au grand déplaisir de mon anguille.

Je pense que cela se produit quand ils s'emparent de nourriture flottant en surface pour l'emporter au fond. Si l'air n'était pas rejeté d'une façon ou d'une autre, cela leur poserait des problèmes d'équilibre hydrostatique.

Peter Henson

La plupart des requins ajustent leur flottabilité grâce à leur squalène, une graisse de haute densité. Le requin taureau, *Eugomphodus taurus*, lui, a maîtrisé la technique du pet comme dispositif complémentaire. Il vient en surface, avale de l'air, puis l'expulse en pétant, selon la profondeur à laquelle il souhaite nager.

Alexandra Osman

Pourquoi les manchots n'ont pas froid aux pieds ?

Pourquoi les pieds des manchots de l'Antarctique ne gèlent-ils pas en hiver alors qu'ils sont en contact constant avec la glace ? J'ai entendu dire qu'ils étaient dotés d'une circulation sanguine séparée qui les empêchait de geler, mais cela n'a été confirmé par aucun des spécialistes à qui j'ai posé la question.

Susan Pate

Les manchots, comme tous les oiseaux vivant en climat froid, sont capables de limiter les pertes de chaleur et de garder une température corporelle proche de 40 °C. Les pieds posent un problème particulier : ne pouvant être recouverts d'une isolation à base de plumes ou de duvet, ils présentent une grande surface exposée au froid (la même question se pose d'ailleurs pour les autres mammifères arctiques, les ours polaires par exemple).

Deux phénomènes sont mis en jeu.

D'abord, le manchot contrôle le débit sanguin dans ses pieds en faisant varier le diamètre des vaisseaux qui y apportent le sang. Lorsqu'il fait froid, le débit est réduit, et accru quand il fait chaud. Nous faisons de même : c'est pour cela que nos mains deviennent blanches quand il fait froid et virent au rose s'il fait chaud. Les mécanismes de contrôle, très sophistiqués, impliquent l'hypothalamus et divers systèmes nerveux et hormonaux.

Ensuite, ils possèdent des « échangeurs de chaleur » en haut des pattes, des sortes de radiateurs portables. Les artères qui apportent le sang aux pieds se divisent en une multitude de petits vaisseaux, couplés à autant de vaisseaux rapportant le sang froid en provenance des pieds. Ceux-ci ne reçoivent donc qu'une faible quantité de sang chaud.

En hiver, les pieds des manchots sont tout juste maintenus à une température de un ou deux degrés au-dessus de zéro – afin de minimiser les pertes de chaleur tout en évitant les gelures. Les canards et les oies ont le même dispositif, mais si on les garde au chaud pendant plusieurs semaines, et qu'on les mette dehors dans la neige, leurs pieds peuvent geler si leur physiologie n'a pas le temps de s'adapter aux nouvelles conditions.

John Davenport, océanographe

Je ne sais pas grand-chose sur la circulation sanguine de ces animaux, mais la question des pieds des manchots a une surprenante explication biochimique.

La liaison entre une molécule d'oxygène et une molécule d'hémoglobine est habituellement une réaction très exothermique : elle libère de l'énergie sous forme de chaleur. Généralement, une quantité de chaleur identique est absorbée par la réaction inverse, qui voit l'hémoglobine libérer de l'oxygène. Cependant, ces réactions se produisant à des endroits différents dans l'organisme, des changements de la nature du milieu (acidité, par exemple) peuvent se traduire par des gains ou des pertes de chaleur pour l'organisme.

La valeur de la chaleur libérée varie selon les espèces. Chez les manchots, elle est bien plus faible dans les tissus périphériques froids, tels les pieds, que chez les hommes. Cela a deux effets bénéfiques. D'abord, l'hémoglobine de ces oiseaux absorbe moins de chaleur lors de la désoxygénation, ce qui fait que les pieds ont moins de chances de geler.

L'autre avantage est une conséquence des lois de la thermodynamique (l'étude de la chaleur). Il se trouve que dans toute réaction réversible, y compris celle d'oxygénation/désoxygénation de l'hémoglobine, le froid favorise la réaction exothermique. À basse température, l'oxygène est donc davantage absorbé par l'hémoglobine chez la plupart des espèces, et plus difficilement libéré.

Ce phénomène a d'autres conséquences bizarres. Chez certains poissons antarctiques, la chaleur est libérée lors de la désoxygénation. Cela atteint des sommets chez le thon, qui peut accumuler tant de chaleur en libérant de l'oxygène qu'il se maintient à une température de 17 °C au-dessus de celle de son environnement.

L'inverse se produit chez les animaux qui doivent rester frais à cause d'un métabolisme spécialement actif. La poule d'eau extrait moins de chaleur que le pigeon de l'oxygénation de son hémoglobine, de façon à voler sur de longues distances sans « surchauffe ».

Le fœtus humain doit aussi perdre de la chaleur, et son seul lien avec l'extérieur est le sang de la mère parvenant par le cordon ombilical. Davantage de chaleur est absorbée par désoxygénation du sang de la mère que par oxygénation du sang du fœtus. Ce dernier peut donc évacuer la chaleur excédentaire.

Chris Cooper et Mike Wilson,
université d'Essex, Colchester

Poisson vole

Pourquoi les poissons volants volent-ils ? Est-ce pour échapper aux prédateurs, pour attraper des insectes ou pour nager plus vite ?

Julyan Cartwright

L'explication classique est que les poissons volants tentent d'échapper aux prédateurs, spécialement aux dauphins. Ils ne chassent pas les insectes, qui sont d'ailleurs rarissimes en pleine mer.

Il a été suggéré que ces vols (en réalité, les poissons volants planent, et ne battent pas des ailes) sont destinés à économiser l'énergie. C'est peu probable, puisque la phase de décollage résulte de vigoureux battements de queue (50 à 70 battements par seconde) impliquant des muscles à métabolisme anaérobique très gourmands en énergie.

Les yeux à facettes planes de ces poissons leur permettent de voir aussi bien dans l'eau que dans l'air. Il semble qu'ils soient en mesure de choisir leur site d'atterrissage. Volent-ils vers des zones riches en nourriture ? Nul ne le sait.

L'hypothèse de la fuite devant les prédateurs semble bien être la meilleure. Elle explique pourquoi les poissons volants sont si effrayés par les bateaux, qu'ils prennent pour une menace.

John Davenport, océanographe

À strictement parler, le poisson volant ne vole pas ; il pratique un vol à voile propulsé par ses battements de queue. Il parvient à sauter jusqu'à 100 mètres de distance grâce à des battements vigoureux de ses nageoires pectorales. La seule raison de ce comportement semble être la fuite devant les prédateurs. Si l'on s'arrache au merveilleux spectacle des nageoires iridescentes d'un poisson volant en action, on verra souvent, juste sous la surface, un poisson plus volumineux filer dans son sillage.

Tim Hart, La Gomera, îles Canaries

J'ai vu des bancs entiers de poissons volants prendre l'air pour échapper à des thons, et quelques minutes plus tard des bancs de thons sauter hors de l'eau pour échapper à des dauphins.

Le pont d'un yacht traversant l'Atlantique, au petit matin, est généralement couvert de poissons volants tout prêts pour le petit déjeuner de ceux qui n'ont pas peur des arêtes. Sans doute les poissons voulaient-ils échapper à un prédateur (le bateau, en l'occurrence) et ont-ils atterri sur le pont à cause d'une vision nocturne défectueuse. On n'en voit presque jamais sur le pont le jour. Il arrive qu'ils atterrissent dans le cockpit, voire même qu'ils se trouvent en route de collision avec la tête du skipper.

Don Smith

Fort comme un champignon

Près de chez moi, des champignons poussent dans le trottoir, qu'ils ont fendu en plusieurs endroits. Comment un organisme aussi mou qu'un champignon peut-il passer au travers de plusieurs centimètres d'asphalte ?

John Franklin, Londres

Les champignons qui traversent l'asphalte sont certainement des coprins « noirs d'encre » *(Coprinus atramantarius)*, qui poussent sur des débris végétaux. Leurs tiges fonctionnent exactement comme des béliers hydrauliques.

La pression verticale résulte de la « pression de turgescence » des cellules qui constituent la paroi du pied du champignon. Ces cellules croissent à la verticale par addition de matériau membranaire le long de la tige.

La structure principale de ces cellules est un faisceau hélicoïdal de fibres de chitine, noyées dans une matrice, de sorte que les membranes cellulaires sont assez semblables à de la fibre de carbone. La chitine est un biopolymère très résistant (celui-là même qui constitue l'exosquelette des insectes) qui confère une excellente résistance latérale aux parois de la cellule du champignon : la pression cellulaire est donc tout entière confinée à la verticale. L'eau pénètre dans la cellule par osmose, et la pression de turgescence qu'elle génère permet au champignon de percer sans difficultés une couche d'asphalte.

Ce phénomène a été étudié il y a soixante-quinze ans par

Reginald Buller, qui mesura la pression en posant des poids sur un champignon placé dans un tube à essais. Il trouva une pression égale aux deux tiers de la pression atmosphérique.

Les cellules sont dotées d'un système de capteur qui les met dans une position verticale. Un champignon posé sur le côté se remet rapidement à pousser verticalement.

Graham Gooday, université d'Aberdeen

Une épaisseur d'asphalte de 5 centimètres ne représente pas grand-chose pour la puissance d'un champignon. Un gros coprin chevelu *(Coprinus comatus)*, dans une rue près de chez moi, a soulevé une plaque de pierre de 60 centimètres par 75 et de 4 centimètres d'épaisseur, en 48 heures.

Les champignons poussaient très bien dans les fonderies, à partir du crottin de cheval employé pour préparer la terre de moulage. On y a souvent vu des champignons soulever des morceaux de fonte. Il s'agissait sans doute d'*Agaricus campestris* ou de champignons analogues. Le mécanisme qui leur permet de tels exploits est tout simplement la pression hydraulique des cellules, ou pression de turgescence.

Comme l'a montré Buller, l'exquis et fragile *Coprinus sterquilinus* exerce une pression verticale approchant les 250 grammes pour une tige de 5 millimètres d'épaisseur. On imagine aisément qu'un champignon plus gros puisse facilement percer une route.

Richard Scrase, éleveur de champignons à Bath

Fourmi cro-ondes

J'ai été très surpris de voir des fourmis, qui se baladaient sur ma tasse de thé, sortir indemnes du four à micro-ondes. Comment font-elles pour survivre ?

Judith Kelly

La réponse est très simple. Dans un micro-ondes normal, les ondes sont séparées par un certain espace, car cela suffit à cuire les aliments. Les fourmis sont si petites qu'elles se placent aisément entre les ondes.

Li Yan

Ce qui sauve les fourmis, c'est qu'il s'établit dans le four des ondes stationnaires. À certains endroits du four, la densité d'énergie est très forte, et très faible à d'autres endroits. C'est d'ailleurs pour cela que les fours sont équipés de plateaux tournants afin que la nourriture soit chauffée uniformément.

On peut observer les motifs d'ondes stationnaires en plaçant dans le four un plateau rempli de marshmallows. Au bout de quelques secondes de chauffage, on voit des bandes de cuisson apparaître. Mais le motif varie avec ce qui se trouve dans le four. Une tasse de thé ne donne pas le même motif qu'une tarte.

La fourmi doit ressentir des régions chaudes et froides, et choisir les plus froides. Même si elle reste un peu dans une zone chaude, son fort rapport surface / volume lui permet de se refroidir rapidement.

Une fausse rumeur veut que les fours à micro-ondes soient trop gros pour chauffer des petits objets. Les chimistes ont montré que cela est faux. Certains catalyseurs dispersés au sein d'un substrat, et typiquement de la taille du micron (un millième de millimètre), fonctionnent en absorbant les micro-ondes. Or, ils marchent très bien au four à micro-ondes.

A.G. Whitaker

Dans un four à micro-ondes, l'énergie est très faible à proximité des parois métalliques. Les champs électromagnétiques sont « écrantés » par les parois conductrices, de même qu'une impulsion donnée par un enfant à une corde attachée à un arbre est réduite à néant au contact de l'arbre.

Pour le vérifier, placez deux morceaux de beurre dans un micro-ondes dans deux soucoupes en polystyrène, l'une posée sur la sole du four, l'autre sur un verre renversé. Placez aussi un verre d'eau, et allumez le four. Le beurre perché va fondre bien plus vite que celui posé sur la sole.

Charles Sawyer

Mouche sèche

Comment font les moucherons pour voler sous la pluie sans être assommés par les gouttes ?

L. Pell

Une goutte de pluie engendre une onde de pression sur sa face avant. Cette onde repousse le moucheron qui s'écarte ainsi de la goutte. Les tapettes à mouches sont munies de trous afin de réduire au minimum cette onde de pression, faute de quoi les mouches s'échapperaient à tout coup.

Alan Lee

Le monde des moucherons est très différent du nôtre. À cause de la différence de taille, la collision entre une goutte de pluie et un moucheron ressemble à celle entre une voiture allant à la vitesse de la goutte et une personne mille fois moins dense qu'un être humain – quelque chose comme un ballon ayant la forme d'un homme. Le ballon rebondirait aussitôt, et n'éclaterait que s'il rencontrait un mur.

Tom Nash

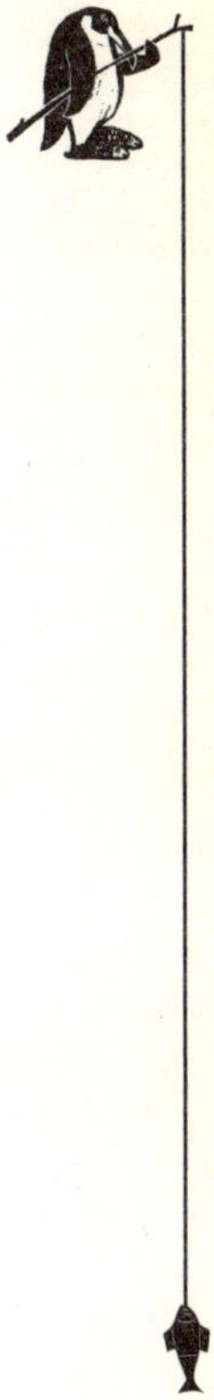

Bourdon stationnaire

Ma petite amie m'assure qu'il est impossible d'expliquer le vol des bourdons. Il paraît que cela défie les lois de la physique. Dois-je la croire ?

Trobjørn Solbakken

Le vol impossible du bourdon est un exemple classique du danger des approximations. Il vient de la tentative d'appliquer à la bestiole l'équation fondamentale de l'aéronautique. Cette équation donne l'énergie nécessaire au vol en fonction de la masse de l'avion et de la surface de ses ailes. Dans le cas d'un bourdon, cela donne une valeur très élevée et quasiment inaccessible.

L'équation semble donc prouver que les bourdons ne volent pas, mais elle concerne le vol stationnaire et non le vol battu, ce qui la rend caduque. L'équation ne marche pas, mais le bourdon, lui, vole très bien.

Simon Scarle

Œuf qui roule...

Pourquoi les œufs sont-ils ovoïdes ?

Max Wirth

Il y a plusieurs raisons à cela. D'abord, leur forme leur permet de s'amasser de façon compacte dans le nid, en minimisant les espaces entre eux, ce qui a pour effet de réduire les pertes de chaleur. Ensuite, quand un œuf roule, il décrit une trajectoire circulaire en tournant autour de son « petit » bout. S'il tombe du nid et roule sur une surface à peu près plane, il a ainsi tendance à revenir vers le nid. Troisièmement, la forme ovoïde rend la ponte plus facile – si du moins l'œuf sort par le gros bout – que dans le cas d'une sphère ou d'un cylindre.

Mais en fait, la raison majeure est que cette forme s'adapte idéalement aux coquetiers. Aucune autre forme ne marcherait aussi bien.

Alison Woodhouse

La plupart des œufs sont ovoïdes car la présence de coins ou de pointes, outre qu'elle rendrait la ponte difficile, affaiblirait la structure. La forme la plus résistante est la sphère, mais des œufs sphériques auraient tendance à rouler loin du nid : pensons aux oiseaux qui nichent à flanc de falaise ! Les œufs ovoïdes, eux, roulent en tournant. D'ailleurs, on observe que les œufs des oiseaux qui nichent sur les falaises sont plus allongés que ceux des autres oiseaux, et qu'ils prennent, en roulant, un virage plus serré.

John Ewan

Les œufs sont ovoïdes à cause du processus de la ponte chez les oiseaux. L'œuf passe à travers l'oviducte grâce à des mouvements péristaltiques : les muscles de l'oviducte, une série d'anneaux, se détendent à l'avant de l'œuf et se resserrent derrière lui.

À son entrée dans l'oviducte, l'œuf, assez malléable, est sensiblement sphérique. Le mouvement de contraction à l'arrière de l'œuf tend à le déformer et à le rendre conique, tandis que l'autre bout garde une forme sensiblement hémisphérique. À mesure que l'œuf se calcifie et durcit, la forme se fige. Les œufs très mous des reptiles, au contraire, reprennent après la ponte une forme sphérique.

Il se peut que la meilleure compacité des œufs très ovoïdes

dans le nid et leur faible rayon de braquage hors du nid tendent à favoriser les poules pondant des œufs très ovoïdes (pour autant que ce caractère soit héréditaire), mais la forme est la conséquence de la ponte plus qu'un résultat de la sélection naturelle.

A. MacDiarmid-Gordon

Porte-bonheur

Les oiseaux de ma région se nourrissent de petits insectes noirs. Comment se fait-il alors qu'ils se soulagent sur moi en larguant à haute altitude une matière blanche ?

M. Rogers, Norfolk, Grande-Bretagne

On croit à tort que le guano des oiseaux est constitué de leurs déjections. En fait, c'est leur urine. Les oiseaux évacuent de l'acide urique plutôt que de l'urée car c'est un solide insoluble. C'est leur façon d'économiser l'eau quand ils urinent – et de garder un rapport poids / puissance optimal.

Guy Cox, université de Sydney, Australie

La matière blanche qui constitue les fientes des oiseaux, et de nombreux reptiles, est leur urine. Les vertébrés les plus primitifs rejettent quasi directement les déchets azotés toxiques, car ils disposent de beaucoup d'eau avec laquelle diluer les substances azotées comme l'ammoniac.

Oiseaux et reptiles, cependant – en tout cas, les lézards et les serpents, dont je connais bien les déjections –, sont différents. Il semble que la conversion de leurs déchets azotés toxiques en un produit relativement insoluble et pâteux est une adaptation évolutive à la vie terrestre, c'est-à-dire à des écosystèmes pauvres en eau.

Dans de telles niches, il est essentiel de se débarrasser de ses déchets toxiques sans utiliser d'eau : les oiseaux et les lézards ont résolu le problème en rejetant une pâte d'acide urique insoluble et de faible toxicité.

Les oiseaux qui consomment de grandes quantités d'herbes, comme la grouse et le lagopède, produisent des excréments très semblables à ceux des cochons d'Inde. L'urine blanche et pâteuse se discerne à peine parmi les excréments.

Philip Goddard

Votre correspondant précédent oublie un fait important : l'oviparité. L'excrétion de déchets insolubles n'a rien à voir avec le rapport poids/puissance ou l'adaptation à des niches écologiques pauvres en eau. Elle résulte de ce que tous les oiseaux et de nombreux reptiles commencent leur vie à l'intérieur d'un œuf. Même les grands amniotes ovipares qui vivent dans l'eau à l'âge adulte, comme les manchots et les crocodiles, gardent la mémoire de ce temps où il était exclu de polluer leur espace vital avec des déchets toxiques solubles.

Örnóflur Thorlacius

Les oiseaux se débarrassent de leur urine à haute altitude car il est trop facile de ne pas rater sa cible à une altitude plus basse. Et leur déjection est blanche de façon qu'ils puissent voir, de là-haut, qui ils ont touché.

S.B. Taylor

Rouge ou blanche ?

Pourquoi y a-t-il des viandes rouges et des viandes blanches ? Et quelle différence y a-t-il entre les animaux donnant ces types de viandes ?

Tom Whiteley

La viande rouge contient des fibres musculaires riches en myoglobine et en mitochondries. La myoglobine, protéine semblable à l'hémoglobine des globules rouges du sang, sert à stocker l'oxygène dans les fibres musculaires.

Les mitochondries sont des organelles qui utilisent l'oxygène, à l'intérieur des cellules, pour fabriquer l'ATP (adénosine triphosphate) qui fournit l'énergie pour la contraction des muscles. Les fibres musculaires de la viande blanche, au contraire, contiennent peu de myoglobine et de mitochondries.

La couleur de la viande des divers animaux est due à la proportion de ces deux types de fibres musculaires. Les fibres des muscles rouges se fatiguent lentement, celles des muscles blancs plus rapidement. Un poisson rapide et actif comme le thon a une forte proportion de muscles résistant à la fatigue. Un poisson plus placide, comme la sole, a surtout des fibres blanches.

Trevor Lea

La couleur de la viande dépend de la concentration en myoglobine du tissu musculaire, substance qui est responsable du brunissement de la viande lors de la cuisson.

On dit toujours que le poulet et la dinde ont une viande blanche, mais ce n'est pas le cas des pattes de ces oiseaux élevés en plein air, dont la viande est carrément brune. Cela est dû à ce que les oiseaux prenant beaucoup d'exercice ont des muscles plus riches en myoglobine. Cela explique aussi pourquoi la viande de bœuf est rouge alors que celle du porc, moins actif, est blanche.

T. Filtness

D'un pôle à l'autre

Si l'on mettait un ours en Antarctique, est-ce qu'il survivrait ? Et des manchots survivraient-ils dans l'Arctique ?

Richard Davies

Des ours blancs survivraient probablement en Antarctique, et tout autour de l'océan Austral, mais ils y détruiraient la faune sauvage. Dans l'Arctique, les ours blancs se nourrissent essentiellement de phoques, surtout des bébés nés sur les plages ou la banquise. De nombreuses différences observées chez les phoques de l'Arctique et de l'Antarctique, en matière d'élevage des petits, tiennent certainement à la présence ou à l'absence des ours.

Les ours trouveraient quantité de mammifères et d'oiseaux se nourrissant de poissons sur les côtes antarctiques. Les manchots seraient particulièrement vulnérables car ils ne volent pas et vivent en terrain découvert ; il leur faut plusieurs mois pour élever un seul bébé. Les ours courent vite mais peu. Ils pourraient cependant attraper les plus gros bébés manchots et voler les œufs sans difficulté.

Dans l'Arctique, les ours chassent surtout en bord de banquise, là où la glace est suffisamment épaisse pour les supporter, et suffisamment fine pour que les phoques puissent y creuser des trous afin de respirer. Les nombreuses îles du nord du Canada, de l'Alaska et de l'Europe du Nord constituent des habitats parfaits. L'Antarctique étant plus froid et quasiment dénué d'îles, les ours vivraient sans doute à des latitudes plus basses dans l'Antarctique que dans l'Arctique.

On espère que personne ne tentera jamais d'introduire des ours en Antarctique. Ces prédateurs auraient tôt fait de

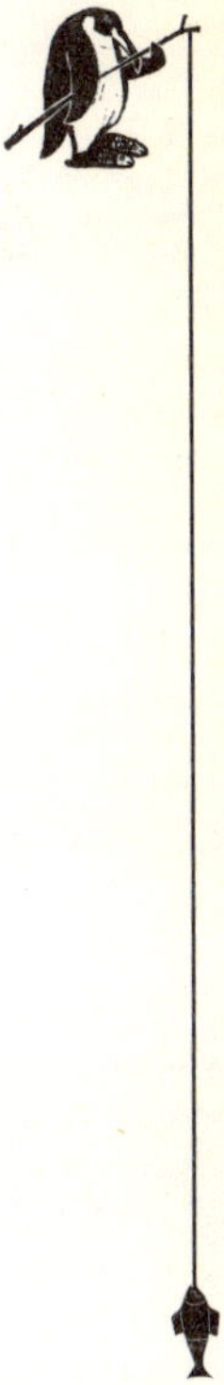

décimer la faune et la flore indigènes qui n'ont aucune défense contre eux. Cela s'est déjà produit avec les hermines en Nouvelle-Zélande, les renards et les chats en Australie, et les rats sur bien des îles isolées.

De gros animaux lourds comme le sont les ours provoqueraient aussi de gros dégâts aux fragiles plantes et lichens de l'Antarctique. Le renne norvégien, par exemple, a détruit la plupart des plantes indigènes en Géorgie du Sud, île du sud de l'Atlantique où il a été introduit il y a quatre-vingts ans.

C.M. Pond, The Open University,
Milton Keynes, Grande-Bretagne

À ma connaissance, personne n'a jamais été assez bête pour introduire des ours en Antarctique ; mais il y a eu au moins deux tentatives pour introduire des manchots dans l'Arctique.

Ces manchots n'ont aucun rapport avec ce qu'on appelle communément « pingouin » *(Pinguinus impennis)*, espèce autrefois abondante sur les côtes de l'Atlantique Nord. Pour autant, ils se ressemblent beaucoup, spécialement le manchot empereur, et occupent des niches écologiques voisines.

Lors de l'introduction d'une espèce nouvelle, il doit exister une niche écologique disponible. Or, la plupart des niches occupées par les manchots antarctiques étaient prises par les pingouins arctiques. Ces derniers, cependant, se sont considérablement raréfiés au milieu du XIXe siècle, suite aux massacres perpétrés par les baleiniers. Les niches laissées vacantes convenaient parfaitement aux manchots empereurs, dont la viande riche en graisses et les œufs très protéiques avaient, de surcroît, un réel potentiel économique.

C'est sans doute ce dernier point qui a inspiré deux projets d'introduction de manchots antarctiques dans les eaux norvégiennes, à la fin des années 1930. Le premier, sous l'impulsion de Carl Schoyen de la Société norvégienne de protection de la nature, a lâché des groupes de neuf manchots empereurs à Røst, Lofoten, Gjesvaer et Finnmark en octobre 1936. Deux ans plus tard, la Fédération nationale de protection de la nature refit la même erreur en lâchant plusieurs gorfous macaroni et manchots du Cap dans la même région, alors qu'il était évident que ces animaux, plus petits que les empereurs, se trouveraient directement en concurrence avec les pingouins et les grands oiseaux de mer locaux.

Le résultat fut désastreux pour tout le monde, surtout pour les manchots. Parmi ceux dont le sort est connu, un empereur fut abattu par une femme qui l'avait pris pour un démon, et un gorfou macaroni fut attrapé à la ligne en 1944, ce qui montre qu'il avait tout de même survécu six ans.

Il apparut finalement que la vraie raison pour laquelle il s'avérait impossible de remplir les niches écologiques du pingouin disparu est précisément ce pourquoi les niches étaient vides : des oiseaux aussi gros ne pouvaient s'accommoder d'une population humaine trop développée. De fait, c'est l'accroissement de la présence humaine dans le Grand Sud qui menace les manchots dans leur habitat actuel.

Hadrian Jeffs

? Espèce de truffe

Pourquoi la truffe des chiens est-elle noire ?

Rachel Colin (11 ans)

La plupart des chiens ont une truffe noire, mais pas tous. Les vizslas et les braques de Weimar ont une truffe assortie à leur pelage – respectivement rouge et argent – et les petits chiots ont souvent une truffe rose qui brunit avec l'âge. Mon berger des Shetland a gardé un intérieur des narines rose toute sa vie.

Les truffes sont noires pour se protéger des coups de soleil. Tout le corps des chiens est protégé par les poils, sauf cette partie qui serait sinon exposée à de sévères brûlures. Les chiens à truffe rose, sans poils ou avec des poils très fins sur les oreilles, doivent être enduits de crème solaire, comme les hommes, car ils risquent le même genre de cancer de la peau.

En outre, les éleveurs de chiens ont longtemps pensé qu'une truffe se devait d'être noire. Il n'y a là rien d'autre qu'une préférence esthétique appliquée aux chiens de race. L'homme est donc venu encourager la tendance naturelle aux truffes foncées.

Julia Ecklar

Les truffes noires contiennent de la mélanine, spécialement sous forme d'eumélanine brune ou noire. Les mélanocytes, les cellules qui la produisent, la sécrètent dans les cellules de la peau, et le soleil les brunit davantage. La mélanine des cellules de la peau protège l'ADN de la cellule des rayonnements ultraviolets nocifs émis par le soleil.

Jon Richfield

4. À boire et à manger

Peau de banane

Quand on met des bananes au frigo, elles brunissent plus vite, mais restent mangeables. Je crois que le brunissement est dû à l'oxydation, mais si tel est le cas, pourquoi se fait-il plus vite au froid ?

Alun Walters

Je ne recommande pas de mettre les bananes au frigo. Comme tout organisme vivant, la banane ajuste la composition, et donc la fluidité, de ses membranes cellulaires en fonction de la température ambiante. Elle y parvient en faisant varier la proportion d'acides gras insaturés dans les lipides de la membrane : plus il fait froid, plus grande sera la proportion d'acides gras insaturés, et plus la membrane sera fluide. Si l'on refroidit trop le fruit, certaines zones de ses membranes cellulaires deviennent trop visqueuses et perdent leur étanchéité. Enzymes et substrats, ordinairement maintenus séparés par les membranes, peuvent alors se mélanger.

Une banane trop mûre, hors réfrigérateur, brunit selon le même mécanisme, mais dans ce cas la dégradation de la membrane est due au phénomène plus général de la sénescence des tissus. Avec les fruits tropicaux, le stockage à basse température est un vrai problème, tandis que les fruits des régions tempérées, pommes et poires, « tiennent » très bien à des températures faiblement positives. Je me demande donc s'il est très astucieux de mettre vos bananes au frigo. Et je me pose la même question pour les tomates, originaires d'Amérique du Sud, qui sont un fruit semi-tropical.

Alistair MacDougall, Institut de recherche alimentaire, Norwich, Grande-Bretagne

De nombreux fruits supportent bien le froid, mais la plupart des fruits tropicaux et subtropicaux (les bananes en particulier) le supportent mal. La température idéale pour les bananes est de 13,3 °C. En dessous de 10 °C, l'action des enzymes accélère le pourrissement, la peau noircit et s'amollit. Les enzymes, ordinairement stockées dans les cellules, sont libérées par les membranes cellulaires qui leur deviennent perméables. Un gaz, l'éthylène, joue un rôle important dans ce processus, comme d'ailleurs dans la défense contre les parasites.

Les deux enzymes responsables de la destruction de la plante sont la cellulase et la pectine estérase, qui attaquent respectivement la cellulose et la pectine. La destruction de l'amidon par les enzymes de type amylase est aussi impliquée dans le ramollissement de la peau de la banane et de sa chair.

Le noircissement de la peau est dû à l'action d'une autre enzyme, la polyphénoloxydase (PPO). C'est une enzyme qui, en présence d'oxygène, polymérise les phénols présents dans la peau en polyphénols assez semblables à la mélanine, qui donne sa couleur brune à la peau humaine bronzée.

La PPO étant inhibée par les acides, le jus de citron est employé pour empêcher le brunissement des pommes. Les bananes ont une faible acidité : c'est peut-être pour cela qu'elles brunissent aussi vite. Pour empêcher le brunissement des peaux de banane, on peut les enduire de cire, ce qui bloque l'arrivée de l'oxygène.

M.V. Wareing

Le brunissement de la banane est bien un phénomène d'oxydation déclenché par le refroidissement, mais cette oxydation n'est pas accélérée par le froid.

Les bananes sont des fruits tropicaux, et leurs cellules sont endommagées par le froid. La détérioration des membranes cellulaires libère des amines phénoliques comme la dopamine, qui sont habituellement enfermées dans les vacuoles de la peau. Au contact des enzymes oxydantes (polyphénol oxydases) et de l'oxygène atmosphérique, la dopamine est oxydée et forme des polymères bruns qui constituent une barrière défensive. Une fois déclenché, le brunissement est favorisé par la chaleur.

Si vous voulez le vérifier, mettez une peau de banane au réfrigérateur pendant quelques jours. Elle reste jaune car, bien que les membranes cellulaires soient détruites par le froid, les oxydases ne fonctionnent pas à basse température. Sortez-la du frigo et laissez-la une nuit à l'air libre. L'oxydation de la dopamine va se traduire par une couleur noire le lendemain matin. Une peau de banane témoin, laissée à température ambiante, restera jaune car ses membranes cellulaires sont intactes.

Stephen Fry, université d'Édimbourg

À votre terpène !

Pourquoi les boissons à base d'anis, comme le Pernod ou le pastis, blanchissent-elles quand on leur ajoute de l'eau ?

Alexander Hellemans

Les boissons à base d'anis doivent leur goût à des molécules appelées terpènes. Ces terpènes sont solubles dans l'alcool, mais pas dans l'eau. Le pastis, titrant à peu près 40° d'alcool, maintient les terpènes dissous. En présence d'eau, la dissémination de ces molécules donne un liquide laiteux.

L'absinthe, dérivée de l'armoise et interdite dans certains pays (dont la France) pour sa toxicité, donne une solution verte. Les terpènes sont responsables des odeurs et saveurs de nombreuses plantes – le citron et le thym par exemple.

Thomas Lumley

On the rocks

Comment obtient-on de la glace transparente ? Celle du réfrigérateur est toujours pleine de bulles. J'ai essayé de filtrer et de bouillir l'eau, mais je n'ai jamais obtenu la glace transparente que l'on voit sur les publicités pour le whisky.

Philip Susman, université Monash,
Victoria, Australie

Ce qui rend opaque la glace faite dans votre réfrigérateur, c'est l'eau du robinet utilisée, qui contient de l'air dissous (environ 0,003 % en masse). Quand la glace se forme dans le bac, les premiers cristaux apparaissent sur les côtés des compartiments à glaçons. Cette première glace est très pure car l'air qu'elle contient est repoussé vers l'eau encore liquide : l'air est beaucoup plus soluble dans l'eau que dans la glace.

Dès que la concentration de l'air dans l'eau atteint 0,0038 % en masse, l'eau ne peut plus dissoudre d'air et une nouvelle réaction a lieu. Quand l'eau gèle, l'air est évacué de la solution, et il forme des bulles dans la glace.

Les machines à glace du commerce produisent une belle glace transparente en faisant couler un filet d'eau sur des doigts métalliques glacés, ou dans des bacs à basse température. Cela congèle une partie de l'eau, le reste étant évacué avant que la concentration d'air ne devienne trop élevée. Quand la glace est assez épaisse, un léger chauffage des doigts métalliques permet de détacher des glaçons parfaits pour faire des photos publicitaires.

Mais sans machine à glace, votre lecteur ne fera pas de beaux glaçons.

Andrew Smith

Les bulles d'air apparaissent dans la glace quand le refroidissement de l'eau, trop rapide, entraîne des différences de température dans le glaçon. La glace se forme d'abord en surface car l'eau plus chaude et plus dense a tendance à couler. L'eau a en effet une densité maximale autour de 4 °C. En dessous de cette température, sa densité diminue.

La formation de glace en surface est favorisée par le contact avec l'air froid. Il se passe la même chose quand un lac gèle. Les différentes parties du futur glaçon ayant des expansions différentes, il se crée des bulles d'air qui sont piégées par la couche de glace superficielle.

Pour éviter les bulles d'air, il suffit de refroidir l'eau très lentement et de façon homogène. Cela permet à l'air dissous de s'échapper avant que la surface du glaçon ne se solidifie.

Han Ying Loke

Les raisons de votre échec à obtenir une glace transparente tiennent peut-être à ce que, en faisant bouillir l'eau, vous avez attendu que l'ébullition soit terminée, ou à ce que votre eau, trop « dure », contient encore des ions.

Je vous conseille, afin d'évacuer l'air lors du refroidissement, d'utiliser du film étirable. Prenez de préférence un récipient en polystyrène et couvrez-le de film : cela donnera un refroidissement progressif à partir de la surface. Ne prenez pas une bouteille thermos, trop fragile.

Bien que la quantité de gaz évacuée ne dépende pas de la méthode employée, cette technique donne en surface un beau bloc de glace claire. La glace est plus trouble en profondeur : arrêtez dès que cette zone apparaît.

Jon Richfield

L'eau contient des gaz dissous. Quand elle gèle, ces gaz forment des bulles, qui sont piégées dans la glace, lui donnant son aspect opaque. Pour obtenir une glace transparente, il vaut mieux partir d'eau chaude plutôt que froide, car elle contient moins de gaz. Réduisez aussi la puissance de votre freezer pour laisser aux gaz le temps de s'évacuer. J'ai essayé : ça marche très bien.

Gabriel Souza

Je crains que votre lecteur n'ait été séduit par une photographie publicitaire où la glace est remplacée par un cube de Plexiglas, qui présente le gros avantage de ne pas fondre sous la chaleur des projecteurs de studio.

Martin Haswell

Mousse ou pas mousse ?

Quand on verse de la bière dans un verre bien sec, elle mousse. Si le verre est humide, elle ne mousse pas. Ainsi, en attendant que la première mousse ait disparu, on peut verser jusqu'en haut du verre sans faire de mousse. Pourquoi ?

H. Sydney Curtis

Toutes les boissons gazeuses sont des liquides sursaturés. Les gaz qu'ils contiennent devraient naturellement s'échapper du liquide, mais la formation des bulles est un phénomène compliqué.

Une bulle est d'abord minuscule, de l'ordre d'un dixième de micron (un dix millième de millimètre) de diamètre, et la pression sur ses parois est considérable : près de 30 atmosphères. Comme la solubilité d'un gaz augmente avec la pression (loi de Henry), il se dissout à nouveau dès qu'une bulle commence à se former.

Les bulles se forment autour des poussières, des irrégularités du verre et autres rayures. Ces « sites de nucléation » sont hydrophobes (n'aiment pas l'eau) et permettent à de petites poches de gaz de se former sans qu'elles soient immédiatement détruites. Une fois qu'elles atteignent une taille critique, elles donnent une bulle dont le diamètre est suffisant pour que la pression, modérée, ne remette pas le gaz en solution.

D.P. Maitland, Département de biologie appliquée, université de Leeds

Un autre effet intervient aussi. Si le nombre de bulles par unité de volume atteint un certain seuil, la création de nouvelles bulles est favorisée.

La nucléation est favorisée par les impuretés. De minuscules cristaux de sels (comme le sulfate de calcium) se trouvent souvent sur les parois des verres que l'on a laissés sécher à l'air libre après les avoir lavés avec une eau dure (contenant du calcium). Des fibres textiles, vestiges de l'essuyage du verre, ou des particules de poussière sont aussi fréquentes. Et tout verre usagé comporte des rayures, fussent-elles microscopiques.

Quand l'intérieur du verre est humide, les cristaux de sels sont dissous et les fibres textiles ne jouent plus le rôle de sites de nucléation. Les poussières et les rayures sont encore là, mais recouvertes d'eau, de sorte que le gaz carbonique ne les atteint que lentement, par diffusion. Des bulles seront toujours produites, mais trop lentement pour que le seuil critique soit atteint : la mousse ne se formera pas.

Allan Deeds

Pour vérifier le phénomène décrit ci-dessus, prenez un verre et recouvrez sa face interne d'huile, qui isole les parois bien mieux que l'eau. Versez-y ensuite de la limonade. Il n'y aura pratiquement aucune effervescence. Ajoutez quelques millions de sites de nucléation en versant une cuillerée de sucre en poudre : l'effervescence sera volcanique !

Ronald Blenkinsop

La fabrication des verres a atteint un tel degré de perfection que certains fabricants introduisent volontairement des imperfections, surtout dans les verres à bière, de façon qu'ils produisent une mousse raisonnable.

Tony Flury

Oignon, pas ça !

Pourquoi pleure-t-on quand on coupe des oignons ? Comment faire pour l'éviter ?

Stephen Mitchell

On trouve dans l'ail et l'oignon des dérivés soufrés contenant des acides aminés. Ils donnent à l'oignon son goût délicieux mais, quand on coupe un oignon, un de leurs composés, le S-1-propenyl-cystéine-sulfoxyde, est cassé par une enzyme pour donner du propanthial S-oxyde, qui est volatil et irritant. C'est lui qui fait pleurer.

Au contact avec l'eau – en l'occurrence vos yeux –, ce composé s'hydrolyse en propanol, acide sulfurique et sulfure d'hydrogène. L'œil tente de diluer l'acide en produisant des larmes. Pour empêcher cet effet désagréable, vous pouvez soit arrêter de manger des oignons, soit mettre des lunettes quand vous les coupez, soit les couper sous l'eau ou, du moins, les garder bien humides.

Bernd Eggen

Pour réduire l'effet lacrymal des oignons, il faut que la substance irritante ait le temps de se disperser avant d'arriver à vos yeux. Mettez-vous donc aussi loin que possible de l'oignon en tendant les bras, et évitez de vous mettre au-dessus.

Il est aussi conseillé de respirer par la bouche : la substance irritante est ainsi dirigée vers les poumons lors de l'inspiration, ou éloignée du visage lors de l'expiration. Pour y parvenir, tenez une cuiller entre vos dents, cela vous aidera à ne pas respirer par le nez.

C. Burke

Les lentilles de contact empêchent efficacement l'irritation des yeux quand on coupe des oignons.

Elaine Duffin

Il faut placer sous sa lèvre supérieure une tranche de citron. On a l'air un peu bête, mais on ne pleure pas.

Sheila Russell

Je suggère de tenir un morceau de sucre entre ses dents, pour absorber la substance irritante. Une allumette marche aussi très bien.

Michel Thuriaux

Tenez entre les lèvres un morceau de pain. Cela nous a été enseigné en Tanzanie dans les années 1960, par notre cuisinier Victor Mapunda.

John Nurwick

Un rouge bien secoué

On nous conseille de bien décanter et aérer le vin avant de le boire. Au risque de passer pour un criminel, ne serait-il pas plus efficace de le mettre dans un shaker, de le secouer, puis de laisser disparaître les bulles avant de le boire ?

Chris Jack

On laisse le vin reposer afin de laisser s'amorcer l'évaporation des substances volatiles porteuses d'arômes, qui donnent au vin son bouquet. Secouer un vin mène à tout à fait autre chose : cela favorise la dissolution d'oxygène et donc l'oxydation du vin, ce qui est très différent.

Pour certaines boissons, cela peut avoir un effet favorable. Mais il se trouve que l'oxydation du vin donne du vinaigre ! À la bonne vôtre...

Paul Mavros

Les raisons données pour laisser décanter les vins rouges ont changé ces dernières années suite à deux nouveautés : l'une concerne la technologie de la vinification, l'autre une évolution du goût des amateurs.

La raison avancée auparavant était de séparer le vin des précipités organiques, agrégats d'acide tartrique, tannins et résidus divers résultant de la presse des grappes et de la maturation du jus de raisin.

Les précipités mis en suspension par les manipulations étant minuscules et d'une densité voisine de celle du vin, la physique assure qu'ils ne sédimenteront que très lentement. C'est pourquoi les machines à décanter font tout pour éviter les mouvements brusques des bouteilles.

L'aération du vin, de son côté, développe ses arômes secondaires. Trop aérés, des vins âgés peuvent ainsi perdre les arômes qui leur restent. Des vins plus jeunes, ou élevés en fûts de chêne, davantage appréciés aujourd'hui, y gagnent en revanche beaucoup.

En Italie, où des techniques nouvelles de vinification ont été testées, la décantation consiste souvent à verser le contenu de la bouteille dans un décanteur, ce qui génère une intense turbulence et une oxydation du vin.

Oliver Straub

Thé à l'oxygène

Les amateurs de thé affirment qu'il faut utiliser de l'eau fraîche pour remplir la théière. Pourquoi ne peut-on utiliser de l'eau déjà bouillie, par exemple ?

Ivor Williams

La raison de cette recommandation est que l'eau fraîche est plus riche en oxygène. Elle donnera un meilleur thé, car l'extraction des arômes des feuilles est favorisée par l'oxygène.

Cela peut se vérifier en mettant la même quantité de thé dans deux verres et en remplissant l'un d'eau fraîche, l'autre d'eau déjà bouillie. Au bout de deux ou trois minutes, le premier sera beaucoup plus corsé que l'autre.

J.R. Stafford, Marks & Spencer, Londres

On m'a dit, quand j'étais petit, que l'eau fraîche, plus oxygénée, donnait un meilleur thé. De l'eau ne sortant pas du robinet ou, pire, déjà bouillie, contient moins d'oxygène. La norme britannique 6008, qui décrit dans le détail comment faire le thé, dit que l'eau doit être fraîchement bouillie mais pas qu'elle doit être fraîche. Elle précise aussi que le lait doit être versé avant l'eau, afin qu'il ne caille pas.

Comme cette norme est identique à la norme internationale ISO 3103, une autre question se pose : pourquoi ne peut-on boire un thé correct hors de Grande-Bretagne ?

N.C. Friswell

La raison pour laquelle il faut faire le thé avec une eau fraîchement bouillie est qu'une ébullition prolongée chasse l'oxygène de l'eau, ce qui donne au thé un goût «plat». Mes propres expériences pour comparer les modes d'ébullition n'ont guère montré de différence, même avec du thé de haute qualité infusé pendant cinq minutes.

Je suis certain que la différence, si elle existe, est indiscernable en employant des sachets de thé du commerce.

David Edge

Je vois qu'il existe au moins un lecteur qui ne croit pas à la nécessité de l'eau fraîche pour faire le thé.

Lors d'une situation d'urgence à l'étranger, on nous a demandé de faire bouillir notre eau potable pendant plusieurs minutes. Cela n'a pas changé le goût du thé. L'un d'entre nous eut alors l'idée d'utiliser une cocotte-minute pour accélérer la manœuvre de stérilisation. L'eau était bonne à boire et pour faire la cuisine, mais pour le thé, le résultat était catastrophique.

Il m'est aussi arrivé de boire du thé à 2 100 mètres d'altitude, où la température d'ébullition est inférieure à 100 °C, et je n'ai décelé aucun changement de goût. Les planteurs de thé qui m'accompagnaient non plus.

Je crois donc que cocotte-minute mise à part, le facteur déterminant est la durée de l'infusion.

A.C. Rothney

A. C. Rothney sera peut-être surpris d'apprendre que c'est sa cocotte-minute qui est responsable de son thé imbuvable. Ce n'est pas la température d'ébullition très élevée qui en est la cause, mais l'aluminium dissous dans l'eau. Quand la plupart des bouilloires étaient en aluminium, le mode d'emploi stipulait d'y faire bouillir plusieurs fois de l'eau avant de l'utiliser. Ces ébullitions répétées avaient pour objet de revêtir l'intérieur de la bouilloire d'une fine couche protectrice d'oxyde d'aluminium.

Lorna English

La nécessité d'utiliser de l'eau fraîche pour faire le thé n'a rien à voir avec l'oxygène. Elle tient aux sels métalliques dissous, surtout les chlorures, sulfates et carbonates de calcium et de magnésium présents sous forme d'impuretés dans l'eau du robinet, et qui affectent le goût et la couleur du thé.

L'effet de ces sels sur la couleur du thé peut être démontré en comparant un thé fait à partir d'eau pure et fraîche (désionisée ou faite avec de la glace du congélateur) avec un autre fait à partir d'eau fraîche du robinet. Les sels présents dans l'eau du robinet donnent une infusion plus foncée et plus trouble, à cause de la présence de précipités insolubles.

Faire bouillir l'eau du robinet a pour effet de précipiter les carbonates, sels solides que l'on retrouve par exemple au fond des bouilloires. Si l'eau est dure, des ébullitions répétées finiront par enlever la plupart des sels, mais laisser l'eau bouillir lentement, sans refroidissement, n'aura pas cet effet.

Il y a trois raisons pour lesquelles une ébullition répétée, suivie d'autant de refroidissements, donne un thé moins bon. D'abord, certains carbonates précipités restent en suspension sous la forme d'une mousse blanche, même après une nouvelle ébullition, et ils influent sur le goût du thé davantage que les carbonates dissous.

Ensuite, les sels de l'eau qui ne précipitent pas se concentrent par évaporation, donnant des goûts désagréables. Enfin, les traces de métaux, fer et cuivre, s'accumulent dans l'eau bouillie plusieurs fois et réduisent les phénols du thé par oxydoréduction, ce qui a un impact redoutable sur le goût.

M.V. Wareing

Souffrant d'addiction à la caféine, j'ai de méchants maux de tête si je passe plus d'une journée sans boire de thé. Afin de ne pas être gêné lors de randonnées durant plusieurs jours, j'ai essayé de laisser un sachet de thé dans une bouteille d'eau pendant quelques heures. Cela a marché. Cela me donnait ma dose de caféine, et cela avait le goût du thé froid. Je n'ai pas encore essayé de faire une telle infusion à froid, puis de la mettre au four à micro-ondes, mais je suis sûr que cela donne un thé buvable.

Syd Curtis

Je dois m'inscrire en faux contre les idées de R. C. Rothney. Mon père était goûteur de thé et voyait tout de suite si l'eau avait bouilli trop longtemps. Comment faisait-il ?

Les eaux dures (et toutes les eaux contiennent plus ou moins de sels) infusent plus lentement que les eaux très pures ou légèrement basiques. Si l'on fait bouillir une eau dure plus qu'une demi-minute, les sels dissous précipitent dans la bouilloire. L'eau qui en résulte est alors moins dure que ce qui était attendu. Elle donnera un thé plus foncé, qui infusera plus vite qu'à l'ordinaire.

Les producteurs de thé parviennent à une qualité homogène en dosant leurs mélanges différemment selon la qualité de l'eau de telle ou telle région. Une eau trop dure peut être artificiellement adoucie par une pincée de bicarbonate, mais la couleur que prend le thé et son changement de goût le rendent imbuvable par la plupart des amateurs – y compris par les goûteurs professionnels.

Bernard Howlett

L'effet tire-bouchon

Quand on coupe un coin d'une brique de lait et que l'on verse, le lait prend une forme spiralée. Comment se fait-il que le liquide prenne spontanément cette forme ? J'ai remarqué que plus l'ouverture est petite, plus le lait fait de spirales.

David White

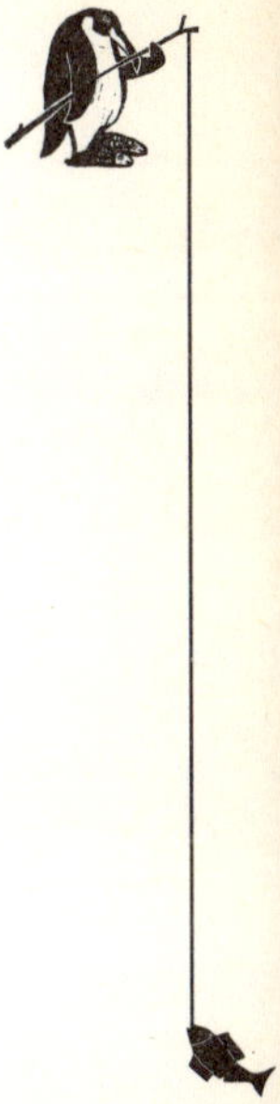

L'effet tire-bouchon que vous observez n'est que la partie inférieure du tourbillon qui occupe l'intérieur de la brique de lait. La force en action est la force de Coriolis, qui est responsable de tous les mouvements spiralés que vous pouvez observer dans la nature. Une bouteille renversée donne le même effet, mais il est moins évident à cause de la forme de l'ouverture.

Quand le lait passe l'ouverture, sa vitesse augmente. Cela accroît la force de Coriolis, qui est proportionnelle à la vitesse des objets sur lesquels elle s'applique et à leur distance à l'axe de rotation. Cela donne donc une forme en spirale.

John Lenton

La spirale formée par le lait dépend de la forme de l'ouverture (cela marche mieux si elle est fine et allongée), de la différence de pression entre l'intérieur et l'extérieur du récipient et de la tension de surface du lait, mais pas du tout de la force de Coriolis comme le suggère John Lenton.

La force de Coriolis existe bel et bien. À cause de la rotation de la Terre, tout fluide est soumis à une accélération (dite de Coriolis, du nom du physicien français Gaspard Coriolis, 1792-1843) perpendiculaire à sa vitesse. Dans l'hémisphère Nord, l'accélération de Coriolis fait tourner les dépressions et les cyclones en sens inverse des aiguilles d'une montre. Dans l'hémisphère Sud, c'est l'inverse.

Cet effet météorologique à grande échelle a mené à la rumeur selon laquelle les baignoires se vident dans le sens des aiguilles d'une montre dans l'hémisphère Sud, dans le sens inverse dans l'hémisphère Nord, et tout droit, sans que l'eau tourne du tout, à l'équateur. En réalité, la force de Coriolis est bien trop faible pour avoir le moindre effet sur les baignoires et les briques de lait.

Pour l'observer dans un récipient, il faut prendre mille précautions (récipient à faible frottement et symétrique, contrôle des courants thermiques) et surtout laisser reposer l'eau pendant au moins une journée, afin que tout mouvement résiduel de l'eau disparaisse.

Raymond Hall

La réponse de John Lenton n'est pas tout à fait correcte. Il est vrai que la spirale observée est une partie de celle qui occupe la brique de lait, mais il est faux de l'attribuer à la force de Coriolis.

C'est l'« effet patineur » qui est à l'œuvre. La moindre impulsion donnée à la brique met le lait en mouvement. Quand le lait sort par le trou, son moment cinétique de rotation est conservé et, comme il passe par un espace plus petit, sa vitesse de rotation augmente, comme ces patineurs qui rapprochent les bras de leur corps. C'est pour la même raison que l'effet est d'autant plus spectaculaire que le trou est petit.

Sonya Legg

L'art de la brique

Quand on verse du lait ou du jus de fruits d'une brique en carton, il faut le faire carrément, sous peine de voir le liquide adhérer au carton et se mettre à goutter. Pourquoi ?

Tom Khan

Quand on incline la brique pour verser, la surface libre du liquide se trouve au-dessus de l'ouverture. Cela crée une pression qui force le liquide hors de l'ouverture. En plus de cette pression, la tension superficielle a pour effet d'attirer le liquide vers les bords de l'ouverture. Si vous versez rapidement, la force de pression est très supérieure à la tension superficielle : le liquide va quitter la brique sans goutter.

Si vous versez lentement, la tension superficielle devient

suffisante pour dévier le flux de liquide et l'amener à coller au carton. Or, une fois qu'il adhère à une surface, un liquide tend à y rester, sous l'effet de sa tension superficielle et d'un phénomène appelé « effet Coanda ». Cela est facile à observer en mettant une cuiller sous l'eau d'un robinet : en adhérant à la face convexe de la cuiller, l'eau est déviée de sa chute.

Le résultat de ces deux effets combinés permet au liquide de couler le long du carton… et d'arroser copieusement vos chaussures. Des expériences ont montré que quand les briques sont pleines, le « glouglou » produit une oscillation périodique du jet qui engendre une adhésion du liquide, même versé rapidement, aux parois de la brique.

Bill Crowther, Division aérospatiale
de l'université de Manchester

L'effet Coanda a été baptisé en l'honneur de l'ingénieur roumain Henri Coanda (1886-1972), qui inventa un avion à réaction doté de deux réacteurs situés vers l'avant de l'avion, de chaque côté du fuselage. Lors du premier vol d'essai, il vit, horrifié, les deux jets de flammes coller sagement au fuselage au lieu de sortir tout droit des réacteurs.

Trente ans plus tard, cet effet est utilisé couramment dans la fluidique, système de contrôle de machines où un petit jet de fluide suffit à en décoller un autre, plus gros, de la paroi à laquelle il adhère, et à l'orienter dans une autre direction.

John Worthington

On peut voir une photo du Coanda, le premier véritable avion à réaction, sur www.allastar.fiu.edu/aero/coanda.htm. La réponse suivante décrit une démonstration simple de l'effet.

Cet effet est dû à la tendance naturelle qu'ont les fluides en mouvement à adhérer aux surfaces contre lesquelles ils coulent. Allumez une bougie et posez une bouteille entre vous et elle de façon à la cacher. Soufflez sur la bouteille : la bougie s'éteint, car les courants d'air ont adhéré aux parois de la bouteille.

Richard Hann

Œuf œuf

Je viens d'acheter des œufs garantis « deux jaunes », et tous avaient effectivement deux jaunes. Comment le fermier qui les produit peut-il être sûr de cela ?

John Crocker

Ces œufs spéciaux sont un phénomène naturel incontrôlable. Les œufs à deux jaunes sont plus gros que les autres et sont mis de côté pour être testés un par un. Comme la demande excède de beaucoup l'offre, il faut être sûr de la présence des deux jaunes. On tient donc chaque œuf devant une forte lumière, les jaunes étant facilement visibles par transparence.

Graham Muir, Stone Gate Farmers Limited, Sussex

Essayez chez vous : vous serez surpris de tout ce que l'on peut discerner ainsi à l'intérieur d'un œuf.

Poêle à (la) convection

Quand on met de l'huile dans une poêle, sa surface s'orne de petites cellules en nid-d'abeilles dont la taille semble dépendre de l'épaisseur de l'huile. Pourquoi ?

Rex Watson

Les cellules que vous observez sont des cellules de convection, dites de Rayleigh-Bénard. Si la différence de température entre le fond de l'huile et la surface est faible, la chaleur est dissipée par transfert thermique (collision des molécules), ce qui n'engendre aucun mouvement de l'huile. Si la différence de température augmente, la convection, un mouvement d'ensemble des molécules, devient la façon la plus efficace de transférer la chaleur. L'huile chauffée étant moins dense, elle tend à s'élever vers la surface. Là, elle se refroidit au contact de l'air, et tend à couler à nouveau. Ce mouvement circulaire crée des petites cellules contiguës qui s'arrangent spontanément en nid-d'abeilles.

Ce phénomène – facilement observable à la cuisine – a généré beaucoup de recherches, et l'on sait aujourd'hui pourquoi la structure en nid-d'abeilles est favorisée. La forme des cellules de convection dépend de la géométrie du récipient utilisé. Des motifs hexagonaux semblent se développer de préférence dans des récipients circulaires, les autres engendrant plutôt des cellules rectangulaires de section carrée. Le mouvement cyclique du liquide (vers le haut, de côté, vers le bas, et à nouveau de côté) fait que la taille de la cellule dépend crucialement de l'épaisseur du liquide.

Bernd Eggen, université d'Exeter

C'est environ 20 secondes après le début du chauffage que démarre, brutalement, la convection. Dès que le gradient de température au sein du liquide atteint un seuil critique, les divers mouvements de convection, jusque-là isolés, trouvent plus efficace du point de vue énergétique de se rassembler. En partageant par exemple avec le mouvement voisin la phase de descente, on évite à coup sûr que deux courants opposés se rencontrent. Cette auto-organisation des cellules de convection donne une structure régulière optimale. Le nid-d'abeilles, par exemple, optimise la surface de chaque cellule.

Sous l'effet de cette coopération, la convection se fait plus vigoureuse, et l'on peut voir une petite fontaine s'élever au centre de chaque cellule. La force qui assure la pérennité de cette structure, malgré les perturbations mécaniques et thermiques, est le transfert de chaleur à travers la couche d'huile. De la même façon, un système biologique ne maintient son intégrité que parce qu'il assure un transfert d'énergie – sous forme de nourriture en l'occurrence.

Une augmentation brutale de la température mène à la destruction des cellules de convection, qui passent par plusieurs phases avant de disparaître dans un chaos complet.

Roger Kersey

On peut montrer que la cellule de convection idéale pour transférer de la chaleur du fond d'une poêle vers la surface est hexagonale, chaque cellule ayant un diamètre égal à la profondeur de l'huile. Le fluide chaud s'élève au centre de la cellule, refroidit en surface, puis redescend le long des parois de l'hexagone. Des motifs semblables à ceux d'une poêle à frire sont observés à la surface du Soleil.

Gary Oddie

Les lecteurs ci-dessus ont donné la bonne réponse, mais celui-ci souligne à juste titre que la convection de Rayleigh-Bénard n'est le bon modèle que si la profondeur de l'huile est suffisante.

Le comportement de l'huile dans une poêle à frire est l'exemple classique de la convection de Rayleigh-Bénard, qui produit des cellules hexagonales entre deux plans portés à des températures différentes. On sait que lord Rayleigh, physicien britannique (1842-1919), a donné une théorie du phénomène, mais on sait moins que cette théorie était fausse.

Rayleigh considérait une couche horizontale de liquide chauffée par en dessous. Il montra que la convection prenait

la forme de cellules tournant en sens opposés sous l'effet des mouvements de fluides de densités différentes. Avec des arguments purement heuristiques, il estima la taille d'une cellule – et tomba par hasard sur une valeur voisine de celle trouvée par le physicien français Henri Bénard (1874-1939). Il calcula aussi la plus petite différence de température susceptible de provoquer la convection, mais trouva une valeur cent fois supérieure à celle que Bénard avait déterminée expérimentalement.

D'autres expériences étendirent les analyses de Rayleigh. On comprit que la surface du fluide n'était pas plane, mais soulevée à l'aplomb des remontées de fluide, et abaissée aux endroits où il plonge vers le fond. Or, Bénard observa exactement le contraire ! Il montra en outre que les cellules se formaient aussi quand on diminuait la température du fond, alors que Rayleigh prévoyait un arrêt du mouvement. L'instabilité a été observée en plaçant le liquide en dessous d'une plaque chauffante, et même dans l'espace, en gravité zéro !

À la fin des années 1950, un nouveau modèle pour la convection de Bénard expliqua que les mouvements de convection étaient en fait dus aux variations de la tension superficielle engendrée par les différences de température. Ce modèle prévoyait aussi un affaissement des centres des cellules de convection. En réalité, Rayleigh et Bénard avaient tous deux raison, l'effet de l'un ou de l'autre dominant selon les circonstances extérieures. Les forces de densité prédominent quand il n'y a pas de surface libre, ou quand l'épaisseur du fluide dépasse 10 millimètres ; dans les autres cas, c'est la tension superficielle qui l'emporte.

Quelles que soient les conditions de l'expérience, la force responsable de la convection doit surmonter le frottement visqueux avant de provoquer le mouvement du fluide. Pour les mouvements de densité, c'est le « nombre de Rayleigh » (rapport des forces de densité aux frottements) qui détermine le début de l'instabilité, alors que pour les mouvements dus à la tension superficielle, c'est le « nombre de Marangoni » (rapport des forces de tension aux frottements).

Pour les couches fines de fluides, l'instabilité de Rayleigh-Bénard donne des cellules hexagonales quelle que soit la forme du récipient. Pour des épaisseurs plus grandes, on observe une série de rouleaux d'axes parallèles aux parois. Quand la température augmente, ils prennent des formes polygonales, mais pas nécessairement hexagonales.

Richard Holroyd

Mou comme un petit Lu

Pourquoi un biscuit laissé une nuit en dehors de son sachet ramollit-il, alors qu'une baguette devient si dure que l'on pourrait assommer quelqu'un avec ?

Lorna Hall

Les biscuits contiennent beaucoup plus de sucre et de sel que les baguettes. Or le sucre et le sel sont hygroscopiques, c'est-à-dire qu'ils absorbent l'humidité de l'air. La texture dense du biscuit aide à conserver cette humidité par capillarité.

La baguette, elle, contient peu de sel, a une structure moins dense, et la farine n'est guère sensible à l'humidité. Essayez avec différents biscuits, des plus denses aux plus aérés. Vous verrez que l'« indice de ramollissement nocturne » s'accroît avec la concentration en sucre et en sel.

Chris Vernon

Une baguette devient sèche tandis qu'un biscuit Lu, par exemple, absorbe si bien l'humidité qu'il devient tout mou. J'ai fait des expériences là-dessus l'année dernière quand on nous a demandé à l'école si la cuisine était une science.

C'est la vapeur d'eau contenue dans l'air qui, attirée par le

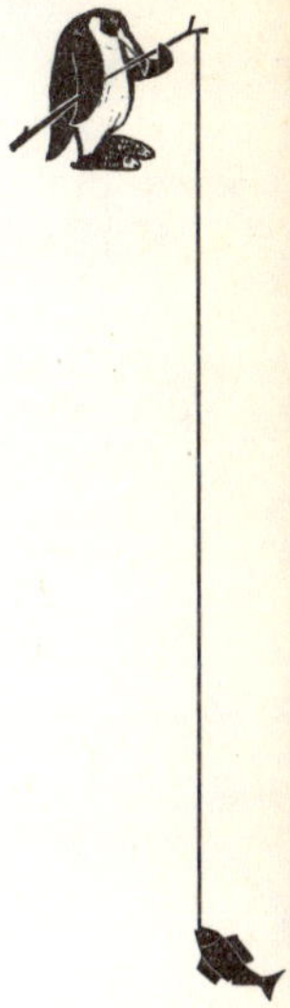

sucre, rend le biscuit mou. Les baguettes, contenant peu de sucre, deviennent toutes dures.

J'ai essayé avec trois types de biscuits : l'un fait avec du sucre en poudre, l'autre avec du miel, le troisième sans sucre du tout. Ce dernier avait perdu 2,17 grammes d'humidité au bout d'une nuit, et celui au miel 2,03 grammes, mais le premier avait gagné 1,23 gramme. Le biscuit au miel a perdu de l'humidité parce que l'humidité de l'air était inférieure à celle du biscuit.

Tom Winch (14 ans)

L'amidon contient environ 20 % d'amylose et 80 % d'amylopectine. Le secret du pain rassis, c'est la rétrogradation de l'amylose. Bien sûr, la perte d'humidité joue aussi un rôle, mais un pain qui ne perd pas d'eau rassit malgré tout. Les molécules linéaires d'amylopectine, dans les grains d'amidon, séparées par des molécules d'eau dans du pain frais, se rapprochent et se regroupent dans le pain rassis, le rendant cassant.

Ce processus dépend de la température. Il est maximal juste au-dessus de zéro, et ralenti en dessous. Des études montrent que le pain à 7 °C (dans un réfrigérateur) rassit aussi vite qu'à 30 °C. Il est donc inutile de mettre le pain au réfrigérateur pour le garder frais.

Allie Taylor

Les fils du fromage

Pourquoi le fromage chauffé fait-il des fils ?

John Mitchell

Le fromage contient des molécules de protéines à longue chaîne plus ou moins enroulées dans une matrice désordonnée de molécules de graisses. Quand on le chauffe, les graisses et les protéines fondent ; étiré par une fourchette, ce fluide est filandreux. Si l'on tire sur un bout de fromage fondu, on obtient un filament, de même que l'on obtient un fil de coton en tirant sur un paquet de coton brut.

On peut faire de même avec le polyéthylène des sacs en plastique en les chauffant, ce qui a pour effet d'enrouler les molécules, ou en tirant dessus. Quand les molécules sont enroulées sur elles-mêmes, le plastique est mou. Quand elles s'étirent, le plastique devient très élastique dans la direction de l'étirement.

Jon Richfield

Quand le fromage fond, les molécules de protéines à longue chaîne fusionnent pour former des fibres, prises dans la masse du fromage fondu. Je crois que cette propriété est utilisée pour mesurer facilement le contenu en protéines d'un fromage. On tire un fil de fromage jusqu'à ce qu'il craque, et l'on compare la longueur d'étirement à celle d'un échantillon de contenu connu en protéines.

Mike Perkin

? Théxplosion

Un de mes collègues a l'habitude de faire chauffer l'eau de son thé au micro-ondes. À plusieurs reprises, l'eau s'est mise à bouillir violemment quand il a plongé le sachet de thé dans l'eau. Il est même arrivé que l'ébullition commence au moment où la tasse était retirée du four, et soit si violente que 90 % de l'eau en a été expulsée ! Que se passe-t-il ?

Murray Chapman

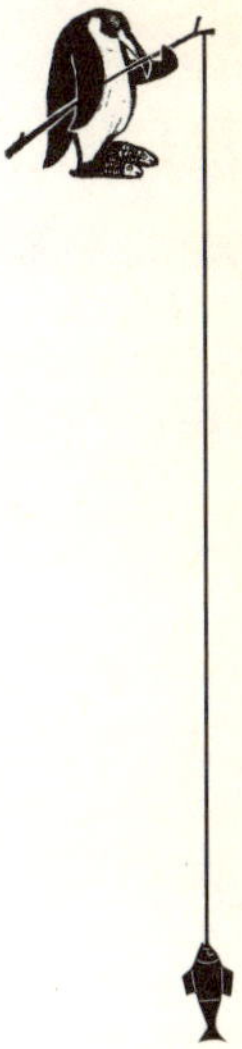

Une partie de l'eau dans la tasse, surchauffée, reste à l'état liquide alors que sa température est bien supérieure à la température d'ébullition. L'eau ne bout pas car elle ne contient pas les sites de nucléation qui permettent aux bulles de se former.

Cela ne se produit jamais dans une bouilloire, car la surface rugueuse de la résistance chauffante ainsi que les courants de convection de l'eau suffisent à faire partir l'ébullition. On connaît bien d'autres cas où la turbulence favorise les sites de nucléation – quand on verse un soda dans un verre, par exemple.

Dans le cas que vous rapportez, l'ajout d'un sachet de thé (ou une simple secousse) engendre la formation de bulles. Même si une grande partie de l'eau est en surébullition, une faible part se changera en vapeur. Je pense que si vous laissez une tasse très longtemps au micro-ondes et y introduisez des sites de nucléation, tout le contenu sera expulsé dans le four. Cette production explosive de vapeur fait qu'il faut prendre de grandes précautions avec les fours à micro-ondes.

Richard Barton

Les liquides en surébullition peuvent bouillir de façon explosive au moindre choc. J'ai assisté à l'explosion d'une bouteille d'eau qui venait d'être retirée d'un four à micro-ondes au laboratoire : l'eau et les morceaux de verre furent projetés dans toute la pièce. On peut éviter une telle catastrophe en laissant le récipient pendant une bonne minute avant d'ouvrir la porte du four. Cela permet au liquide de se refroidir et de s'homogénéiser. Je recommande cette procédure à tout le monde, y compris pour faire réchauffer son café.

Diane Warne

Jambon irisé

On voit souvent une irisation verte sur les tranches de jambon ou de bacon. Cela est-il inoffensif ? Et pourquoi la couleur verte disparaît-elle quand on chauffe la viande ?

Georgina Godby

Ce genre d'irisation se produit sur les aliments qui contiennent des traces de graisse dans de l'eau. Quand un tel mélange est refroidi, la graisse se sépare de l'eau en formant un film d'épaisseur microscopique, un peu comme l'essence sur une flaque d'eau.

Sur certaines viandes, comme le rôti de bœuf ou certains jambons, on voit parfois une belle opalescence. La couleur des opales résulte de la réfraction et de la diffraction de la lumière par un réseau microscopique de petites billes transparentes noyées dans une matrice ayant un indice de réfraction différent. Dans la viande, cet effet est causé par de minuscules sphères de graisse noyées dans le tissu aqueux du muscle. Si vous chauffez la viande, les gouttes fondent et la couleur disparaît.

Jon Richfield

La couleur verte que l'on observe parfois sur le jambon résulte de l'action de bactéries qui casse les molécules de myoglobine, destinées au transport de l'oxygène, en molécules de dérivés de la porphyrine. Ces dérivés sont des « hétérocycles » qui donnent la teinte verte que vous observez.

Stephanie Burton, Département de biochimie
et microbiologie, université Rhodes, Grahamstown,
Afrique du Sud

Mon père, alors qu'il travaillait dans le *bush* australien dans les années 1920, mangeait la viande soit fraîche, aussitôt après l'abattage de l'animal, soit après un long séjour sur une branche d'arbre, jusqu'à ce qu'elle prenne une teinte verte uniforme. La viande était mise dans un sac afin d'être à l'abri des mouches.

Mon père affirmait que la couleur verte était le signe que la viande n'était plus dangereuse à consommer. En tout cas, même si le goût de sa viande était fort altéré, cela ne l'a pas tué.

Jan Morton

L'iridescence est due à la diffusion de la lumière par une surface. Les ondes diffusées interfèrent entre elles pour donner un spectre dont la couleur dépend de la position de l'observateur. Cependant, si vous voyez un vert brillant et non une légère iridescence, laissez le morceau aux estomacs endurcis par la vie dans le bush *australien.*

Céréales grégaires

Qu'est-ce qui fait que les flocons de céréales ou d'avoine, versés dans du lait, ont tendance à s'agréger près du bord du bol ?

John Chapman

Cela est dû à un déséquilibre de la tension superficielle qui s'applique sur les bords du bol. Une petite expérience suffit pour le comprendre.

Il vous faut de l'eau du robinet, deux tasses en polystyrène et deux petits disques de polystyrène (environ 1 centimètre de diamètre) découpés dans une troisième tasse. Remplissez la première jusqu'à 1 centimètre du bord, et la seconde jusqu'au bord : elle doit être tout près de déborder, sa surface prenant une forme convexe sous l'effet de la tension superficielle.

Placez maintenant les disques de polystyrène au milieu de chaque tasse. Dans la première, vous verrez le petit morceau aller se coller au bord ; dans la seconde, le disque restera au centre de la tasse. Et si vous essayez de le forcer à bouger avec la pointe d'un crayon, il reviendra obstinément vers le centre.

L'explication est que les molécules d'eau sont davantage attirées par le plastique que par leurs voisines dans l'eau : elles se « précipitent » donc vers le disque de plastique, le soumettant à des forces qui s'équilibrent. Dans la tasse pleine à ras bord, en effet, l'eau fait un angle constant tout autour du disque : les forces se compensent et le disque ne bouge pas. Si l'on déplace le disque vers le bord de la tasse partiellement remplie, en revanche, l'angle que fait l'eau avec le bord du disque est réduit car la surface monte légèrement le long du bord de la tasse. Il y a déséquilibre des forces de tension superficielle, et le disque va se coller sur le bord.

Voilà pourquoi les flocons d'avoine se rassemblent au bord des bols, et les brindilles et les feuilles au bord des étangs.

Ray Hall

Il s'agit peut-être d'une stratégie de défense : les flocons se regroupent comme les bisons attaqués par un prédateur (vous). Ou alors c'est seulement dû à la tension superficielle du lait.

Per Thulin

Cette tendance qu'ont les grains de riz, d'avoine ou autres à s'agglomérer traduit leur capacité à se diriger spontanément vers le centre de gravité du groupe de leurs congénères. On appelle cela le « grain de bon sens ».

La recherche a montré qu'on observait un comportement tout différent en lâchant des êtres humains dans un grand bol de lait. Cet instinct grégaire disparaît complètement, ce qui prouve bien que les humains ne possèdent pas un grain de bon sens.

Martin Millen

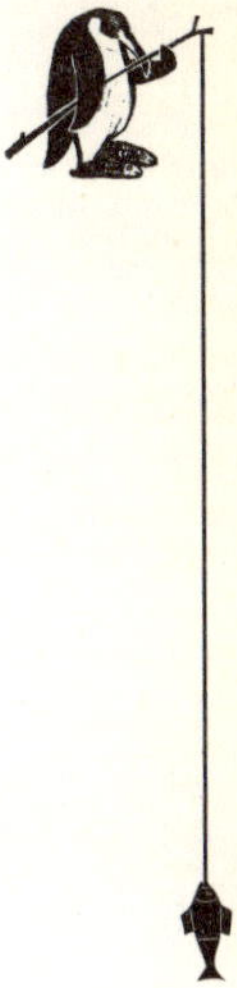

Œufs vulcanisés

La plupart des substances fondent quand on les chauffe. Pourquoi, alors, les œufs durcissent-ils quand je fais des œufs brouillés ?

David Phillips

Le passage de l'état liquide à l'état solide, et inversement, n'est pas toujours lié à une fusion ou à un refroidissement ; les œufs brouillés et la polymérisation des plastiques en sont des exemples.

Le jaune et l'albumine (le blanc de l'œuf) doivent leur texture aux protéines globulaires qui les constituent. Elles forment des globules car les protéines, qui sont de longues molécules, s'enroulent sur elles-mêmes, et se stabilisent grâce à la répartition des charges électriques le long des molécules. Les charges situées à la surface des globules attirent les molécules d'eau et empêchent d'autres protéines de venir s'agglomérer.

Ces globules ne sont pas permanents, car les forces électriques ne sont pas très intenses. Il suffit de secouer vigoureusement, ou de chauffer, pour les défaire et exposer leurs charges électriques internes. On appelle cela une « dénaturation » car les protéines changent alors de fonction biologique. Les charges opposées, dans les molécules voisines, peuvent dès lors s'assembler et agglomérer les protéines en amas très épais. Et il se trouve que nos enzymes digestives défont ces amas plus facilement que les protéines non dénaturées. Conclusion : bon appétit !

Jon Richfield

Quand on chauffe un solide, comme de la glace, on donne de l'énergie à ses molécules, ce qui leur permet de casser les liens chimiques qui les maintenaient à l'état solide. À l'état liquide, elles ont suffisamment d'énergie pour se déplacer, mais pas assez pour se libérer de l'attraction de leurs voisines, comme c'est le cas à l'état gazeux.

Quand on chauffe un œuf cru, un processus bien différent a lieu. L'œuf est constitué de protéines dispersées dans l'eau, ces longues chaînes moléculaires étant pelotonnées sur elles-mêmes sous l'action des liaisons chimiques. Ces liaisons se cassent et les protéines se déplient et se lient avec d'autres molécules pour former un réseau qui retient l'eau et fait passer l'œuf à l'état solide. Si l'on continue à chauffer, d'autres liaisons se forment : l'eau est libérée et le réseau prend un aspect caoutchouteux.

Nicholas Smith

Les œufs sont essentiellement constitués de protéines dissoutes dans l'eau. La plus abondante est l'albumine – le « blanc d'œuf ». Les protéines sont faites d'un assemblage des 20 acides aminés, qui forment une structure tridimensionnelle relativement stable.

Quand on chauffe un œuf, il se déshydrate : les chaînes de protéines se défont et subissent une dénaturation. Les groupes soufre-hydrogène de la cystéine (un acide aminé) s'oxydent et établissent des liaisons covalentes avec les molécules voisines. Ces liaisons assez intenses, des « ponts disulfures », donnent une structure en réseau : l'œuf durcit. Ces ponts disulfures rendent aussi compte de la résistance des ongles et des « permanentes ». Ces dernières tiennent en effet grâce aux liaisons covalentes établies après cassure des ponts disulfures, et mise en forme de la chevelure.

Ignatius Pang

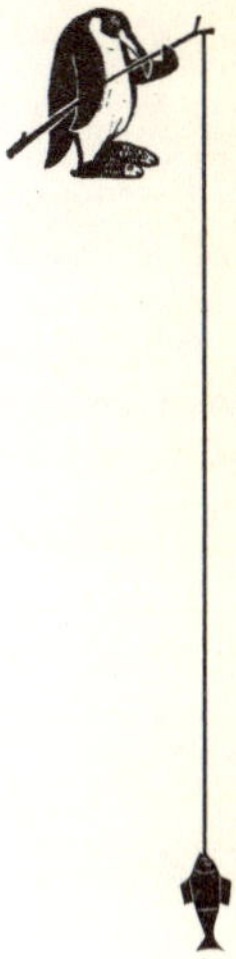

Des goûts et de la température

Comment la chaleur affecte-t-elle la nourriture et la boisson ? Le vin blanc, l'eau du robinet, le Cointreau, la bière et le chocolat sont meilleurs froids, mais le thé, le café, le cognac et les plats cuisinés sont meilleurs chauds. Pourquoi ?

Andrew Newell

Ce que l'on appelle le « goût », et qu'on devrait appeler « flaveur », est un mélange de goût, d'irritation et d'arôme. Le goût lui-même peut être divisé en cinq sensations détectables par la langue – sucré, salé, amer, acide et umami – et qui ne sont pas affectées par la température, à l'instar par exemple de l'irritation du piment. L'arôme, lui, qui est perçu par le nez, dépend beaucoup de la température, car il est transmis par des huiles volatiles. Plus la température est élevée, plus ces huiles sont abondantes et plus fort est l'arôme.

La flaveur des aliments ayant peu d'arôme est ainsi améliorée par chauffage, alors que ceux qui ont déjà beaucoup d'arôme y perdront. Les vins rouges, par exemple, sont bus à température ambiante avec des plats très aromatiques, de façon que s'établisse un équilibre entre le plat et la boisson. Les vins blancs, en revanche, sont bus froids avec des poissons ou des plats faibles en arôme. Pour autant, un vin blanc bu seul à température ambiante exhale tous ses arômes, et l'on se demande si l'exigence de le boire frais n'est pas une simple convention.

L'élément culturel, de même, est évidemment à l'œuvre quand on exige qu'un gaspacho soit glacé, et un minestrone brûlant. La bière est servie à température ambiante en Angleterre, mais fraîche partout ailleurs. Certains préfèrent le whisky avec des glaçons, d'autres – spécialement en Écosse – jugent que la glace est une hérésie. Le café chaud est aussi acceptable que le froid, et le choix dépend beaucoup de la saison. Tout dépend des circonstances, des aliments qu'il s'agit d'accompagner, et surtout de nos habitudes.

Jon F. Prinz

5. Science domestique

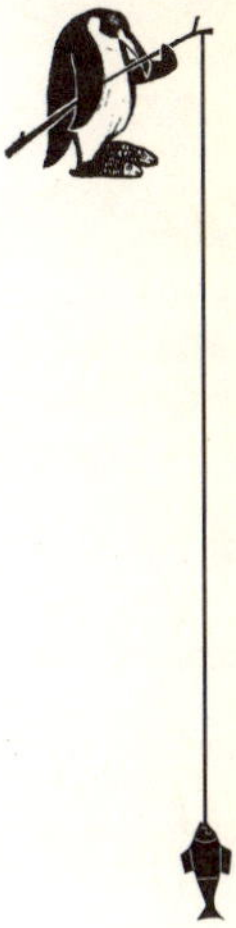

En finir avec Aspergillus

Quel est le nom de cette affreuse moisissure qui affectionne les endroits les plus humides des salles de bains ? Les produits du commerce, eaux de Javel et autres détergents étant inefficaces pour s'en débarrasser, y a-t-il une solution autre que les abrasifs ?

G.W. Green

L'horrible moisissure est le champignon *Aspergillus niger*. La raison pour laquelle il est si difficile de s'en débarrasser est que la partie visible, noire, n'est que la partie exposée, l'autre étant constituée d'un réseau de mycélium intimement infiltré dans le plâtre ou le papier peint, où il se nourrit des minéraux qu'il y trouve.

Supprimer ce champignon implique non seulement d'éliminer la moisissure noire, mais aussi, grâce à un fongicide, de tuer le mycélium invisible. Il en ira de même si vous essayez, dans votre potager, d'éliminer les mauvaises herbes en arrachant seulement les feuilles : il faudra aussi ôter les racines.

Andrew Philpotts

L'*Aspergillus* est une véritable nuisance. Il prolifère de préférence aux endroits où se condense un air frais et humide : encadrements de fenêtres en aluminium, doubles plafonds, et bords de bacs à douche.

Le corps médical estime que ce champignon est cause de

nombreuses allergies et qu'il produit des aérosols cancérigènes, ce qui incite fortement à s'en débarrasser.

J'ai tout essayé, ou presque, du sel de table à l'eau de Javel. Seul remède trouvé à ce jour : laver périodiquement les zones infectées avec un fongicide acheté dans une jardinerie. Mais le remède est peut-être pire que le mal, le fongicide étant toxique !

Glyn Davies

Les réponses précédentes sont peut-être tombées dans l'erreur qui consiste à penser que tout champignon noir est *Aspergillus niger*. Des études menées en Écosse par mon laboratoire ont montré que cette espèce était plutôt rare.

La moisissure noire la plus commune est surtout de l'espèce *Cladosporium*, avec un peu d'*Aureobasidium*, de *Phoma* et d'*Ulocladium*. Certaines espèces vertes d'*Aspergillus* et de pénicilline peuvent paraître noires quand elles sont bien humides. Et *Aspergillus* préfère les climats tropicaux ou subtropicaux.

Un champignon vraiment noir, et très présent en Écosse, est *Stachybotrys aira*. Le papier peint, la toile de jute ou le carton qui recouvre certains plâtres isolants sont pour lui d'excellents substrats cellulosiques. Et il représente sans doute le plus grand danger potentiel pour la santé des occupants de la maison. Ses spores, présentes dans l'air, sont allergènes et toxiques. Ses toxines inhibent la synthèse des protéines et ont des effets irritants et hémorragiques.

Il est bien connu que le fourrage contaminé par *Stachybotrys* peut tuer les chevaux, et être nocif pour les garçons d'écurie. Cette moisissure est particulièrement surveillée aux États-Unis, où elle a été impliquée dans des cas de fatigue chronique chez des adultes et d'hémosidérose pulmonaire chez des enfants. Plusieurs procédures judiciaires la concernant (dont une d'envergure : 40 millions de dollars) sont en cours contre des constructeurs et des employeurs.

Brian Flannigan, biologiste,
université Heriot-Watt, Édimbourg

Le mur extérieur de ma salle de bains était victime de l'horrible *Aspergillus*, qui rongeait le papier peint et pourrissait le plâtre. J'en suis venu à bout en une seule fois, avec une bonne lessive (rose foncé) de permanganate de potassium. *Aspergillus* n'a jamais reparu.

Bill Christie

Attention : le permanganate de potassium ne doit en aucun cas être ingéré.

L'eau de Javel ne marche pas contre *Aspergillus niger*. Essayez, en revanche, une solution de sulfate de zinc à 10 % : elle empêche durablement la réapparition du champignon.

Farrokh Hassib

Le gel de l'eau chaude

Est-il vrai que de l'eau chaude mise au congélateur gèle plus vite que de l'eau froide ? Si oui, pourquoi ?

Ian Popay

La question a été posée à plusieurs reprises à New Scientist, *et n'a jamais été résolue correctement. Cette fois-ci, nous approchons de la vérité, avec le récit de diverses expériences. Même si cela paraît contre-intuitif, il semble bien que l'eau chaude gèle plus vite que l'eau froide. Un meilleur contact thermique, si l'eau est placée dans la partie congélateur d'un réfrigérateur, et des courants de convection différents semblent en être la cause. Quant à savoir quel effet prédomine, cela dépend du réfrigérateur, du récipient utilisé et de l'endroit où il est placé.*

Effectivement, les glaçons se forment plus vite en partant d'eau chaude que d'eau froide, surtout si l'on place le récipient rempli d'eau sur une couche de glace. L'eau chaude fait fondre la glace sous le récipient, améliorant le contact thermique entre le récipient et la surface froide. L'amélioration de la perte de chaleur par le récipient compense largement la chaleur supplémentaire à évacuer. On n'observe en revanche aucune amélioration en suspendant le bac à glace dans le congélateur.

Le premier à observer cet effet semble avoir été Francis Bacon, homme d'État et physicien anglais (1561-1626), avec des seaux de bois sur de la glace. Mes propres expériences ont montré que l'on peut obtenir des glaçons en 15 minutes au lieu de 20 si le froid est suffisant. Cela dit, l'utilité de fabriquer des glaçons rapidement est plus pressante dans les pays tropicaux qu'en Europe.

Michael Davis, université de Tasmanie

Francis Bacon n'a pas été le premier à observer le phénomène. Aristote, dans sa *Météorologie*, écrivait il y a plus de deux millénaires :

> Voilà pourquoi bien des gens, quand ils veulent avoir promptement de l'eau fraîche, la mettent d'abord au soleil. C'est encore ainsi que les habitants du Pont, quand ils établissent leurs tentes sur la glace, pour se livrer à la chasse aux poissons – car ils pêchent en brisant la glace –, versent de l'eau chaude autour des perches pour qu'elle gèle plus vite ; et la glace leur sert comme de plomb pour consolider et arrêter leurs pieux.

David Edge

Et il semble faux que l'effet ne soit pas observable quand le récipient est suspendu...

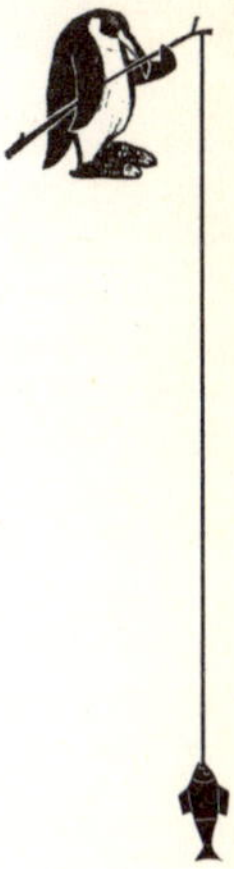

Cette question a été soulevée dans *New Scientist* en 1969 par un étudiant tanzanien nommé Erasto Mpemba. Il découvrit que les crèmes glacées gèlent plus vite si on les met chaudes dans le congélateur que si on les laisse refroidir d'abord à température ambiante. Le fait souleva beaucoup de scepticisme, ce qui m'incita à faire des expériences.

D'abord, l'expérience montra que l'eau, du robinet ou distillée, se comportait comme la crème glacée : la composition chimique n'a donc aucune influence. Ensuite, elle montra que la réduction du volume d'eau chaude par évaporation n'intervenait pas. En plaçant des thermocouples dans l'eau, j'ai constaté que de l'eau à 10 °C atteint 0 °C plus vite que de l'eau à 30 °C, ce que prévoient bien les lois de la physique, mais que, par la suite, l'eau initialement chaude se solidifie plus vite.

En fait, la durée maximale de solidification a été atteinte pour une température initiale de 5 °C, et la durée minimale pour environ 35 °C. Ce comportement paradoxal s'explique par le gradient vertical de température de l'eau dans le récipient. La perte de chaleur de la surface libre de l'eau est proportionnelle à la température. Si la surface est plus chaude que le reste de l'eau, l'évacuation de la chaleur est meilleure. Si l'eau est dans un grand récipient métallique (qui tend à uniformiser la température par conduction dans ses parois) plutôt que dans une assiette, l'effet disparaît.

Cette question m'a mené à mettre systématiquement en question tout phénomène jugé évident par la sagesse populaire.

J. Neil Cape

L'expérience classique utilise deux récipients métalliques placés en plein air par une nuit froide et ventée. L'eau stagnante est un mauvais conducteur de la chaleur : la glace se forme à la surface et le long des bords. Si la température initiale est d'environ 10 °C, le cœur du liquide se refroidit très lentement, surtout si de la glace flotte à la surface, empêchant la convection normale. L'eau plus chaude ne pouvant atteindre les parois froides, elle ne peut évacuer sa chaleur.

Si la température initiale est de 40 °C, une intense convection s'établit avant que l'eau ne gèle, et la température au cœur du liquide diminue rapidement. Même si la glace apparaît plus tard que dans l'expérience précédente, la solidification complète sera plus rapide.

Les conditions de l'expérience sont déterminantes. Évidemment, si l'on part avec une eau froide à 0,1 °C, et une chaude à 99,9 °C, le résultat sera sans surprise. Les récipients doivent être assez grands pour que la convection se développe, mais pas trop pour que la chaleur s'évacue rapidement. La présence de vent est une aide précieuse.

Il est difficile d'obtenir de telles conditions dans un réfrigérateur normal ; mieux vaut pour cela une chambre froide industrielle.

Alan Calverd

C'est vrai, et je l'ai vérifié par des expériences. Le seul paramètre déterminant est la taille du récipient. Il doit être assez petit, pour que la capacité du frigo à extraire la chaleur ne soit pas un facteur limitant.

Avec de l'eau froide, le premier film de glace apparaît en surface, et bloque les courants de convection sous-jacents. Avec de l'eau chaude, la glace se forme sur les côtés du récipient et au fond ; la surface reste libre, et capable d'évacuer de la chaleur. La grande différence de température génère une convection intense qui remonte en surface toute la chaleur contenue dans l'eau.

Tom Hering

C'est un mythe. L'eau chaude ne gèle pas plus vite que l'eau froide. Cependant, l'eau chaude refroidie jusqu'à la température ambiante gèle plus vite que de l'eau qui n'a jamais été chauffée. Chauffer l'eau, en effet, libère des gaz dissous (surtout de l'oxygène et de l'azote) qui empêchent la formation de glace.

Tom Trull, université de Tasmanie

Le sceptique Tom Trull, de l'université de Tasmanie, devrait faire un saut chez son collègue Michael Davies, de la même université. Il semble bien que l'effet existe, même si les gaz dissous peuvent avoir une influence.

Un autre phénomène peut aussi jouer un rôle : la surfusion, qui n'est mentionnée par aucun de nos lecteurs. Des recherches récentes montrent que l'eau pouvant geler à diverses températures, l'eau chaude pourrait bien geler avant l'eau froide. Quant à savoir si elle gèle entièrement *avant l'eau froide, c'est une autre histoire.*

Si l'on en croit les expériences scientifiques, l'effet est bien réel. On suppose ici que le réfrigérateur garde une température constante, et que les paramètres comme la taille du récipient et les paramètres de la convection, à l'intérieur et à l'extérieur du récipient, ne varient pas.

Je crois cependant qu'une autre grandeur intervient : la variation de température dans le réfrigérateur. L'amplitude de cette variation dépend de la sensibilité du capteur de température et du temps de réponse du système de contrôle. Supposons qu'à la température standard du congélateur, la puissance utilisée ait une valeur standard. Si l'on y place un récipient d'eau froide, il ne déclenchera pas le capteur et n'entraînera pas de consommation supplémentaire d'énergie. Un récipient d'eau chaude, en revanche, déclenchera le capteur et mettra en route le système de refroidissement.

Vous pouvez observer cela chez vous. J'ai vu cet effet à l'œuvre dans un sauna électrique. En trompant le capteur de température en l'aspergeant d'eau fraîche, j'ai considérablement augmenté la température du sauna.

Matti Jarvilehto, université d'Oulu, Finlande

Une récente étude de l'université de St Louis, aux États-Unis, suggère encore une autre possibilité. Les sels dissous, comme les carbonates de calcium et de magnésium, précipitent si l'eau est chaude, comme on peut le vérifier en regardant à l'intérieur de n'importe quelle bouilloire électrique. Une eau qui n'a pas été chauffée contient toujours ces sels qui, lors de la formation de glace, seront évacués vers l'extérieur. Leur concentration augmentant dans l'eau qui n'a pas encore gelé abaisse le point de congélation, comme le fait le sel répandu sur la neige en hiver. Cette eau doit donc se refroidir davantage pour geler. En outre, la différence de température étant plus faible entre le liquide et l'air, l'évacuation de la chaleur est plus lente.

? Superglu supersèche

Pourquoi la Superglu ne colle-t-elle pas dans son tube ?

Ajit Vesudevan

La Superglu ne colle pas à l'intérieur de son tube car elle s'y trouve en contact avec l'oxygène de l'air, mais pas avec l'eau. Or, l'oxygène inhibe la réaction de polymérisation, alors que l'eau la favorise.

Yvonne Adam

La Superglu ne colle pas dans son tube car son monomère, un cyanoacrylate, a besoin d'eau ou d'un composé hydrogéné pour se polymériser.

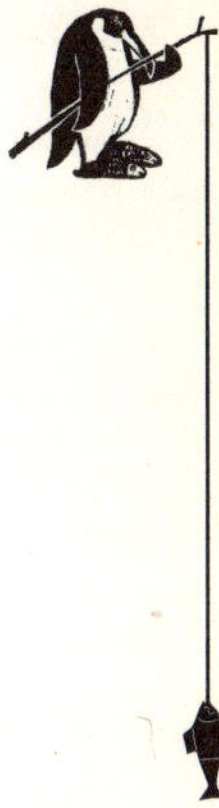

Cela explique pourquoi le collage entre deux pièces est d'autant meilleur que le film de colle est plus fin : la polymérisation est plus complète si la colle est en contact avec l'humidité. C'est aussi pour cette raison que les tubes de colle sont scellés aussi solidement que possible, et que d'éventuelles fuites adhèrent si bien à la peau : chaude et humide, elle est un merveilleux catalyseur de polymérisation.

Brian Goodliffe

La compagnie Loctite, aux États-Unis, a découvert l'inhibition par l'oxygène et la polymérisation ultrarapide du cyanoacrylate. C'est pourquoi il faut toujours garder beaucoup d'air dans le tube. Quand on dépose une fine couche de colle, le monomère, privé d'oxygène, se solidifie rapidement.

E. Barraclough

Des poubelles, une odeur

Comment se fait-il que les poubelles, quoi qu'elles contiennent, dégagent toujours la même odeur ?

Rodri Protheroe

L'odeur est certainement due aux bactéries et champignons qui prolifèrent sur la matière organique des ordures. Elle sera plus intense si la poubelle est dans un endroit chaud et humide.

L'odeur n'est pas toujours la même, et elle dépend davantage de la nature des micro-organismes que du type de nourriture qu'ils consomment. L'odeur de la pénicilline qui pousse sur une orange est exactement la même que celle de la pénicilline cultivée en laboratoire.

Les analyses effectuées sur les détritus ménagers ont montré la présence de bactéries très toxiques, dont *Pasteurella pestis*, la bactérie responsable de la peste bubonique. Ne respirez pas les poubelles de trop près.

Cary O'Donnell

Je me suis posé la question en sortant les poubelles, et j'ai réalisé que les poubelles n'ont pas une odeur unique. Un sac-poubelle qui traîne et qui contient de la nourriture sera pillé par les chats, mais pas un sac-poubelle ne contenant pas de nourriture. Des odeurs qui nous semblent identiques ne le sont pas pour nos amis les chats.

Quant à savoir pourquoi elles sentent pareil, c'est parce qu'elles contiennent à peu près les mêmes choses. Mais notez bien que les détritus de jardin n'ont pas la même odeur que les détritus de cuisine ou de salle de bains.

Stewart Ravenhall

Adhésif opaque

Pourquoi le ruban adhésif, tiré rapidement de son rouleau, est-il pratiquement transparent, alors qu'il devient opaque quand on le tire lentement ?

David Holland

La cause en est dans la différence de tension subie par le ruban adhésif. Quand on le tire lentement, l'adhésif forme de longs filaments qui se détachent entre les deux rubans et retombent sur celui qui est étiré, lui donnant une surface ridée et donc opaque. Ces filaments sont visibles à l'œil nu ou, mieux, à la loupe.

Quand on tire plus vite, les filaments ont tendance à casser aussitôt qu'étirés, ce qui perturbe moins les propriétés optiques du ruban.

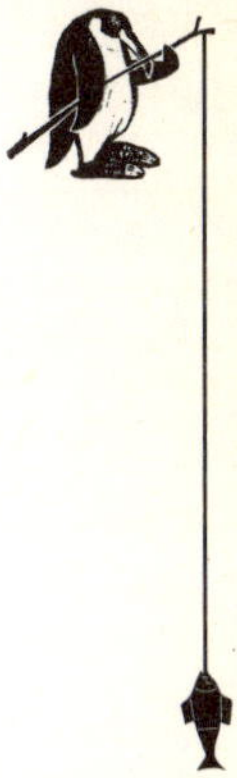

Le comportement de ces filaments tient à la viscoélasticité du polymère qui les constitue. Ce matériau a une certaine viscosité, voisine de celle de la mélasse, mais il a aussi une certaine élasticité, comme un fil métallique. Quand on étire de la mélasse, elle forme de longs filaments qui ne cassent pas, alors que le fil métallique casse presque aussitôt. Quand on l'étire lentement, l'adhésif ressemble à de la mélasse ; quand on l'étire vite, ce serait plutôt un fil métallique.

Au bout du compte, le comportement dépend du temps de relaxation au niveau des molécules. Du point de vue moléculaire, le temps est en quelque sorte analogue à la température : refroidissez votre ruban adhésif au réfrigérateur ; vous verrez qu'en tirant doucement, vous obtenez un ruban bien plus transparent. Comme les longues molécules de polymère n'ont pas le temps de s'étirer, elles cassent.

Stephen Hancock

Le cri de la bouilloire

Pourquoi les bouilloires chantent-elles ? Pourquoi le son qu'elles produisent commence-t-il par monter, puis disparaît pendant un instant, avant de revenir et de décroître progressivement ?

Don Munro, université de Newcastle, Australie

Laissez ouvert le couvercle de votre bouilloire et regardez ce qu'il se passe. L'élément chauffant se recouvre de petites bulles argentées d'environ un millimètre de diamètre. Ces bulles contiennent de l'air, extrait de l'eau par la chaleur de l'élément. Ce sont les zones les plus rugueuses de la surface de l'élément qui permettent la nucléation des bulles et leur croissance. Elles se détachent ensuite et rejoignent la surface de l'eau. Ce phénomène, silencieux, n'est pas à l'origine du chant de la bouilloire.

Au bout d'une minute environ, ces bulles cèdent la place à d'autres, plus petites et contenant de la vapeur d'eau surchauffée. En quelques secondes, ces bulles deviennent instables. Dès leur formation, elles tendent à remonter vers la surface, mais comme elles sont entourées d'eau beaucoup plus froide qu'elles, elles se condensent brutalement et implosent. Bizarrement, la bulle ne disparaît pas complètement, mais laisse une minuscule bulle secondaire, sans doute de vapeur d'eau, qui est emportée par les courants de convection. Bientôt, il y a tant de bulles secondaires que l'eau en devient opaque pendant une bonne demi-minute.

Pendant ce temps, les ondes de choc transmises dans l'eau par les implosions des bulles primaires produisent un bruit de frémissement, qui se perçoit mieux si l'on referme le couvercle. Cela crée au-dessus de la surface de l'eau un volume d'air qui joue le rôle de caisse de résonance.

Les bulles secondaires finissent par se dissiper, et l'on observe un accroissement de la taille des bulles primaires qui continuent à se former sur l'élément. Celles-ci n'implosent plus dès qu'elles se forment, car l'eau dans laquelle elles se trouvent est pratiquement à la température d'ébullition. Le bruit tend donc à diminuer. Ces bulles s'élèvent et se condensent dans l'eau plus fraîche, à un centimètre au-dessus de l'élément.

En quelques secondes, l'eau devient assez chaude pour que les grandes bulles primaires atteignent la surface : on n'entend plus, alors, que le gargouillement produit lorsqu'elles crèvent à la surface.

Roger Kersey

Cadrans arbitraires

Pourquoi les rangées de chiffres sur les calculatrices ont-elles le zéro en bas, alors qu'on lit généralement de haut en

bas ? Et pourquoi les cadrans de téléphone, eux, ont-ils le zéro en haut ?

M.D. Berkson

Les machines à calculer mécaniques, qui fonctionnent avec des roues dentées, avaient toujours le 0 près du 1. Par convention, et à moins que ce ne soit un souvenir de l'époque où des leviers actionnaient les roues dentées en lieu et place de boutons, la plupart de ces machines avaient les chiffres les plus bas en bas. Quand on a utilisé sur un cadran 3×3 (en laissant un chiffre en plan), cette disposition est restée.

Sur un cadran rotatif de téléphone, le 0 est proche du 9 car il est codé par 10 impulsions. Quand les cadrans ont été remplacés par des touches, l'ancienne disposition a été conservée.

Nicko van Someren

Les pieds en l'air dans un miroir

Pourquoi les miroirs inversent-ils la gauche et la droite et pas le haut et le bas ?

Kishor Bhagwati

Les miroirs n'inversent pas la gauche et la droite, ils inversent l'avant et l'arrière par rapport à la face du miroir. Placez-vous devant un miroir. Pointez le doigt d'un côté. Vous et votre image dans le miroir pointez dans la même direction. Pointez devant vous. Votre image pointe maintenant dans la direction opposée. Pointez vers le haut : vous pointez encore dans la même direction.

Mettez-vous maintenant de profil par rapport au miroir et recommencez. Vous pointez de côté en sens inverse. Mettez maintenant le miroir sur le sol et montez dessus. Cette fois, vous pointez en sens inverse quand vous pointez vers le haut, et votre image, renversée, pointe vers le bas. Dans tous les cas, la direction ne change que lorsque vous pointez vers ou à l'opposé du miroir.

Hilary Johnson

La réponse tient à ce qu'une réflexion n'équivaut pas à une rotation. Nos corps ayant une symétrie gauche-droite prononcée, nous avons tendance à interpréter une réflexion comme une rotation autour d'un axe vertical passant par le centre du miroir. Nous imaginons que le monde, devant le miroir, a tourné de 180° autour de l'axe vertical du miroir, et qu'il se trouve derrière le miroir. Une telle rotation placerait la tête et les pieds au bon endroit, mais la gauche du corps deviendrait la droite !

Si l'on imagine en revanche que le monde a tourné autour de l'axe horizontal du miroir, cela vous mettrait la tête en bas, mais conserverait vos côtés droit et gauche. L'image serait inversée haut-bas, mais pas gauche-droite.

Ainsi, le fait que vous imaginiez une image inversée gauche-droite ou haut-bas, ou selon tout autre axe possible, dépend de l'axe que vous choisissez inconsciemment (à tort) pour faire tourner le monde qui vous entoure.

En vous étendant sur le sol devant un miroir, vous verrez les deux effets en action simultanément. La pièce semble subir une réflexion gauche-droite autour de l'axe vertical du miroir, et vous imaginez que votre corps a subi une réflexion gauche-droite autour d'un axe horizontal allant de votre tête à vos pieds.

Peter Russell

En fait, un miroir n'inverse rien du tout. Regardez votre visage dans un miroir : le côté gauche est à gauche, et le côté droit à droite.

Regardez maintenant le visage de quelqu'un d'autre directement, sans miroir. Il est inversé à cause de la rotation nécessaire

pour que la personne vous regarde : son côté droit est à votre gauche. La personne pourrait tout aussi bien se tourner vers vous en faisant le poirier, auquel cas vous verriez sa gauche à votre gauche… mais le haut de sa tête en bas. Généralement, on ne fait pas le poirier quand on se retourne vers quelqu'un.

Essayez cette petite expérience. Écrivez un mot sur un papier et mettez-le devant un miroir. En faisant cela, vous le faites tourner autour d'un axe vertical, ce qui l'inverse gauche-droite. C'est cette rotation qui inverse l'image, pas le miroir.

Recommencez, mais en faisant tourner le papier selon un axe horizontal. Le mot sera inversé haut-bas.

Alan Harding

Le problème tient à la façon dont nous visualisons l'image réfléchie. Nous nous imaginons sur un manège, qui a fait un demi-tour pour nous mettre là où nous voyons l'image – c'est-à-dire dans le miroir. Nous voyons que le haut et le bas de notre corps n'ont pas changé de place, mais que la gauche et la droite sont inversées.

Si, au lieu d'un manège, nous utilisions une grande roue (du genre de celles où il faut s'attacher, car on s'y retrouve la tête en bas), le résultat serait tout différent. Quand la roue aura fait un demi-tour, l'image dans le miroir aura la gauche et la droite à la même place, mais le haut et le bas seront inversés.

L'ennui est que nous tentons d'imaginer une rotation pour interpréter l'image donnée par le miroir, alors qu'en réalité le miroir réfléchit d'avant en arrière. Comme c'est un mouvement très difficile à réaliser avec son corps, on préfère la rotation, qui hélas s'accorde mal avec ce qu'on observe.

Généralement, nous préférons garder le haut et le bas inchangés. C'est pourquoi nous voyons une inversion gauche-droite, mais nous pourrions voir une inversion haut-bas si nous le souhaitions.

David Singer

La réflexion d'avant en arrière a été merveilleusement illustrée par Magritte, dont un tableau montre un personnage, vu de dos, face à un miroir : le miroir montre le même personnage, vu de dos... On trouvera d'autres brillantes considérations sur les miroirs dans L'Univers ambidextre *de Martin Gardner (Seuil, 1985).*

Enveloppe fluo

Quand j'ouvre certaines enveloppes auto-adhésives, je vois parfois apparaître une lueur rougeâtre à l'endroit du décollement. Cela ne dure qu'un bref instant, mais qui recommence si je recolle l'enveloppe. Qu'est-ce qui cause cet effet ?

Stewart Duguid

Cet effet s'appelle la chimiluminescence. Séparer les deux surfaces adhésives requiert une certaine énergie – celle qu'il faut pour casser les liens entre les molécules de l'adhésif.

Il faut en réalité une énergie légèrement supérieure à celle-là, et le surplus met les molécules dans un état dit « excité ». Quand elles reviennent à leur état d'énergie habituel, l'excédent d'énergie est émis sous forme de lumière visible. La couleur de la lumière produite dépend de la différence d'énergie entre l'état excité et l'état habituel (ou « fondamental ») ; dans ce cas, elle est rouge.

Ce phénomène est différent de la fluorescence, où la lumière (souvent ultraviolette) est absorbée puis réémise à une longueur d'onde plus grande (dans le spectre visible). La fluorescence donne les couleurs utilisées dans les surligneurs de bureau et confère à votre gin tonic ce bleu très particulier quand il est, dans une boîte de nuit, éclairé en « lumière noire », c'est-à-dire en ultraviolet.

Paul Wright

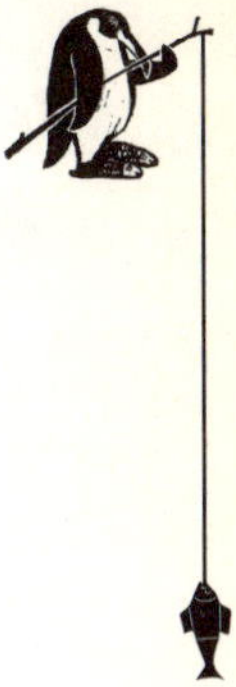

On peut observer le même effet en tirant sur un rouleau d'adhésif isolant pour électricien. Je m'en suis rendu compte il y a une trentaine d'années et j'ai fait curieusement cette découverte au moment où était rapportée une explosion dans une mine de charbon. Les derniers à être descendus dans la mine avant l'explosion étaient des électriciens.

Je me suis demandé s'ils avaient utilisé du ruban isolant. Les autorités, à qui j'ai écrit, m'ont répondu qu'ils connaissaient bien cet effet, mais qu'il était beaucoup trop faible pour faire exploser le méthane que l'on trouve dans les mines.

Mike Gay

J'ai remarqué moi aussi la lueur rapportée par votre lecteur, accompagnée d'étincelles – sur des enveloppes de la Royal Society of Chemistry, à laquelle j'appartiens –, et me suis aussi demandé si cela pouvait déclencher l'explosion d'un gaz inflammable. Mais il se trouve que, dans leurs laboratoires, les membres de cette honorable société ouvrent souvent leurs enveloppes dans une atmosphère encore plus propice aux explosions que celle des mines de charbon.

Récemment, une explosion a été attribuée à l'« effet enveloppe », ou du moins à l'arrachage d'une étiquette adhésive. Je vous livre en exclusivité la future entrée « Étiquette adhésive » du *Bretherick's Handbook of Reactive Chemical Hazards* (Guide Bretherick des risques chimiques) :

> Une grosse batterie au plomb a explosé lorsqu'un opérateur en a décollé une étiquette adhésive. Les recherches ont montré que cela pouvait générer une tension supérieure à 8 000 volts. Cette décharge électrique a pu enflammer le mélange oxygène-hydrogène produit par la recharge de la batterie. Le rédacteur de cet article a aussi remarqué que de vives étincelles étaient produites à l'ouverture des enveloppes adhésives de la Royal Society of Chemistry.

P. Urben

Film étirable déchargeable

Pourquoi le film étirable que l'on utilise pour protéger les aliments n'adhère-t-il pas aussi bien sur un bol métallique que sur un récipient en plastique ou en céramique ?

Tim Bloomfield

Le principe du film étirable est d'acquérir une charge électrostatique dès qu'on le décolle de son rouleau. Il est alors capable d'adhérer à n'importe quel corps isolant, de même qu'un petit bout de papier ou de poussière, isolant, adhère à l'écran, chargé, de votre téléviseur. Avec un objet métallique conducteur, la charge portée par le film est rapidement dissipée, ce qui annule l'adhérence. De même, un film détaché de son rouleau depuis longtemps ne marche pas non plus : ses charges disparaissent.

Alistair Hamilton

Le film étirable se charge d'électricité statique quand vous le décollez de son rouleau. Décollez-le, puis approchez-le de votre visage : vous sentirez que vos poils se hérissent. Les métaux laissent circuler les charges alors que les isolants (verre, plastique) les conservent.

Jeffrey Wells

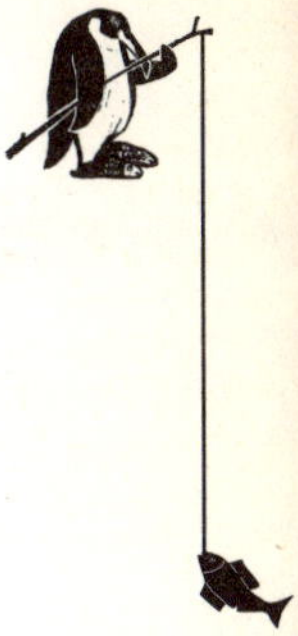

Sac bruyant

Pourquoi certains sacs en plastique sont-ils si bruyants ?

Lucy Birkinshaw

C'est vous qui procurez l'énergie qui se manifeste sous forme d'énergie sonore. Le sac, lui, est silencieux. Le bruit que vous lui faites produire est dû à sa rigidité. Le polyéthylène qui le constitue est pourtant un matériau mou, élastique, et fort peu bruyant.

Mais pour en faire des sacs, ce matériau est étiré jusqu'à ce qu'il soit assez fin pour acquérir une certaine rigidité, et pour qu'il soit suffisamment bon marché pour être donné au client. Cela donne un matériau en plaque dont la rigidité est encore renforcée par l'emploi de colorants et de « fillers ». Le résultat est que le sac proteste bruyamment à chaque frottement ou tentative de pliage.

Jon Richfield

La mort du filament

Pourquoi les filaments des ampoules ont-ils tendance à claquer quand on allume l'ampoule, et non à la fin d'une longue soirée, quand l'ampoule est brûlante ?

Alan Staten

Quand on allume une ampoule, elle subit un triple choc.

La résistance du métal du filament augmente avec sa température. Quand la lampe est éteinte, sa résistance est dix fois plus faible que quand elle est allumée. Elle prend donc, à l'allumage, un courant très fort et encaisse une montée en température rapide.

Si la moindre portion du filament est plus mince qu'ailleurs, cette portion va chauffer davantage. Là encore, le stress thermique sera intense.

Enfin, le filament est enroulé en spirale, ce qui le fait agir comme un électroaimant. Sous l'effet des forces magnétiques qu'il génère, le filament se déforme légèrement, ce qui donne un stress mécanique.

Voilà pourquoi c'est plutôt à l'allumage que les ampoules claquent.

Robert Senior

Plus l'intensité dans le filament de tungstène est grande, plus le métal chauffe. Quand on allume l'ampoule, le filament passe très vite de la température ambiante à celle du métal chauffé au rouge. Quand on éteint l'ampoule, la variation de température est plus lente que quand on l'allume. Le filament a donc moins de chances de casser à ce moment-là.

Ross H. Clements

Dans une lampe à incandescence, la lumière est produite par le filament, qui est porté à 2 500 °C. À cette température, le tungstène s'évapore et des atomes s'échappent de la surface du filament, ce qui cause un léger noircissement de l'ampoule, et un amincissement progressif du filament.

Un point de faiblesse peut apparaître sur le filament pour plusieurs raisons. D'abord, si certaines boucles du filament sont plus proches que d'autres, leur température sera plus élevée. Ensuite, si des boucles sont un peu plus fines, leur résistance sera plus faible, le courant y sera plus fort et la température plus élevée. Comme leur surface est aussi plus faible, la dissipation de la chaleur y sera moins efficace.

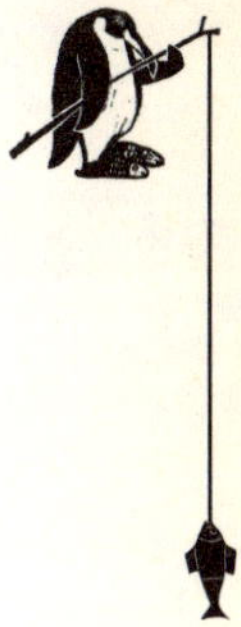

Quand le filament fond, un arc électrique ou une étincelle peuvent se produire entre les extrémités voisines du filament. Cet arc peut se propager aux plots de l'ampoule. Comme il a une très faible résistance, il entraîne un fort afflux de courant, ce qui peut faire disjoncter votre installation électrique.

Bill Madill, université de Central England, Birmingham

6. La planète, l'univers

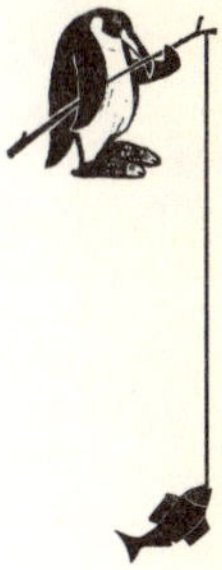

À l'heure pile pôle

Quelle heure est-il au pôle Nord ?

Nigel Goodwin

Il y a deux réponses à cette question. La première est qu'il faut distinguer entre le temps légal et le temps physiologique déterminé par les rythmes circadiens. Ces deux temps sont très proches avant que le voyageur polaire ne parte de chez lui. Après quelques semaines au pôle, le temps physiologique se règle sur un rythme d'environ 25 heures, qui ne coïncide plus exactement avec le temps local.

La seconde réponse est que l'on a soit une heure du jour (pendant les six mois d'été), soit une heure de nuit (pendant les six mois d'hiver). Je ne suis pas allé aux pôles pendant les équinoxes, mais je suppose que l'on a alors plusieurs semaines de crépuscule perpétuel, le Soleil étant juste en dessous de l'horizon.

Will Hopkins, université d'Otago, Nouvelle-Zélande

On pourrait poser la question de cette façon : comment une personne, née et vivant au pôle Nord, et n'ayant jamais entendu parler du méridien de Greenwich, ferait-elle pour mesurer le temps ?

Voici une solution. Supposons que nous soyons dans la période d'hiver, où le Soleil est sous l'horizon tout le temps. Plaçons un tableau horizontal au pôle et dessinons-y un cercle avec deux diamètres perpendiculaires. Soient A, B, C et D les extrémités de ces diamètres.

Au pôle Nord, on voit les étoiles tourner sur des plans parallèles à l'horizon. Le plan de l'horizon correspond à l'équateur céleste.

Choisissons une étoile sur l'horizon et définissons l'heure 0 à l'instant où cette étoile passe au point A (quand on regarde depuis le centre du cercle, c'est-à-dire depuis le pôle). L'étoile passera respectivement en B, C et D à 6, 12 et 18 heures.

Il est alors facile de tracer d'autres droites sur notre tableau représentant chaque heure.

Si je devais faire cela en ce moment (au pôle Nord), je choisirais la moins brillante des trois étoiles du baudrier d'Orion: elle est pratiquement sur l'équateur céleste, et elle est bien visible à l'œil nu.

Le problème suivant serait de savoir comment déterminer l'heure en été, quand aucune étoile n'est visible puisque le jour est perpétuel.

Ayant tracé vos lignes en hiver, il vous faut attendre l'apparition du Soleil à l'horizon, au début du printemps arctique. Notez sa direction sur le tableau: elle représente le début de votre cycle de 24 heures. Mais le Soleil tourne, comme les étoiles en hiver, dans un plan parallèle à l'horizon, plan qui sera plus haut de jour en jour, jusqu'à atteindre 23,5° au-dessus de l'horizon. Il descendra ensuite jusqu'à disparaître à nouveau sous l'horizon, six mois plus tard.

D.S. Paransis, université de Luleå, Suède

La question est erronée: l'heure ne dépend pas du lieu où l'on se trouve. Quand il est 18 h 00 heures GMT à Paris, il est 18 h 00 GMT au pôle Nord, à Tombouctou ou sur la face cachée de la Lune.

On pourrait demander: dans quel fuseau horaire est-on au pôle Nord? Mais ça ne va pas non plus. Les fuseaux horaires ont une définition politique et administrative plus que géogra-

phique. Le pôle Nord, qui se trouve en pleine mer, n'a pas de fuseau horaire précis.

Les tentatives de définir un temps astronomique ne marchent pas non plus. Il est midi quand le Soleil est au sud, et au pôle Nord le Soleil est toujours au sud. Il est midi quand le Soleil atteint sa hauteur maximale dans le ciel, mais cette hauteur ne varie guère au pôle Nord. Midi marque la moitié de la durée du jour, mais le jour, ou la nuit, durent chacun six mois au pôle.

Mike Guy

Du point de vue géophysique, l'heure dépend de la position du Soleil par rapport à la Terre, et de la position de l'observateur. Toutes les directions partant du pôle Nord étant orientées au sud, le Soleil est toujours au sud, et au pôle Nord il est toujours la même heure.

Quelle est alors cette heure ? La ligne de changement de date passe au pôle Nord, ce qui met ce point, pour toujours, entre un jour et le suivant. En d'autres termes, il est toujours minuit au pôle Nord.

Cela explique comment le père Noël parvient à livrer ses cadeaux en tous les coins de la planète en une seule nuit. Il quitte sa grotte en direction du sud, livre son chargement de traîneau, puis revient chez lui, où il est exactement la même heure que quand il est parti. Et il recommence.

Patrick Whittaker

Le pôle Nord est le paradis des politiciens. En effet, à la question « quelle heure est-il ? », ils peuvent répondre : « Quelle heure préférez-vous qu'il soit ? »

Paul Birchall

Léonard inspiré

Est-il vrai que chaque fois que nous inspirons de l'air, ou avalons une gorgée d'eau, nous ingérons un des atomes inspirés ou avalés par Léonard de Vinci ? (J'ai lu cela dans un livre d'enfant dans les années 1960.)

Steve Moline

Il est vrai que nous respirons quantité de molécules qui sont passées dans les poumons de Léonard, mais aussi dans ceux d'Adolf Hitler ou de tous les êtres humains qui ont fréquenté cette planète. Le calcul qui mène à cette conclusion n'est pas très compliqué.

La masse totale de l'atmosphère est d'environ 5×10^{21} grammes. Si l'on considère que l'air est un mélange de 4 molécules d'azote pour 1 d'oxygène, la masse d'une « mole » d'air (soit 6×10^{23} molécules) est de 28,8 grammes. Il y a donc environ $1{,}04 \times 10^{44}$ molécules dans l'atmosphère terrestre.

Le volume occupé par une mole de gaz (n'importe lequel) à température ordinaire est de 25,4 litres. Or, le volume d'air que nous respirons est à peu près d'un litre. On peut donc affirmer que Léonard, à chaque respiration, expirait $2{,}4 \times 10^{22}$ molécules.

Un individu ordinaire respire, disons, 25 fois par minute. Pendant ses 67 ans d'existence (de 1452 à 1519), Léonard a donc expiré $2{,}1 \times 10^{31}$ molécules. Cela implique qu'une molécule de l'atmosphère sur 5×10^{12} ($1{,}04 \times 10^{44} / 2{,}1 \times 10^{31}$) a été expirée par Léonard de Vinci.

Cependant, comme nous engloutissons aussi $2{,}4 \times 10^{22}$ molécules à chaque inspiration, il y a de fortes chances que nous inspirions environ $4{,}9 \times 10^{9}$ des molécules que

Léonard a expirées. On peut même montrer, de cette façon, que nous avons tous respiré cinq des molécules expirées par Léonard lors de son dernier souffle !

Évidemment, certaines simplifications doivent être faites pour arriver à ce résultat. Nous supposons que le mélange des molécules de Léonard avec celles de l'atmosphère est bon (en cinq cents ans, il a eu le temps de se faire), que Léonard n'a pas ré-inspiré certaines des molécules expirées, et qu'il n'y a eu aucune perte dans l'atmosphère sous l'effet de combustions, de la fixation par les plantes, etc. De toute façon, cela ne changerait pas grand-chose au résultat final.

Sachant que le nombre de molécules dans l'hydrosphère est $5{,}7 \times 10^{46}$ molécules, un calcul analogue peut être fait pour l'eau. Il montre qu'une gorgée de liquide contient environ 18×10^{6} des molécules d'eau que Léonard a bues durant son existence. Ainsi, non seulement nous respirons l'air qu'il a expiré, mais il est probable que nous avalions, dans chaque verre d'eau que nous buvons, un peu du liquide qu'il a rejeté. Urine ou crachat, vous avez le choix.

Peter Borrows

La loi de conservation de la matière fait que les atomes sont infiniment recyclés dans l'univers. La gravité fait que la plupart des atomes terrestres restent sur Terre. Certains de ceux de l'atmosphère ont été inspirés par Léonard de Vinci, mais leur proportion est très faible.

Cependant, si l'on considère le temps pendant lequel ont vécu les dinosaures, il est quasiment certain que chacune de vos respirations a déjà été en partie respirée par un dinosaure, et que chaque pomme que vous mangez contient des atomes qui ont dans le passé constitué un animal ou un homme. Évidemment, cela risque de poser quelques problèmes aux végétariens.

Glenn Alexander

Cette question devrait faire réfléchir les partisans de l'homéopathie. Dans n'importe quel verre d'eau se trouve un assortiment de molécules homéopathiques actives contre toutes les maladies que nous pouvons avoir. Et c'est gratuit.

Lassi Hyvarinen

Midi à quatorze heures

Il y a davantage d'heures de jour après midi qu'avant, surtout en été. Cela veut-il dire que midi est mal placé ?

Dean Shervin, Reading, Grande-Bretagne

Midi est défini comme le moment où le Soleil coupe le méridien local. Ce méridien est la ligne nord-sud imaginaire passant à votre zénith. Si vous réglez votre montre sur midi quand le Soleil coupe le méridien local, le jour sera partagé en deux parties égales.

Ce système, cependant, vous obligerait à régler à nouveau votre montre si vous vous déplaciez vers l'est ou vers l'ouest. Pour éviter ce genre d'ennuis, on a défini des fuseaux horaires – zones dans lesquelles le temps est partout le même, quel que soit le méridien local. Les fuseaux horaires font généralement 15° de largeur mais leur taille varie en fonction de facteurs géographiques, politiques et pratiques. La différence entre le temps officiel et le temps local, défini par le méridien, peut être tout à fait évidente si vous vivez près de la limite d'un fuseau horaire, comme c'est le cas en France.

David Eddy

La nécessité de créer des fuseaux horaires est souvent attribuée au développement du chemin de fer aux États-Unis. Jusque-là, la plupart des villes avaient leur propre heure locale, et midi

représentait bien le milieu du jour. Mais il fallut harmoniser les horaires des chemins de fer, et définir des zones horaires.

Keith Anderson

L'heure légale utilisée en Grande-Bretagne est basée sur le méridien de Greenwich. La latitude de votre lecteur habitant Reading est à peu près la même que celle de Greenwich, mais sa longitude est de 1° ouest. Le lever du soleil, son passage au méridien et son coucher ont donc lieu environ 4 minutes plus tard qu'à Greenwich, de sorte que l'heure locale à Reading est en retard de 4 minutes sur l'heure légale.

Cela implique qu'à Reading la durée du jour après midi est légèrement plus longue que la durée du jour avant midi. À l'est du méridien de Greenwich, c'est l'après-midi qui est plus court que la matinée. À Greenwich même, la différence entre les deux, moyennée sur une année, est nulle.

Pour un jour donné, la différence entre le matin et l'après-midi dépend non seulement de la latitude et de la longitude, mais aussi de l'équation du temps. Il s'agit de la différence entre le soleil moyen, qui donne l'heure de la montre, et le soleil vrai. Cet effet est dû à l'excentricité de l'orbite de la Terre autour du Soleil, et à l'inclinaison de l'axe de rotation terrestre sur le plan orbital. L'équation du temps varie au cours de l'année, de – 14 minutes à + 16 minutes, et c'est la principale raison pour laquelle l'heure lue sur un cadran solaire diffère de celle donnée par une montre.

Ces effets combinés, sans même faire intervenir l'heure d'été, peuvent donner une différence d'une demi-heure entre matin et après-midi, à Reading. Cela ne signifie pas pour autant que midi n'est pas à sa place, mais plutôt que le système utilisé pour définir l'heure, dont la simplicité et l'universalité sont essentielles pour les communications de toutes sortes, n'est qu'une approximation du mouvement apparent du Soleil, qui est complexe.

David Le Comte, Société astronomique de Guernesey

Midi à l'heure GMT (*Greenwich Mean Time*, ou temps moyen de Greenwich) n'est le milieu du jour qu'au méridien de Greenwich. Si vous êtes à l'ouest du méridien de Greenwich, à Reading par exemple, le Soleil se lève plus tard et se couche plus tard : 12 h 00 GMT sera alors plus tôt que la moitié du jour.

Le Soleil parcourt 360° en 24 heures, soit 15° en 1 heure. Ainsi, au moment où j'écris ceci à Londres (0° 10′ ouest), 12 h 00 GMT est 24 secondes avant midi, et il serait 16 minutes avant midi si j'habitais Swansea (3° 56′ ouest).

Avec l'heure d'hiver utilisée en Europe, 12 h 00 GMT est 6 minutes avant midi à Berlin (13° 30′ est), mais plus de 50 minutes avant midi à Paris (2° 15′ est). L'exemple extrême est le Portugal (9° ouest) qui a récemment adopté le *Central European Time* (ou heure d'Europe centrale) : en été, 12 h 00 GMT tombe deux heures et demie avant midi !

Nigel Wheatley

Le bleu du ciel

Pourquoi (quand il fait beau) le ciel est-il bleu ?

Jaspar Graham Jones

Le bleu du ciel s'explique par un phénomène appelé « diffusion Rayleigh ». La lumière solaire est diffusée dans toutes les directions par les molécules de l'air. L'intensité de cette diffusion dépend essentiellement de la fréquence de la lumière, c'est-à-dire de sa couleur. La lumière bleue (de haute fréquence) est dix fois plus diffusée que la lumière rouge (de basse fréquence). On voit donc surtout du bleu.

Le même phénomène explique les couleurs rouges au lever et au coucher du Soleil. Quand le Soleil est bas sur l'horizon, sa lumière doit traverser une épaisseur d'atmosphère plus

grande. La lumière bleue étant la plus diffusée lors de cette traversée, il reste la lumière rouge.

Rick Eraho

Selon la physique classique, une charge électrique, accélérée, émet un rayonnement électromagnétique (la lumière et les ondes radio, par exemple, sont des rayonnements électromagnétiques). Inversement, un rayonnement électromagnétique agit sur une particule chargée en la forçant à osciller. Mais une charge oscillante étant sans cesse accélérée réémet des rayonnements, ce qui fait d'elle une source secondaire de rayonnement. C'est ce qu'on appelle la diffusion Rayleigh.

L'atmosphère est constituée de divers gaz. Chaque molécule de gaz (entourée de son cortège d'électrons) peut être traitée comme un oscillateur électronique. La distribution de charge de la molécule présente une certaine « section efficace » au rayonnement incident – une certaine aire sur laquelle ce rayonnement doit tomber pour qu'il soit diffusé. La quantité de rayonnement diffusé dépend de cette section efficace. Dans la diffusion Rayleigh, la section efficace est proportionnelle à la puissance quatrième de la fréquence du rayonnement incident. La lumière solaire est constituée de diverses fréquences visibles, depuis le rouge de basse fréquence jusqu'au bleu de haute fréquence. Parce que sa fréquence est supérieure, le bleu est davantage diffusé que le rouge. C'est cette lumière diffusée que nous voyons.

D. Roberts, Département de physique,
université de Sheffield

? Le mythe de la muraille

On dit souvent que la Muraille de Chine est le seul monument construit par l'homme visible depuis l'espace. Mais si cette muraille est très longue, elle est aussi très étroite ; si on la voit depuis l'espace, on devrait aussi voir des monuments comme la pyramide de Chéops, qui est plus large que la Grande Muraille de Chine. Ou la capacité de l'œil à discerner un objet dépend-elle d'une seule des dimensions de l'objet ?

A.R. MacDiarmaid-Gordon

Il n'est pas vrai que l'on voit la Muraille de Chine depuis l'espace. Il s'agit d'une rumeur urbaine, aussi célèbre que celle du suicide en masse des lemmings ou des crocodiles dans les égouts.

Un individu doté d'une vision parfaite peut distinguer à l'œil nu un détail d'une minute d'arc. La Grande Muraille faisant à peu près 6 mètres de largeur, elle ne doit plus être visible au-delà de 20 kilomètres d'altitude, soit à peu près deux fois la hauteur de l'Everest. Si l'on prend en compte son ombre, on atteindra peut-être 60 kilomètres, ce qui est beaucoup trop bas pour un satellite.

D'autres productions humaines, en revanche, sont visibles depuis l'espace. Les villes, très éclairées, sont facilement visibles la nuit, et les polders hollandais semblent être les plus grandes structures visibles de jour.

D. Fisk

L'œil humain saisit plus facilement les objets longs que les courts : la Grande Muraille de Chine est un bon candidat pour être visible depuis la Lune. Mais ce mur est très dégradé. L'astronome et photographe H. J. P. Arnold, qui s'est intéressé à la question, conclut qu'il est physiquement impossible de voir la Grande Muraille depuis la Lune.

Neil Armstrong, de la mission *Apollo 11* qui s'est posée sur la Lune, a pu le vérifier. Jim Lowell d'*Apollo 8* et *13* l'a confirmé, ainsi que Jim Irwin d'*Apollo 15*.

Des photos prises par des sondes spatiales montrent que la direction de la muraille est parfois indiquée par des vents

de sable qu'elle dévie, mais que la muraille elle-même est invisible. Fin d'une légende.

Robert Brown

Des marées en douceur

Quelqu'un peut-il m'expliquer, sans me prendre la tête, pourquoi la marée haute se produit en même temps ici et aux antipodes ?

Pat Sheil

Pour comprendre les marées, il faut oublier la rotation de la Terre sur elle-même, et se concentrer sur le système Terre-Lune.

Ce système tourne aussi sur lui-même, autour d'un centre de gravité qui se trouve sous la surface de la Terre, à mi-chemin du centre de la planète. À cause de cela, chaque point de la planète, qu'il soit à l'intérieur ou à la surface, décrit un cercle de rayon égal à la distance entre ce centre de gravité et le centre de la Terre.

Chacun de ces points ressent donc une force centrifuge de même grandeur et direction : parallèlement à la droite qui joint les centres des deux astres, et vers le centre de la Terre. Cette force centrifuge est distincte de celle due à la rotation de la Terre.

Chaque point de la planète subit aussi une force d'attraction qui l'attire vers la Lune, la direction de cette force dépendant de l'endroit où se trouve le point.

La résultante de ces deux forces est la force de marée. Si l'on considère maintenant deux points de la surface, l'un directement sous la Lune et l'autre aux antipodes, la force d'attraction du premier est plus grande que la force centrifuge, qui va, comme on l'a vu, dans la direction opposée.

Le point situé aux antipodes est plus éloigné de la Lune (d'un diamètre terrestre), et sa force d'attraction se trouve être plus petite que la force centrifuge, de sorte que la résultante agit sur l'eau à l'opposé de la direction lunaire. On observe donc deux marées hautes diamétralement opposées.

Cela n'explique cependant pas pourquoi un tel système dont les deux corps s'attirent ne finit pas par s'effondrer sur lui-même.

D.S. Parasnis, Département de géophysique,
université de Luleå, Suède

Si l'on néglige l'influence des autres astres, le centre de masse de la Terre et celui de la Lune sont tous deux en chute libre, décrivant des orbites autour du centre de masse commun du système Terre-Lune, où la gravité et la force centrifuge se compensent exactement.

Sur la majeure partie de la surface terrestre, la compensation n'est cependant pas parfaite : on est en effet plus près, ou plus loin de la Lune, tout en étant forcé de tourner à la même vitesse que le centre de masse commun.

L'océan situé directement sous la Lune subit, l'attraction lunaire est plus forte que la force centrifuge : la surface se gonfle vers la Lune.

De l'autre côté, la force centrifuge domine : la surface se gonfle à l'opposé de la Lune. Ces gonflements de la surface produisent des marées hautes.

Le niveau de la mer, qui sinon serait sphérique, forme ainsi un ellipsoïde : tous les points de la surface terrestre passant successivement dans cet ellipsoïde voient le niveau de l'eau monter : c'est la marée haute.

Greg Egan

Le sel de la mer

Avec ma classe, on est allés en classe de mer. C'était drôlement bien, mais pourquoi est-ce que la mer est salée ? Ma maman ne sait pas.

John Connolly (8 ans)

La mer est salée parce que les rivières qui coulent dedans y apportent des minéraux et des sels. Quand le soleil évapore l'eau pour donner des nuages, les sels se concentrent dans la mer. C'est pour cela que la mer est plus salée que les rivières et les lacs.

Jack Cave-Lynch (9 ans)

John Connolly est un gars futé ;
Il se demande pourquoi la mer salée
N'est pas comme l'eau du robinet.
C'est que, cher John,
Le chlorure de sodium
Y est mélangé comme le sucre dans le thé
Avec bien d'autres sels encore,
Tels ceux du chlore
Du potassium,
Du magnésium,
Et aussi de l'iode !
Voilà de quoi, mon cher John,
En boucher un coin
À tous tes copains !

Ray Heaton

Effet de fronde

Qu'est-ce que le fameux effet de fronde qui permet d'accélérer les sondes interplanétaires ? Il utilise évidemment l'attraction gravitationnelle des planètes, mais comment fait-il pour en tirer de l'énergie ?

David Bates

Je me suis posé cette question lorsque j'ai entendu parler de l'effet de fronde qui propulsait les sondes *Voyager* d'une planète à l'autre. Après tout, une sonde qui tomberait dans le champ de gravitation d'une planète n'en retirerait aucune énergie.

Jupiter, par exemple, tournant autour du Soleil à 1 300 mètres par seconde, une sonde passant à proximité sera accélérée par ce champ de gravitation en mouvement comme un surfeur est poussé par une vague. Perdant de l'énergie, la planète tombe vers le Soleil. Paradoxalement, elle finit même par gagner de la vitesse. Rapprocher ainsi Jupiter de 10^{-15} m donne une énergie de 416 mégajoules.

Mike Brown

Morts et vifs

J'ai entendu dans une chanson de Laurie Anderson : « Maintenant que les vivants sont plus nombreux que les morts... » Est-ce vrai ? Est-ce même seulement envisageable ? Comment fait-on ce genre de calculs ?

John Woodley

La réponse ci-dessous est basée sur des calculs de l'Institut international de statistique.

Si la population mondiale avait toujours crû à son rythme actuel, doublant à chaque génération, les vivants seraient plus nombreux que les morts.

En fait, il y a eu de longues périodes au cours desquelles la population n'a pratiquement pas augmenté, alors que les morts s'accumulaient. On dispose de données fiables pour toute la période historique : les Romains et les Chinois tenaient des registres assez précis.

Avant cette période, les estimations se basent sur les étendues cultivées ou utilisées pour la chasse. Selon J. N. Biraben, la population mondiale s'élevait à 500 000 personnes en 40 000 av. J.-C. Elle a atteint 200 à 300 millions en l'an mille, et un milliard au début du XIXe siècle.

En multipliant la population par le taux de décès estimé, on découvre que le nombre total de morts entre 40 000 av. J.-C. et aujourd'hui est de l'ordre de 60 milliards. La population actuelle s'élève à 6 milliards seulement.

Même si les estimations sont grossières, les erreurs possibles ne peuvent remettre en cause le fait qu'il y a eu beaucoup plus de morts qu'il n'y aura jamais de vivants.

Roger Thatcher

Dans le jardin d'Éden, les vivants (2) étaient plus nombreux que les morts (0).

G.L. Papageorgiou

Dans l'épopée indienne du *Mahabharata*, cette question est posée à Yudisthira par le dieu Yama, gardien des mondes souterrains, afin de tester son intelligence, sa sagesse et sa droiture.

Yama se déguise en cigogne veillant sur un étang. Les quatre frères de Yudisthira, qui y ont bu de l'eau sans pouvoir répondre à une seule question, ont tous péri. La cigogne demande à Yama : « Des vivants et des morts, lesquels sont les plus nombreux ? » Et Yudisthira répond : « Les vivants, car les morts ne sont plus ! »

Yama accepte cette réponse, comme toutes les autres réponses de Yudisthira. Tout est bien qui finit bien puisque Yudisthira est en fait le fils de Yama, qui ressuscite du coup les frères disparus.

Shafi Ahmed

L'effet de serre en peinture

Serait-il possible de réduire l'effet de serre en peignant en blanc les toits des maisons, de façon à réfléchir la lumière solaire, comme le fait la neige sur les calottes polaires ? Et existe-t-il une peinture qui réfléchirait la lumière aussi bien que la neige ?

Paul Nolan

Peindre les toits en blanc augmenterait la réflexion des rayons solaires et réduirait le réchauffement climatique. Le projet de cartographie globale (GRUMP pour Global Rural Urban Mapping Project) de l'Institut des sciences de la Terre de l'université Columbia de New York montre que 3 % de la surface terrestre est recouverte par des habitations.

La Terre a un « albedo » de 0,29, ce qui signifie qu'elle réfléchit 29 % de la lumière solaire incidente. Avec un albedo de 0,1, les villes absorbent davantage de lumière que la moyenne. Peindre les toits en blanc pourrait porter l'albedo terrestre de 0,29 à 0,30 environ. Avec un modèle simpliste de la planète, cela entraînerait une baisse de température moyenne de l'atmosphère de 1 °C, de quoi compenser la hausse observée depuis le début de l'ère industrielle. Mais un tel modèle ne

tient pas compte du rôle des nuages. Qui se lancera dans cette modélisation ?

Mike Follows

Les toits seraient employés plus utilement comme centrales électriques en les recouvrant de panneaux solaires. Cela modifierait le bilan-carbone de la planète sans perturber le délicat système climatique. La prévention est préférable aux remèdes hasardeux.

Mike Hulme

Adieu Soleil

À mesure que le Soleil rayonne de l'énergie, il perd de la masse et sa gravité diminue. Cela implique-t-il que les planètes s'éloignent lentement du Soleil ? Si c'est le cas, de combien s'éloignent-elles, et jusqu'où ira la Terre ?

Mike Ganley

Le Soleil perd environ 4 millions de tonnes par seconde, ce qui correspond à l'énergie dissipée par les réactions thermonucléaires. Quelques autres millions de tonnes partent avec le vent solaire et autres émissions de particules. Pourtant, au bout de 2 milliards d'années, cette perte ne représente qu'un dix millième de la masse du Soleil. La variation de la distance Terre-Soleil sera du même ordre.

La situation sera différente quand le Soleil finira en géante rouge, dans 5 milliards d'années. Le rayon solaire sera multiplié par 100, de sorte que le Soleil engloutira Mercure, Vénus et la Terre. Seules Mars et les planètes géantes survivraient après que le Soleil se sera transformé en naine blanche.

Si l'on estime que la masse de cette naine blanche sera de 0,6 fois la masse actuelle du Soleil, les orbites des planètes restantes augmenteront de 80 % par rapport à leurs valeurs actuelles.

C. Sivaram, Institut indien d'astrophysique,
Koramangala, Bangalore

Curieusement, bien que le Soleil convertisse chaque seconde 4 millions de tonnes de sa masse en rayonnement, et qu'il continuera à le faire pendant les 5 milliards d'années à venir, il n'aura alors perdu qu'une faible partie de sa masse totale. Le rayon de l'orbite terrestre, en conséquence, n'augmente que d'un centimètre par an.

Mais cela ne suffira pas pour compenser l'accroissement de luminosité du Soleil. La Terre est donc condamnée à subir le sort peu enviable de sa voisine Vénus, victime d'un effet de serre redoutable... à moins que ses habitants ne se retroussent rapidement les manches.

Mike Follows

7. Drôle de temps

❓ Épais comme un éclair

Pourquoi les éclairs font-ils des fourches, et quel est le diamètre d'un éclair ?

Michael Lee

Les éclairs conduisent vers le sol les charges négatives de la base des nuages d'orage. Un « précurseur », une charge négative, précède l'éclair, traçant sa route dans un air chargé positivement. Certains atomes et molécules de l'air ont tendance à s'ioniser sous l'effet du très fort champ électrique.

Cherchant toujours le chemin de plus faible résistance électrique, le précurseur ne suit pas une ligne droite. Quand il approche du sol, ses charges négatives attirent les ions positifs des objets pointus, arbres ou brins d'herbe, ce qui établit le contact entre le sol et la base du nuage. Les charges négatives du nuage se précipitent alors dans le chemin tracé par le précurseur. C'est ce qu'on appelle l'« éclair de retour », car la décharge commence souvent par le bas et l'éclair semble monter vers le nuage. Les branches de l'éclair qui n'avaient pas établi de contact avec le sol s'illuminent elles aussi en se déchargeant dans le canal principal.

Les photographies d'éclairs, généralement surexposées, surestiment souvent leur diamètre. L'examen des objets touchés par la foudre montre que ce diamètre varie entre 2 millimètres et 10 centimètres.

R. Saunders, Groupe de physique atmosphérique,
université de Manchester

L'origine des vagues

Comment l'énergie du vent fait-elle pour créer les vagues bien régulières de la houle ? Qu'est-ce qui détermine l'amplitude et la fréquence de ces vagues ?

Frank Scahill

Quand le vent souffle sur la surface de l'eau, des petites rides se forment. Elles sont généralement désordonnées, d'amplitudes et de fréquences variables. Si le vent continue à souffler, deux choses se produisent : les vaguelettes interagissent pour donner des vagues plus longues (de plus basse fréquence), et le vent, ayant une meilleure prise sur ces vagues, leur confère davantage d'énergie. Les vagues gagnent en amplitude et leur longueur d'onde (distance d'une crête à la suivante) augmente.

Certaines vagues, abruptes, auront tendance à déferler mais pour les autres, l'énergie ne cesse d'augmenter. Ces vagues sont appelées « vagues du vent ». Leur énergie dépend du temps pendant lequel le vent a soufflé et de la distance (le « fetch ») de contact entre le vent et la surface.

Vu la complexité du résultat, il est pratiquement impossible de donner une relation simple pour l'amplitude et la fréquence des vagues. On préfère donner la hauteur significative, amplitude moyenne du tiers supérieur des plus hautes vagues, et la « fréquence pic », ou période modale, durée séparant les vagues les plus énergétiques. En moyenne, on observe une vague d'amplitude double de l'amplitude significative toutes les trois heures.

Finalement, l'énergie donnée par le vent est dissipée lors du déferlement des vagues. Lorsque cela commence à se produire, les vagues cessent de grandir et la mer est dite « formée ». Avec

un vent de 20 m/s (tempête de force 8), une mer formée aura des vagues de 9 mètres d'amplitude et une période pic de 15 secondes.

Les vagues peuvent parcourir des milliers de kilomètres à partir de leur lieu de formation. Contrairement aux ondes sonores ou lumineuses, les vagues accélèrent et s'allongent (leur fréquence diminue) avec le temps.

Les vagues sortant d'une zone orageuse qui les a générées sont appelées « houle », et sont souvent très homogènes. La houle peut traverser un océan sans être notablement modifiée. Chaque fréquence de houle progressant à une vitesse particulière, les diverses composantes d'une houle se séparent peu à peu.

Peter Challenor, Centre océanographique de Southampton

C'est l'énergie du vent qui crée ce qu'on appelle la « mer du vent ». Ces vagues sont plus abruptes et plus désordonnées que la houle, et elles déferlent souvent en donnant des « moutons ». Plus le vent souffle longtemps, plus les vagues auront une grande longueur d'onde.

Quand le vent s'arrête, ou quand les vagues quittent la zone d'orage, la longueur d'onde continue à s'allonger jusqu'à ce que cesse le déferlement. La mer du vent cède alors la place à la houle.

Les vagues à la surface d'un liquide sont dispersives, c'est-à-dire que des vagues de longueurs d'onde différentes se propagent à des vitesses différentes. Observée depuis la plage, la houle la plus longue est celle que l'on voit arriver la première. La longueur d'onde des vagues diminue ensuite. La houle générée par un orage situé à des milliers de kilomètres peut persister pendant plusieurs jours.

La dispersion agit comme un filtre : la houle dans une région donnée est remarquablement uniforme. L'amplitude de la houle a évidemment tendance à diminuer avec la distance parcourue, mais le vent peut redonner de l'énergie à une houle et en augmenter l'amplitude sans changer sa longueur d'onde. De même, un vent contraire a tendance à réduire l'amplitude de la houle.

John Reid, Laboratoire de recherches maritimes, Hobart, Tasmanie

Nuages noirs

Pourquoi les nuages s'assombrissent-ils juste avant la pluie ?

Matt Bourke

Si les nuages passent du blanc au noir quand il va pleuvoir, c'est qu'ils absorbent davantage de lumière.

Les nuages apparaissent blancs car les gouttelettes d'eau ou les cristaux de glace qui les constituent renvoient la lumière dans toutes les directions. Quand la taille des gouttes augmente, cette dispersion de la lumière est remplacée par une vigoureuse absorption. L'observateur recevant moins de lumière attribue au nuage une couleur foncée.

Keith Appleyard

Lunettes photochromes

J'ai des lunettes à verres photochromes. Sous le soleil des Caraïbes, elles sont à peine teintées, mais elles deviennent quasiment noires sous le pâle soleil anglais. Pourquoi ?

Jeff Lander

Il y a deux types d'explications – physique et chimique. Dans ce cas, il semble que la chimie l'emporte.

Je suppose que votre lecteur n'était pas allongé sur une plage des Caraïbes, mais qu'il se promenait. Si c'est le cas, voici une explication possible.

Le soleil étant plutôt bas en Angleterre, ses rayons atteignent les verres presque perpendiculairement. Sous les tropiques, les rayons solaires, quasi verticaux, ne toucheraient les verres que tangentiellement. La réaction d'assombrissement des verres serait donc à peine déclenchée.

Charles Kluepfel

Les opticiens oublient souvent de préciser à leurs clients que les verres photochromes marchent moins bien quand ils sont chauds. Les particules d'halogénures d'argent piégées dans l'épaisseur du verre sont généralement transparentes. Quand elles sont soumises au rayonnement ultraviolet, elles se dissocient en halogène d'un côté (chlorure ou bromure) et argent métallique de l'autre, ce qui a pour effet d'assombrir le verre.

Ces deux composants se réunissent à nouveau quand le rayonnement UV disparaît, et les verres redeviennent transparents. Cette réaction de recombinaison est plus rapide quand la température augmente. Comme la couleur du verre résulte de l'équilibre entre la dissociation et la recombinaison, il faut davantage de rayonnement UV pour assombrir les verres dans un climat chaud.

Alec Cawley

Les matériaux photochromes sont sensibles à la température et noircissent davantage quand ils sont refroidis. Mes lunettes de soleil sont très sombres par un jour couvert mais foncent peu en plein soleil, en Floride. C'est tant mieux pour les skieurs, et tant pis pour les amateurs de plage.

Comme ces lunettes ne sont sensibles qu'aux UV, j'ai aussi remarqué qu'elles foncent très peu quand on se trouve dans une voiture.

William Darlington

8. Problèmes de transport

Aux feux, aux feux !

Pourquoi les feux de signalisation routiers sont-ils universellement, de haut en bas, rouge-orange-vert alors que la signalisation ferroviaire utilise vert-orange-rouge ?

Roger Henry

Cette différence tient à des raisons historiques et à des questions de sécurité. Les vieux bras de signalisation mécaniques étaient conçus pour qu'en cas de panne, c'est-à-dire le bras en bas, ils signifient « stop ». La partie lumineuse du signal était constituée de deux verres colorés placés à l'autre extrémité du bras et passant devant une lanterne fixe. La plus haute, le rouge, apparaissait quand le signal était en position basse. Lorsque le chemin de fer est devenu électrique, il a fallu garder des signaux compatibles. Le rouge s'est ainsi retrouvé en bas, car les conducteurs de trains étaient habitués à ce que la position basse marque l'arrêt.

La signalisation routière n'eut pas de prédécesseur ; elle fut conçue pour que le signal d'arrêt, le rouge, soit visible de loin. Il fut donc placé en haut.

Gerald Dorey

L'explication historique de Gerard Dorey n'est qu'en partie exacte en ce qui concerne les trains. Elle passe en effet sous silence les endroits du pays où sont utilisés les signaux du quadrant inférieur (l'horizontale signifie danger ; 45° vers le bas, roulez). Dans ce cas, le rouge est donc en haut.

La vraie raison pour laquelle le rouge est en bas dans les chemins de fer modernes est d'ordre météorologique. Pour assurer une bonne visibilité en plein soleil, chaque feu est recouvert d'un chapeau. En hiver, la neige peut s'y accumuler et empêcher de voir le feu situé au-dessus. Mettre le rouge en bas est donc une sécurité supplémentaire : c'est le seul feu qui ne puisse pas être obscurci.

Vincent Luthart

Il existe deux sortes de signalisations mécaniques. Dans le vieux système à quadrant inférieur, le bras incliné vers le bas signifie roulez, et le feu rouge, correspondant à la position horizontale du bras, est au-dessus du vert. Dans le nouveau système à quadrant supérieur, les feux sont côte à côte, le rouge étant plus près de l'axe que le vert.

Dans les deux cas, le bras horizontal signifie l'arrêt, mais la disposition des feux de signalisation n'a aucun rapport avec la position du bras. Le rouge est en bas parce que c'est la position la plus proche des yeux du conducteur ; le jaune est au-dessus, suivi du vert et, dans les feux quadruples, d'un deuxième feu jaune.

C.C. Thornburn

Les usagers de la route ne passant pas de test de vision des couleurs, la position des feux de signalisation doit toujours être la même. Ces signaux sont généralement placés à des endroits où la vitesse est limitée, et à des distances telles qu'un automobiliste doit pouvoir s'arrêter en reconnaissant un feu rouge (caché) à sa seule position.

Le conducteur de train, dont la vision des couleurs est régulièrement testée, doit lire les signaux très en avance de façon à arrêter son train si nécessaire. Il doit donc identifier les signaux à leur seule couleur, et les repérer de très loin sans pouvoir discerner leur position exacte.

La question de votre lecteur était en fait mal posée car il

n'existe pas de système universel de signalisation ferroviaire. On a vu des systèmes à feu unique avec des filtres de couleur. La seule règle est que le filtre rouge soit au plus près de l'œil du conducteur, et il arrive que le feu rouge soit placé en haut, comme sur les routes.

Sur les lignes à grande vitesse, une signalisation à double feu jaune est nécessaire. Elle précède le feu jaune unique signifiant « ralentissez », lequel est placé environ un kilomètre avant le feu rouge d'arrêt. Ces doubles feux sont généralement séparés par un feu vert, de façon à améliorer leur visibilité de loin.

P.W.B. Semmens

Oreilles bouchées

Nous connaissons tous le syndrome des oreilles bouchées au décollage ou à l'atterrissage des avions. Mais si la cabine est pressurisée, pourquoi cela se produit-il ?

Craig Lindsay

Afin d'économiser le carburant, les avions de ligne volent à très haute altitude, de l'ordre de 12 000 mètres, alors que les êtres vivants éprouvent de grandes difficultés à respirer à partir de 5 500 mètres. Il est donc indispensable de pressuriser les cabines, ce qui pose de gros problèmes techniques. À 12 000 mètres, la pression atmosphérique est divisée par cinq de sorte que la cabine pressurisée, à la pression atmosphérique au niveau du sol, exploserait immédiatement ! La structure de la cabine doit donc être soigneusement étudiée.

Pour les avions de ligne civils, la pression dans la cabine est maintenue à la plus basse valeur possible, qui correspond à une altitude de 2 500 mètres. Cette altitude est généralement sans effet sur un organisme en pleine forme, mais certains passagers affaiblis peuvent éprouver des difficultés à respirer.

Il y a un autre problème : tous les aéroports ne sont pas à la même altitude. Entre l'aéroport Charles-de-Gaulle et celui de La Paz en Bolivie, il y a une différence de 5 200 mètres, et la pression à La Paz est la moitié de celle à Paris. Il est alors impossible de maintenir une pression constante pendant tout le vol. Imaginez ce qui se passerait si la pression à l'intérieur et celle à l'extérieur étaient différentes lors de l'ouverture des portes...

Pour limiter les « bouchements » d'oreille, la pression à l'intérieur est réduite en douceur par ordinateur à mesure que l'avion monte. Elle est graduellement augmentée (ou encore réduite, si l'on va à La Paz) pendant la descente de façon qu'elle soit égale à la pression extérieure à l'ouverture des portes. C'est généralement suffisant pour que vos oreilles aient le temps de s'adapter, mais si cela ne suffit pas, bouchez-vous le nez et faites monter doucement la pression jusqu'à égalisation.

Terence Hollingworth

Un des avantages du Concorde était que le fuselage étant conçu pour voler à très haute altitude, on ne réduisait la pression à l'intérieur que jusqu'à celle correspondant à une altitude de 900 mètres.

Arthur Cox

Le secret du hublot

Pourquoi les hublots des bateaux sont-ils ronds ?

Campbell Munro

Je suppose que votre lecteur pense aux gravures de navires anciens où l'on voit des pavois (par où passent les canons) carrés. Le bois est un matériau éminemment flexible – les

bateaux en bois grincent de partout –, mais aussi extrêmement résistant à la fatigue. Les métaux, en revanche, supportent mal la fatigue : une plaque métallique peut être cassée par pliage répété, alors qu'une baguette de saule peut être pliée indéfiniment.

Vers la fin du XIXe siècle, les coques en acier se sont généralisées pour les cargos et les navires de guerre. Les architectes navals ont vite compris que toute ouverture rectangulaire sur le pont ou dans la coque générait des fatigues importantes, commençant aux coins du rectangle, sous l'action des contraintes dues aux vagues. Par très mauvais temps, certains malheureux marins ont ainsi vu leur navire se défaire littéralement sous leurs yeux. Voilà pourquoi les architectes ont dessiné des ouvertures rondes, ou ont arrondi les coins des ouvertures rectangulaires.

David Lord

Le train et la mouche

Je suis poursuivi depuis que je suis tout petit par la question suivante : une mouche vole vers un train en marche. Elle entre en collision avec le train. Sa direction change alors de 180° puisqu'elle s'écrase sur le pare-brise. À l'instant précis du changement de direction, on peut donc considérer que la mouche est immobile, et que le train est lui aussi immobile. Une mouche peut donc arrêter un train. Où se trouve le défaut du raisonnement ?

Geoff Fleet

Vous avez raison : la mouche arrête le train, mais pas tout le train, seulement la petite zone de contact et encore, pas pour très longtemps.

Tout objet, aussi rigide soit-il, a une certaine flexibilité.

Quand le pare-brise du train est heurté par la mouche, il subit un (minuscule) effet de recul. Il y a donc bien un arrêt de cette partie-là du train, malgré la grande rigidité du pare-brise.

La force exercée par la mouche sur le pare-brise est égale à celle qu'exerce le pare-brise sur la mouche – et elle est grande. Appliquée à la minuscule masse de la mouche, elle provoque une accélération intense : la vitesse de la mouche passe de zéro à celle du train pendant le temps nécessaire à la déflexion du pare-brise.

Une fois que la mouche est à la vitesse du train, le pare-brise revient à son emplacement initial. En fait, cela se fait si rapidement que le pare-brise dépasse un peu cette position et se met à vibrer jusqu'à retrouver sa forme normale. Cette vibration génère un son, parfaitement audible chaque fois qu'un insecte heurte le pare-brise.

Ce schéma simple est un peu compliqué par l'écrasement du corps de la mouche et l'inertie du verre, mais il montre bien quels principes physiques sont mis en jeu.

Eric Davies

Votre lecteur a raison de dire qu'à un moment donné la mouche est immobile. Mais à ce moment-là, la mouche n'est pas collée sur le pare-brise.

Dès que le pare-brise touche l'avant de la mouche (en négligeant la lame d'air sous pression qui est poussée à l'avant du pare-brise), cette dernière est accélérée dans le sens de la marche. Pendant le temps, très bref mais non nul, que met le train pour parcourir une distance égale à la longueur du corps de la mouche, la mouche est comprimée et accélérée. Ainsi, au moment où la mouche est immobile, 10 % peut-être de sa masse s'est écrasé sur le pare-brise. La vitesse du train lui-même n'a pas varié. Dès que le train a rattrapé l'arrière de la mouche, soit 2 dix millièmes de seconde à 200 km/h, la mouche, aplatie sur le pare-brise, a pris la vitesse du train.

D'un point de vue plus savant, on pourrait ajouter que la

conservation de la quantité de mouvement fait que le train ralentit légèrement, mais il retrouve vite sa vitesse initiale. La mouche, qui passe de 0 à 200 km/h en un centimètre, subit une accélération de 30 000 *g* (1 *g* est l'accélération de la pesanteur terrestre). Quant au pare-brise, il subit une force de 300 newtons, l'équivalent d'un poids de 30 kilos.

Julian Bean

Quand le train heurte la mouche, les premiers nanomètres (millionièmes de millimètre) du pare-brise subissent un arrêt momentané ; les quelques nanomètres suivants subissent une déformation élastique, et le reste du train continue à pleine vitesse.

Après l'impact, la partie comprimée du pare-brise retrouve sa forme initiale, ce qui n'est pas le cas de la mouche.

En toute rigueur, une onde de choc élastique se propage vers l'arrière dans tout le train, et la face avant oscille jusqu'à ce que le mouvement s'arrête, mais, dans le cas d'une mouche, ces effets sont totalement négligeables. Si l'on remplace la mouche par une voiture, les effets de l'onde de choc seront plus facilement visibles.

M.G. Langdon

Toutes ces explications font intervenir beaucoup de facteurs, comme la longueur de la mouche ou l'élasticité du pare-brise, mais elles ne répondent pas, à mon sens, à la question, qui est plus philosophique que physique. Remplacez « mouche » par « un atome de la mouche », et vous revenez au vieux paradoxe énoncé par Zénon d'Élée en 450 av. J.-C.

Zénon expliquait qu'un objet en mouvement peut toujours être considéré comme immobile, pendant un instant infiniment petit. Le problème est que nous ne sommes pas davantage capables de concevoir un instant infiniment petit que de concevoir l'infini !

R.K. Hendra

Un trou dans mon parachute

Je viens de faire mon premier saut en parachute et j'ai été très alarmée de voir qu'il y avait un grand trou au sommet de mon parachute. À quoi cela sert-il ?

Suzy Klein

Avant que l'on n'aménage cette « cheminée » dans les parachutes, l'air piégé sous la toile n'avait d'autre issue que de s'échapper par les côtés, générant un redoutable mouvement d'oscillation, très bien visible sur les films de la Seconde Guerre mondiale.

Le contact avec le sol lors du mouvement pendulaire descendant était spécialement dangereux. En permettant à l'air de s'échapper lentement par le haut, la cheminée a supprimé les oscillations et facilité les atterrissages.

Un autre bénéfice de la cheminée est de ralentir l'ouverture du parachute. Auparavant, le parachute était soumis à des forces bien plus considérables, qui faisaient souvent pleurer les parachutistes, surtout de sexe masculin.

Paul Dear

Fenêtres pas noramiques

Pourquoi les avions ont-ils de si petits hublots, et pourquoi sont-ils placés si bas dans le fuselage, ce qui oblige à se baisser pour voir les autres avions sur la piste ?

Timothy Kouloumpas

Comme dans le cas de la plupart des éléments des avions, les hublots résultent d'une série de compromis. La vie des concepteurs serait grandement simplifiée s'il n'y avait pas de hublots du tout, mais les passagers ne sont pas d'accord.

La Grande-Bretagne a perdu son avance en matière d'avions à réaction quand le *Comet de Havilland* des années 1950 subit une série de crashs suite, entre autres, à des effets de fatigue de la carlingue autour des ouvertures.

Depuis, les hublots sont aussi petits que possible – typiquement 33 centimètres de diamètre. Chaque hublot a trois épaisseurs : deux pour supporter la pression et une troisième pour empêcher que l'on puisse endommager les deux premières. Les hublots et leurs vitres sont intégrés d'un seul bloc dans la structure du fuselage.

Non seulement les hublots sont chers, mais ils impliquent un renforcement de la structure. Le poids supplémentaire que cela représente est très pénalisant pour les compagnies d'aviation, d'autant que les hublots posent des problèmes de condensation, de formation de glace, voire de fuite de pressurisation.

La position des hublots varie selon les avions, mais les concepteurs les placent généralement un peu en dessous du niveau des yeux d'un passager assis. C'est trop bas quand l'avion est au sol, mais bien adapté quand l'avion est en vol pour donner une vue panoramique du sol. En outre, placer les hublots plus haut, vu la forme circulaire de la carlingue, reviendrait à les orienter vers le ciel, ce qui poserait aussi des problèmes d'éblouissement.

Il faut aussi garder en mémoire que les avions de ligne en service aujourd'hui ont été conçus il y a dix ans, certains ayant même été dessinés il y a quarante ans. Pendant ce temps, les gens ont changé, ainsi que le design des sièges. À l'époque, la structure des avions ainsi que la position des hublots étaient fixées, les chaînes de montage optimisées pour cela, et il aurait coûté très cher de la modifier.

En quarante ans, les gens ont grandi, et les sièges aussi, selon un critère qui les rend accessibles pour 95 % des hommes aux États-Unis. Si vous êtes un peu grand, vous vous y sentirez à l'étroit.

Enfin, la tendance en matière de transport aérien est à l'économie, c'est-à-dire à une densité maximale de sièges, ce qui implique de surélever les sièges afin que le passager puisse glisser ses pieds sous le siège de devant. Cela a aussi tendance à faire paraître plus bas le hublot voisin.

Terence Hollingworth

Les hublots des avions sont petits pour des raisons de sécurité. Les premiers *Comet de Havilland* avaient de grandes fenêtres haut placées qui donnaient une vision panoramique, mais ils souffraient de faiblesses structurelles rédhibitoires.

Pour en avoir le cœur net, la compagnie de Havilland immergea un avion dans un réservoir d'eau et le soumit à des pressurisations répétées pour simuler les conditions de vol. Au bout de deux semaines (ce qui correspondait à deux années de vol), la structure commençait à se fissurer aux coins supérieurs des fenêtres.

On redessina donc de petits hublots ronds et placés au bas de la carlingue, ce qui résolut le problème. Ce design a été conservé depuis.

Mike Burns

? Volant automatique

Pourquoi le volant d'une voiture revient-il tout seul en place après un virage ? Avec une petite voiture en Lego, on n'observe pas cet effet.

Clare Sudbery

Le volant tend à revenir en place à cause du frottement des roues avant. On voit le même effet avec les chariots de super-

marchés dont les roulettes pivotent autour d'un axe situé en avant du point de contact des roues avec le sol. Si l'on pousse le chariot, les roues, quelle que soit leur position initiale, s'alignent avec la direction du chariot.

Cela est dû à ce que les forces de frottement des roues sur le sol s'opposent toujours au déplacement. Les roues vont donc pivoter jusqu'à ce qu'elles soient alignées avec l'axe du pivot. On observe le même effet dans une voiture, dont la colonne de direction est inclinée de façon que sa direction coupe le sol en avant de l'axe des roues.

Il en va de même sur les vélos, dont la colonne de direction coupe le sol juste en avant du point de contact du pneu : vérifiez cet alignement avec un manche à balai. Une autre façon de le vérifier consiste à prendre un vélo par la selle. On le pousse facilement vers l'avant, en ligne droite, mais pas vers l'arrière : la roue avant a alors tendance à tourner de 180°, comme une roue de chariot de supermarché. D'ailleurs, vous observerez qu'en marche arrière, le volant d'une voiture n'a plus tendance à reprendre sa position d'équilibre.

Bill Laughton

Comme une crêpe

On n'en revient pas, avec les copains de ma classe. On n'arrive pas à comprendre comment un avion peut voler sur le dos sans se crasher immédiatement. Après tout, les ailes sont faites pour tirer l'avion vers le haut quand il vole à l'endroit ; elles devraient donc le tirer vers le sol quand il vole à l'envers.

Nik Yusokk

Il est vrai qu'un profil d'aile développe la portance qui maintient les avions en l'air, mais ce n'est pas le seul facteur : l'angle d'attaque de l'aile compte aussi.

Cet angle est généralement de 4° avec l'horizontale, ce qui donne une portance appréciable. Bien que votre main n'ait pas un profil d'aile, vous expérimentez cette force quand vous inclinez votre main à la fenêtre d'une voiture roulant à grande vitesse.

C'est en ajustant cet angle d'attaque (à plus de 4° par rapport à l'horizontale, donc) qu'un avion parvient à voler sur le dos : il suffit que la portance due à l'angle d'attaque soit supérieure à celle due au profil de l'aile.

Le plus gros problème qui guette les amateurs de vol sur le dos est la panne d'essence : sur les petits avions, les circuits d'huile et d'essence fonctionnent par gravité ; il est donc risqué de voler sur le dos !

Mark Mobley

? Y a-t-il un thermomètre dans l'avion ?

Lors d'un récent voyage en avion, j'ai consulté la liste des objets interdits à bord. J'ai été surpris d'y trouver le thermomètre à mercure. Pourquoi donc ?

Rick Eraho

Les avions sont généralement construits en aluminium, et un tout petit peu de mercure est capable de détruire beaucoup d'aluminium. L'aluminium, en effet, est un métal très réactif qui se combine violemment avec l'oxygène de l'air. Heureusement, cette réaction est vite ralentie par la formation d'une mince couche isolante d'alumine (ou oxyde d'aluminium) qui protège le métal. L'anodisation de l'aluminium épaissit cette couche protectrice.

Le mercure détruisant la couche d'alumine, le résultat peut être spectaculaire, car il forme avec l'aluminium un amalgame destructeur. Il y a quelques années, un de mes techniciens a

laissé tomber quelques gouttes de mercure sur son banc de bois dont les coins étaient en aluminium. Le lendemain matin, les pièces d'aluminium étaient percées et le bois profondément labouré à proximité. La réaction avait provoqué la croissance de petites tours d'alumine qui pointaient comme d'étranges coraux.

C'est chimiquement intéressant, mais très dangereux pour la santé : le mercure est toxique.

Harvey Rutt, Département d'électronique et informatique, université de Southampton

À cause de la fluidité du mercure, l'amalgame corrosif peut atteindre le cœur de la structure de l'avion. Un avion ayant subi une fuite de mercure doit être mis en quarantaine jusqu'à ce que l'amalgame révèle sa présence. Et il y a de fortes chances pour que l'appareil soit réformé. Même éliminé, l'amalgame se propage dans l'aluminium comme la pourriture dans le bois.

Rod Paris, aéroport d'Oxford, Grande-Bretagne

Le mercure, parmi bien d'autres produits chimiques, est classé « matière dangereuse » par l'Organisation internationale de l'aviation civile, qui est une émanation de l'ONU. Il est interdit d'en transporter à bord d'un avion, que ce soit en cabine ou en soute, à l'exception des thermomètres médicaux à usage personnel placés dans un étui protecteur.

Je ne vous conseille pas de tenter d'enfreindre ces règlements. Non seulement vous risquez une forte amende, mais en cas de fuite de mercure dans l'avion, la compagnie peut vous réclamer en justice les frais de nettoyage de la structure.

James Hookham

Escalier désynchronisé

J'ai remarqué que, sur les escaliers roulants, la bande sur laquelle on pose la main ne va pas à la même vitesse que les escaliers. Pourquoi ?

Bernd Haupt

Ces deux pièces sont censées aller à la même vitesse puisqu'elles sont entraînées par le même moteur. Le moteur entraîne un engrenage qui actionne l'escalier, et la main courante est à son tour entraînée par une courroie reliée à l'engrenage. Or, la courroie a tendance à s'user, ce qui peut modifier la vitesse de la main courante.

Johan Uys

Les spécifications américaines précisent que la vitesse de la main courante ne doit pas varier quand elle est soumise à une force de freinage de 444,8 newtons. Afin de satisfaire à cette règle, les mains courantes sont généralement réglées pour aller un peu plus vite que les escaliers. Sur certaines machines, toute variation de vitesse de la main courante excédant 15 % déclenche la coupure de l'alimentation du moteur et la mise en œuvre des freins.

Richard A. Kennedy, Maintenance d'ascenseurs et monte-charges, West Chester, Pennsylvanie

Les mains courantes d'escalators sont entraînées par des galets en caoutchouc placés à l'intérieur de la bande souple : les glissements ne sont pas exclus, mais ils se font plutôt par

à-coups. Ils sont généralement dus aux accumulations de poussières et d'huile de machine à l'intérieur de la bande, ou aux tractions excessives sur la bande.

Comme les galets sont entraînés par le mécanisme qui actionne les marches, ils devraient tourner à la même vitesse. Le diamètre de la roue d'entraînement étant de 1 mètre à 1,20 m, une usure de 2 millimètres se traduirait par un ralentissement de la main courante de 4 mm par mètre, ce qui serait indétectable.

Geoffrey Wood

Les normes britanniques EN 115 de 1995 stipulent que la vitesse de la main courante ne doit pas différer de plus de 2 % de celle des marches. Ces deux éléments sont entraînés par le même moteur, mais les marches le sont par un système d'engrenages métalliques, alors que les mains courantes sont entraînées par friction, via des bandes de caoutchouc et de néoprène qui sont sujettes à usure et à étirement. Il est donc plus difficile de contrôler la vitesse de la main courante, mais il s'avère qu'un certain degré de glissement est favorable à la sécurité de l'ensemble, au cas où un élément bloquerait le dispositif.

Bhamini Gore, Compagnie Otis, Londres

Hors-bord en première

Pourquoi les bateaux à moteur n'ont-ils pas de vitesses comme les voitures ?

Graham Lundegaard

Certains bateaux à moteur ont des vitesses, mais ce sont effectivement des exceptions.

La différence entre un bateau à moteur et une voiture tient essentiellement à la transmission. Dans un bateau, l'arbre moteur actionne une hélice qui repousse l'eau vers l'arrière. C'est par réaction à ce mouvement dirigé vers l'arrière que le bateau va vers l'avant.

Si le moteur et l'hélice sont bien accordés, la puissance sera suffisante pour propulser le bateau, même à très bas régime. S'il s'agit d'un gros bateau, l'accélération peut être assez lente à venir : sur un ferry, voyez l'importance des turbulences à l'arrière, avant même que le bateau n'ait bougé.

Dans une voiture, les roues ne tournent que si la voiture avance – au contraire du ferry –, mais il faut davantage de puissance pour se mettre en mouvement. Comme les moteurs à combustion interne donnent peu de puissance à bas régime, il faut les coupler à une boîte de vitesses, sans quoi le moteur calerait au démarrage. Même quand les roues d'une voiture tournent lentement, le moteur tourne vite. C'est un inconvénient des moteurs à essence que ne présentaient pas les machines à vapeur : les locomotives, dénuées de boîtes de vitesses, avaient une excellente puissance à très bas régime, et un superbe ralenti.

Sur le sable, par exemple, les roues d'une voiture peuvent patiner, et rejeter le sable vers l'arrière, sans que le véhicule n'avance, à l'image du ferry. Mais contrairement à l'eau, le sable ne comble pas de lui-même ses propres trous, de sorte que les roues finissent par s'y enfoncer.

John Gee

Les bateaux à moteur ont à lutter contre une force de frottement très importante. Typiquement, un bateau à pleine vitesse « traîne » le quart de son poids : cela reviendrait, pour une voiture, à grimper une côte de 25 %. Pour donner la puissance nécessaire, un bateau à moteur doit être constamment en première, et la présence d'autres vitesses n'aiderait guère ;

d'éventuels changements de vitesse, en outre, devraient être très rapides, faute de quoi la vitesse chuterait brusquement.

Il est préférable, si l'on veut changer de vitesse sur un bateau, de changer d'hélice ; certaines donnent de la vitesse mais peu de puissance, et d'autres ont l'effet inverse. Mais cela compliquerait inutilement la mécanique.

Malin Dixon

9. Le *best of* du reste

Jeux de balles

Dans de nombreuses régions du monde, on célèbre les victoires et les anniversaires en tirant en l'air, sans se préoccuper du danger que représente la retombée des balles. En supposant que le revolver ou le fusil tire verticalement, quelle altitude atteignent les balles, et quelle vitesse ont-elles lorsqu'elles retombent ?

Leo Kelly

Tirer en l'air est effectivement une activité très répandue qui cause chaque année de graves blessures. Pour un calibre 7.62 typique tirant verticalement, la vitesse de la balle est d'environ 840 mètres par seconde au sortir du canon. Elle atteindra l'altitude de 2400 mètres en 17 secondes. Il lui faudra ensuite 40 secondes pour retomber à une vitesse relativement faible. La balle tombe en effet avec le côté plat en avant, ce qui ralentit sa chute.

Même si le tir est bien vertical, la balle peut être déviée de côté, surtout entre 2300 et 2400 mètres d'altitude où, très ralentie, elle restera environ 8 secondes à des vitesses inférieures à 40 mètres par seconde. Dans cette phase de son vol, elle est très sensible aux vents latéraux. Le retour vers le sol se fera à 70 mètres par seconde environ.

Cela représente à peu près 250 km/h, ce qui peut causer de sérieuses blessures au crâne – environ cinq fois plus que dans l'usage normal des armes à feu. Mais les données fiables manquent pour faire des statistiques crédibles.

Sam Ellis et Gerry Moss,
Collège royal militaire, Swindon

Tout dépend du type de la balle. Un calibre 22 monte à 1 179 mètres, et sa vitesse de retombée varie entre 43 et 60 mètres par seconde, selon que la balle retombe base vers l'avant ou qu'elle prenne un mouvement oscillant.

Un calibre 44 monte à 1 377 mètres et retombe, base en avant, à 76 mètres par seconde. Un calibre 30-06 atteint 3 080 mètres et retombe à 99 m/s (360 km/h).

La durée de vol pour une balle de calibre 22 varie entre 30 et 36 secondes ; elle atteint 58 secondes pour un 30-06. Les vitesses des balles au sortir du canon sont bien plus grandes que lors de la retombée. Une balle de 22 sort à 383 mètres par seconde ; une balle de 30-06 à 823 m/s (pratiquement 3 000 km/h !).

Selon les études de Browning au début du XXe siècle, et plus récemment de L. C. Haag (1994), la vitesse nécessaire pour qu'une balle pénètre dans la peau est entre 45 et 60 mètres par seconde. Une balle qui retombe peut donc gravement blesser, d'autant que des blessures peuvent se produire sans pénétration de la peau. Il ne faut donc jamais tirer en l'air.

David Maddison

John W. Hicks, dans son livre *The Theory of the Rifle*, rapporte des expériences faites en 1909 par un certain Major Hardcastle, qui tira verticalement au calibre 303 depuis une barque sur la rivière Stour à Manningtree. Aucune des balles n'atterrit dans un rayon de 30 mètres, mais certaines tombèrent 400 mètres plus loin et d'autres ne furent pas retrouvées.

Julian S. Hatcher fit une expérience comparable en Floride, après la Première Guerre mondiale. Il monta une mitraillette de calibre 30 sur une petite île située dans un estuaire aux eaux bien calmes, de façon à repérer facilement les chutes des balles. Les expérimentateurs étaient protégés par un léger blindage. La mitraillette fut orientée pour que les balles retombent sur l'îlot.

Sur 500 balles tirées, 4 seulement touchèrent le blindage ; les autres retombant à quelques mètres. Sur ces balles montant à peu près à 2 700 mètres et retombant au bout d'une minute, l'effet du vent était déterminant.

Dick Fillery

Quand j'étais petit, je collectionnais les douilles de laiton éjectées par les mitraillettes des avions pendant la Bataille d'Angleterre. Elles descendaient tout doucement en planant, à cause de leur forme, je suppose, et de leur faible rapport masse / surface. Mais elles étaient encore chaudes quand je les prenais.

Un petit projectile, genre calibre 303, n'est pas très dangereux quand il retombe. Comme une souris dans un puits de mine, sa vitesse de chute est faible. Cependant, une balle plus lourde et arrivant plus vite peut fort bien tuer.

M.W. Evans

Rendez-vous au supermarché

Deux personnes se perdent dans les allées d'un supermarché. Que vaut-il mieux faire pour qu'elles se retrouvent au plus vite ? S'arrêter et attendre, ou continuer à marcher ?

David Kafkewitz

La meilleure stratégie semble être d'aller à la sortie du magasin et d'attendre : l'autre personne devra nécessairement passer par là. Le temps d'attente maximal sera celui qui vous sépare de la fermeture du magasin.

La stratégie de l'immobilisation et de l'attente ne marche que si une personne seulement s'arrête. Si les deux s'arrêtent, le temps d'attente maximal est soit infini (si vous vous laissez enfermer jour après jour) soit, de nouveau, égal au temps qui vous sépare de la fermeture.

En supposant qu'une des personnes s'arrête pendant que l'autre continue à marcher, le temps maximal est la durée nécessaire à l'exploration du magasin entier, durée qui dépend elle-même de la disposition du magasin. Si les allées sont toutes visibles depuis un même point, la recherche est grandement facilitée. Les prisons, d'ailleurs, et les forts militaires sont dessinés selon ce principe. Afin de simplifier le travail, la personne immobile est priée de se mettre à l'intersection de deux allées.

Une autre stratégie serait une recherche au hasard, chaque personne s'éloignant de son point de départ d'une distance proportionnelle à la racine carrée du temps. L'aire balayée par chacun serait alors un cercle centré sur la position initiale. Comme les deux cercles doivent se chevaucher suffisamment pour que la rencontre ait lieu, le temps de recherche doit être au moins proportionnel au carré de la distance entre les centres des cercles. Si certaines allées sont bloquées, le problème se ramène à celui du mouvement sur une courbe fractale. La durée de recherche sera alors proportionnelle à la distance précédente élevée, non au carré, mais à un exposant fractionnaire (2,1 par exemple, ou 1,8).

Stephen Massey

Pour répondre à cette question, il faut d'abord savoir si les deux personnes se sont mises d'accord sur ce qu'il fallait faire en cas de séparation. S'il y a eu accord sur une stratégie de recherche (l'un attend, l'autre cherche, par exemple), le problème est la version asymétrique du problème du rendez-vous ; sinon, c'en est la version symétrique.

J'ai présenté les solutions à ce problème, pour diverses configurations de lieux, dans le *Journal de contrôle et d'opti-*

misation de la Société de mathématiques industrielles et appliquées (SIAM). Dans tous les cas où des solutions exactes ont été obtenues, les deux personnes marchaient aussi vite que possible, tout le temps. La stratégie d'immobilisation d'une des personnes n'est certainement pas optimale. Par exemple, un modèle simplifié dans lequel les deux personnes sont à la distance 1 l'une de l'autre, il faudrait un temps égal à (1 + 3)/2 = 2 pour que la rencontre ait lieu. Si tout le monde bouge, ce temps est réduit à 13/8, soit 1,61.

Le seul cas connu où la stratégie de l'attente est optimale est celui de deux personnes placées dans un supermarché circulaire. Si l'un attend, l'autre le trouvera nécessairement.

Tous ces résultats supposent que les personnes se trouvent quand elles se rencontrent ou lorsqu'elles sont à très faible distance l'une de l'autre, ce qui est le cas dans un supermarché aux heures d'affluence. Le cas d'un supermarché vide n'a, à ma connaissance, pas été envisagé.

Au cas où quelqu'un serait vraiment intéressé par ce problème, je recommande la lecture de mes articles et de ceux de S. Gal publiés en 1995 dans le *Journal of Control and Optimization* du SIAM.

Steve Alpern, London School of Economics

Je vous conseille de marcher le long du côté du supermarché où se trouvent les caisses et de regarder dans toutes les allées. Si ça ne marche pas, repartez dans l'autre sens, en regardant à nouveau les allées et les caisses. Si ça ne marche toujours pas, essayez la queue au rayon boucherie. Faites un dernier passage le long des caisses, puis demandez qu'un appel radio soit fait dans le magasin.

Owen Crossby

L'effet « f »

Combien de « f » comptez-vous dans cette phrase ?

FINISHED FILES ARE THE RE-
SULT OF YEARS OF SCIENTIF-
IC STUDY COMBINED WITH
THE EXPERIENCE OF YEARS.

(Les dossiers terminés résultent d'années d'études scientifiques ainsi que d'années d'expérience.) Combien en trouvez-vous ? La plupart des gens en trouvent trois. En fait, il y en a six !

Rick Eraho

Le fait que la plupart des gens voient trois « f » et non six peut sembler étrange quand on ne sait pas que la lecture n'est pas entièrement phonétique. En réalité, plusieurs méthodes sont employées pour extraire du sens de ce qui est imprimé, et la plus commune n'a pas grand-chose à voir avec les lettres et les sons qui leur sont associés.

Un lecteur est familiarisé avec de nombreux mots, spécialement les plus courts, comme « of ». Ces mots ne sont dès lors plus perçus à la lecture comme un ensemble de sons séparés. Les « f » des mots plus longs et compliqués sont donc comptés, mais pas ceux des « of ».

Sam Hill

Un garçon de 7 ans bien éveillé ou un relecteur professionnel verra bien six « f », parce qu'ils ont été entraînés à donner une valeur égale à tous les mots.

Quand on apprend à lire vite, on sélectionne les mots les plus importants, laissant au cerveau le soin de combler les manques. Plus on lit, plus on manque de mots, et on peut assez facilement arriver à lire plus de 600 mots par minute. Évidemment, un texte scientifique implique une lecture plus lente.

Un lecteur rapide se concentre sur les mots les plus importants, généralement des noms et des verbes. Adjectifs et adverbes viennent ensuite, suivis des articles, pronoms et prépositions. Les lecteurs expérimentés tiennent moins compte des mots les moins importants qui, en anglais et en français, sont souvent très courts. Voilà pourquoi les « of » ne sont pas retenus dans le comptage.

J'ignore ce que cela donnerait en chinois ou en japonais, langues dont l'écriture est très différente.

Valerie Moyses

J'ai fait ce test sur un collègue de travail, avec des variantes de ce texte. L'une comportait deux « of », chacun à la fin d'une ligne. Mon ami les a repérés, mais pas le troisième. Je pense donc que le placement des « of » influe sur leur lisibilité.

Évidemment, un lecteur non anglophone devrait avoir moins de mal à repérer les « f ».

Andrew MacCormack

J'ai lu dans un livre sur les illusions d'optique que les gens ne voient que trois « f » parce que, dans « of », « f » se prononce « v » ; alors, le cerveau ne le compte pas comme « f ».

Bryn Hart (10 ans)

Non seulement je n'ai vu que trois « f », mais j'ai continué à n'en voir que trois après avoir lu la réponse. Ma femme, elle, en a vu six en première lecture.

Je suis professeur d'anglais, et elle est professeur de maths.

Voilà la différence. Essayant de saisir le sens du message, j'ai oublié les « of » ; ma femme, ne faisant que ce qui est demandé, les a tous comptés. Là où elle voit un ensemble de lettres, je vois des phrases ayant un sens.

La césure de la phrase avec des tirets joue aussi un rôle en conviant le lecteur à déchiffrer la signification du message, plutôt qu'à compter les lettres, ce qui est la tâche demandée.

Tom Sweetman

Pour conclure, je vous soumets la phrase suivante :

THE
SILLIEST
MISTAKE IN
IN THE WORLD

Pour persuader mes élèves de 7 ans de relire ce qu'ils écrivent, j'ai écrit cela au tableau. Mes meilleurs élèves ont aussitôt lu « The silliest mistake in the world » (l'erreur la plus bête du monde), à quoi j'ai répondu : « Vous venez de la commettre. » Ce sont les lecteurs les plus lents qui ont découvert le « in » de trop. C'est alors que le directeur de l'école est entré dans la classe, et a lu le message tout haut, mais en se trompant. La classe a répondu en chœur : « Vous venez de la commettre, monsieur. »

Douglas Boote

? Phoump

Dans les films de gangsters, les méchants se font descendre à coups de silencieux. Comment marche un silencieux ?

Jeremy Charles

Les silencieux ne sont pas l'apanage de James Bond, mais sont couramment utilisés par les chasseurs et les amateurs de tir sportif pour atténuer le son de leurs armes. Il s'agit essentiellement d'une série de chicanes couplées à une chambre d'expansion, qui se visse à l'extrémité du canon.

Le bruit d'une arme à feu a deux origines. L'expansion rapide du gaz propulseur lorsqu'il quitte le canon, et le bang sonique de la balle qui passe le mur du son. On ne peut rien contre ce dernier bruit, mais le premier peut être efficacement atténué par un silencieux.

Pour qu'un silencieux soit vraiment efficace, il doit donc être utilisé avec des munitions subsoniques, dont la vitesse est inférieure à celle du son. Le bruit peut alors être tellement atténué que le coup de feu est à peine reconnaissable. J'ai vu en action une mitrailleuse de la Seconde Guerre mondiale munie d'un grand silencieux et tirant des munitions subsoniques. On n'entendait que les bruits mécaniques de la machine.

Bill Harriman

Le premier silencieux efficace fut breveté en 1910 par l'inventeur américain Hiram P. Maxim, le fils de l'inventeur de la mitraillette. Son système était à base de chicanes, comme les systèmes actuels. Il s'agit d'un cylindre métallique divisé en deux parties, fixé au canon de l'arme.

La première partie, qui occupe le tiers du dispositif, est une chambre d'expansion dans laquelle les gaz chauds éjectés par le canon perdent une partie de leur énergie. Cette chambre peut contenir un tube de treillis métallique qui a pour fonction de diviser la colonne de gaz et de la refroidir.

La seconde partie est constituée d'une série de chicanes métalliques, percées d'un trou pour permettre le passage de la balle. Ces chicanes dévient et ralentissent les gaz venant de la chambre d'expansion, qui sortent ainsi du dispositif ralentis, refroidis et moins bruyants. Un silencieux de moto fonctionne exactement selon le même principe.

Il existe des variantes, certains silencieux étant uniquement des chambres d'expansion ou des chicanes. En fait, une bouteille de soda en plastique fait (pour un tir ou deux) un bon silencieux.

Certains silencieux ralentissent la balle à une vitesse subsonique, en la faisant passer dans un tube percé ou à travers une série de parois élastiques qui la ralentissent, mais affectent aussi la précision du tir.

Le silencieux à treillis métallique possède une chambre d'expansion, mais le tube de treillis y remplace les chicanes, en perturbant la colonne de gaz chauds et en la refroidissant, ce qui lui fait perdre de l'énergie.

L'innovation la plus récente est le « silencieux humide », qui utilise de l'eau ou de l'huile pour refroidir les gaz chauds. Enfin, un dispositif russe permet de se débarrasser du système vissé au canon : il s'agit d'une cartouche spéciale dont la balle est extraite par un gaz propulseur repoussant un piston : le piston étant arrêté par la paroi de la cartouche, les gaz chauds sont piégés dans la cartouche.

Il faut savoir que Hollywood prend les plus grandes libertés avec les silencieux. La plupart sont bien plus gros que ceux que l'on voit au cinéma et moins faciles à mettre en place. Quant au léger « ffup » que l'on entend dans les films de James Bond, il est bien éloigné du son réel, qui serait plus proche de celui d'une portière de voiture que l'on claque.

Hugh Bellars

Le retour du boomerang

Pourquoi les boomerangs reviennent-ils à l'envoyeur ?

Adam Longley

Les boomerangs reviennent grâce à une combinaison d'effets aérodynamiques et gyroscopiques. Un boomerang est

généralement constitué de deux profils d'aile tournants. On le lance quasiment vertical, incliné d'un angle de 20°, la face plane vers l'extérieur, en lui imprimant une rotation rapide (de l'ordre de 10 tours par seconde). La lame du dessus, tournant dans la direction du mouvement, est plus rapide, par rapport à l'air, que la lame du dessous. La force de portance qu'elle génère est donc plus grande, ce qui produit une force dirigée vers l'intérieur de la trajectoire, responsable du retour du boomerang, et une autre qui ramène le boomerang à l'horizontale.

La rotation du boomerang a un effet gyroscopique, qui explique pourquoi l'axe de rotation tend à se rapprocher de la verticale ; le changement du plan de rotation du boomerang le force à suivre un arc de cercle qui le ramène au lanceur.

Richard Kelso et Philip Cutler,
université d'Adélaïde, Australie

La réponse la plus simple à votre question est que la plupart des boomerangs ne reviennent pas et n'ont pas été conçus pour cela. Les Aborigènes n'ont pas inventé le boomerang pour s'amuser, mais pour chasser. Le retour attendu n'était pas celui de l'appareil, mais seulement celui de la viande fraîche.

J'ai vu les Warlpiri lancer un boomerang « karli », qui est une arme mortelle, et toucher une cible à plus de 100 mètres. Les Warlpiri fabriquent aussi le « wirlki » (aussi appelé « crochet » ou « n° 7 »), utilisé au combat.

Dans toute l'Australie, et même là où le boomerang n'est pas utilisé, on emploie une paire de boomerangs comme instruments de percussion dans les cérémonies religieuses.

Chips MacKinolty

Coup de fouet

Pourquoi les fouets claquent-ils ?

David Innes

Le claquement du fouet est un bang sonique, dû à ce que l'extrémité de la lanière passe le mur du son. Quand on fait claquer un fouet, l'énergie mécanique se transmet, sous la forme d'une onde, de la poignée à l'extrémité de la lanière. À mesure que cette onde progresse, elle rencontre un milieu de moindre section et de plus faible masse. L'énergie d'une onde dépendant de la masse et de la vitesse, et cette énergie se conservant, une diminution de la masse du milieu de propagation implique une augmentation de la vitesse de l'onde. Parvenant à l'extrémité du fouet, la vitesse dépasse souvent celle du son, soit 1 200 km/h environ.

Mike Capp

Quand l'onde atteint l'extrémité du fouet, elle doit se dissiper. Une partie de l'onde passe dans l'air et une autre, réfléchie, remonte vers la poignée du fouet. À l'instant de cette réflexion, l'accélération subie par l'extrémité du fouet est telle qu'elle dépasse souvent la vitesse du son.

Andrew Plant

Bougie centrifuge

Pendant un cours de physique, le prof a mis une bougie sur la platine d'un tourne-disque. On s'attendait tous à voir la

flamme pointer vers l'extérieur ; en fait, elle pointait vers l'intérieur. Personne n'a su expliquer pourquoi. Pouvez-vous nous aider ?

Ruth Haveland

Oui, nous le pouvons, mais il a fallu beaucoup de réponses pour débrouiller cette question. Mais pour commencer, il y avait un gros problème.

Ma première réaction a été de ne pas y croire. J'ai refait l'expérience et je n'ai pas du tout trouvé le même résultat. La flamme est orientée en sens inverse du déplacement, comme celle d'une bougie que l'on tient dans la main en avançant.

Gareth Kelly, professeur de physique,
Dyfed, Grande-Bretagne

Dès que j'ai lu cette question, je me suis précipité dans la cuisine avec une bougie et le plateau à fromages. À 60 tours/minute environ, la flamme est en sens inverse du mouvement, sans montrer la moindre tendance à aller vers l'intérieur ou l'extérieur. J'ai recommencé avec un tourne-disque réglé sur 78 tours et j'ai vu la même chose. Me suis-je trompé quelque part ?

John Ashton

Oui, messieurs, vous vous êtes trompés quelque part, ce qui ne remet nullement votre intégrité en cause. Et d'abord...

Si vous voulez voir cet effet, il faut mettre la bougie dans un récipient afin de supprimer l'action de l'air. À vos pots de confiture !

David May, professeur de physique,
Shepshed, Grande-Bretagne

La raison pour laquelle la flamme pointe vers l'intérieur est qu'il apparaît une force centrifuge.

David Blake

Un indice : quand le récipient tourne, l'air le plus dense va vers l'extérieur.

La flamme s'incline vers l'intérieur pour la même raison qu'elle va plus volontiers vers le haut que vers le bas. Le gaz chauffé est moins dense que l'air froid. Si l'air froid va vers l'extérieur, la flamme ira vers l'intérieur.

Pour être plus exacte, j'ajouterai qu'une flamme moins dense sera davantage accélérée, à force centrifuge égale. C'est ce qu'enseigne la loi de Newton, qui définit la force comme le produit de la masse par l'accélération. Mais je suppose qu'il est plus simple de comprendre que la force agit davantage sur l'air le plus dense.

Sue Ann Bowling, université d'Alaska, Fairbanks

Je vous propose un problème analogue, mais en ligne droite. Imaginez que vous conduisez votre voiture, dans laquelle se trouve, attaché par une ficelle, un ballon gonflé à l'hélium. Vous freinez brutalement. Que fait le ballon ? Tandis que vous êtes projeté vers l'avant et retenu par la ceinture de sécurité, le ballon va vers l'arrière de la voiture. La raison en est que l'air contenu dans la voiture, ayant une certaine inertie, se dirige lui aussi vers l'avant. Le ballon flotte alors vers la zone de la voiture où la pression est la plus faible, c'est-à-dire vers l'arrière.

La flamme de la bougie flotte elle aussi vers la zone de basse pression, c'est-à-dire vers l'axe de rotation.

Tom Trull, université de Tasmanie

Sous l'effet de la force centripète, l'air de la flamme, moins dense, sera déplacé vers le centre de rotation. La flamme fera un angle arctan (a/g) avec la verticale (l'angle dont la tangente est a/g), où a est l'accélération centrifuge et g l'accélération de la pesanteur.

On a le même effet avec un ballon d'hélium dans une voiture. Quand on accélère, il va vers l'avant, quand on freine, vers l'arrière, et quand on tourne, il va toujours vers l'intérieur des virages. La même formule s'appliquant à la flamme et au ballon, on peut prédire qu'à 50 km/h et avec un rayon de giration de 20 mètres, la ficelle du ballon fera un angle de 44° environ.

Neil Henrikson, directeur du lycée James Young, Édimbourg

Placez un niveau à bulle radialement sur une platine de tourne-disques : la bulle se déplace vers l'intérieur. Plus précisément, le liquide du niveau, plus dense, se déplace vers l'extérieur, ce qui force la bulle vers l'intérieur.

Colin Siddons

L'effet Sungam

En tant que sportif, je connais bien l'effet Magnus, qui dévie vers la droite (quand on la regarde du dessus) une balle tournant sur elle-même dans le sens des aiguilles d'une montre. Cet effet est visible sur les ballons de foot, les balles de tennis et de ping-pong, mais quand on donne de l'effet à l'un de ces ballons de plage très légers que l'on trouve dans les stations-service, on observe l'inverse (l'effet Sungam ?) : une rotation dans le sens horaire donne une déviation vers la gauche ! Pourquoi ?

Richard Bridgewater

Une balle lancée dans l'air emporte avec elle une fine couche d'air. Cette couche est séparée de l'air non perturbé par une très fine « couche-limite ». À l'avant de la balle, la couche-limite est quasiment immobile ; elle accélère en contournant la balle, ce qui réduit la pression de l'air : la loi de Bernoulli, en effet, assure que la pression d'un fluide est inversement proportionnelle à sa vitesse.

Vers l'arrière de la balle, la couche-limite décolle de la balle. Si la balle est lisse et ne tourne pas, cela se produit au même niveau partout ; si la balle tourne, la zone de décollement est asymétrique : un des côtés étant soumis à une pression plus faible, la balle dévie de sa trajectoire initiale.

La rotation de la balle sur elle-même fait que le point de séparation de la couche-limite se déplace vers l'arrière du côté où la balle tourne dans le même sens que l'air environnant, et vers l'avant de l'autre côté. La balle dévie du côté où la pression est la plus faible – le premier dans ce cas. Une rotation dans le sens des aiguilles d'une montre donne donc une déviation vers la droite.

Tout cela n'est vrai que si le flux dans la couche-limite est laminaire, c'est-à-dire si les lames d'air s'empilent bien sagement l'une sur l'autre. Si l'écoulement est turbulent, on peut fort bien observer l'effet inverse. Les couches d'air turbulentes ont tendance à adhérer plus longtemps à la balle que les couches laminaires : une balle avec un côté turbulent et un côté laminaire donnera un effet Magnus inversé.

Cela se produit par exemple avec un ballon de plage léger : du côté où la vitesse relative de l'air et du ballon est plus grande, l'écoulement est turbulent, alors qu'il reste laminaire de l'autre côté. Le ballon est ainsi dévié dans le sens inverse de sa rotation sur lui-même.

Des expériences précises ont montré que le facteur déterminant est le rapport de la vitesse de rotation de la balle à sa vitesse vers l'avant. L'effet Magnus inverse s'observe pour un rapport inférieur à 0,4.

Oliver Harlen, université de Leeds

Chauffé à blanc

Qu'est-ce qui cause les couleurs visibles sur une pièce de fer ou d'acier chauffée puis refroidie ? Un chauffage vers 200 °C donne du jaune, puis une couleur or, brune, violette, bleue et enfin noire quand on monte à 600 °C. Ces dernières couleurs, surtout le bleu et le violet, se voient souvent sur les pièces de montres anciennes, sous forme d'un revêtement transparent et coloré. De quoi est-il fait au juste ?

John Rowland

Les gaz utilisés pour le traitement de l'acier à haute température oxydent les constituants, le chrome par exemple, pour former des films de surface. Ces films font interférer la lumière et donnent les couleurs que vous mentionnez.

L'épaisseur des films détermine la couleur de l'acier. Les plus fins, formés à basse température, paraissent jaunes ou couleur or. Les plus épais donnent du bleu et, finalement, du noir.

Sur un acier bien propre, ces couleurs sont très fragiles et souvent recouvertes par les oxydes de fer de la rouille. Les pièces d'horlogerie dont vous parlez ont gardé leurs couleurs intactes car, au XIXe siècle, on avait l'habitude de tremper l'acier traité dans du spermaceti, ou blanc de baleine. Cela donnait une sorte de vernis transparent et protecteur… au grand dam des baleines.

Dale McIntyre

Une marée dans un verre d'eau

Notre prof de physique nous a fait l'expérience de la bougie posée sur une soucoupe qui flotte sous un récipient retourné. La bougie s'éteint peu à peu, et l'eau monte dans le récipient.

Il nous a dit que la montée de l'eau est due à la disparition de l'oxygène, consommé par la bougie. Pourtant, si l'on fait brûler quatre bougies au lieu d'une, le niveau de l'eau monte encore plus haut. Pourquoi ?

Emma, Rebecca et Andrew Fist

La question d'Emma, Rebecca et Andrew montre que des jeunes esprits incisifs et critiques peuvent démonter les explications inexactes et trop commodes qui traînent depuis des générations dans les salles de classe.

La consommation de l'oxygène contribue bien à la montée du niveau de l'eau car, lors de la combustion de la cire, un volume d'oxygène disparaît pour donner le même volume de gaz carbonique, tandis que l'hydrogène se transforme en vapeur d'eau.

Le gaz carbonique se dissout partiellement dans l'eau, tandis que la vapeur d'eau se condense totalement en eau liquide. Cela se traduit donc par une diminution du volume de gaz.

Mais ce n'est pas là le phénomène le plus important, qui est la chaleur dégagée par la combustion de la bougie. Or, cette chaleur est bien plus intense si l'on met quatre bougies sous le récipient plutôt qu'une seule.

Dès que la bougie s'éteint, l'air se refroidit et se contracte, d'autant plus que la température initiale était élevée. Quatre bougies donnent davantage de chaleur, une température initiale plus élevée et une plus grande variation de niveau lors du refroidissement.

En conclusion : ne croyez jamais votre prof de physique sur parole.

Leopold Flatin

Félicitations à ces enfants qui démontrent expérimentalement la médiocrité de l'explication traditionnelle de l'expérience de la bougie !

En observant que quatre bougies provoquent une montée de l'eau supérieure à ce qui était attendu, ils montrent que le principal responsable de cet effet est la chaleur dégagée par les bougies qui provoque l'expansion de l'air contenu dans le récipient. Ils ont certainement noté aussi que cet air fait un petit « glouglou » en s'échappant par le bord inférieur du récipient. Cela s'arrête après que les bougies se sont éteintes, puis le niveau de l'eau monte pour suivre la contraction de l'air qui se refroidit.

La flamme de la bougie, en fait, s'éteint dès qu'une petite partie de l'oxygène disponible a disparu. Cette expérience ne peut donc en aucun cas donner une mesure quantitative de la proportion d'oxygène dans l'air.

Ian Russell

? Dégonflé à l'hélium

Pourquoi les ballons gonflés à l'hélium se dégonflent-ils si vite ? En une nuit, ils deviennent tout rabougris, alors que les ballons gonflés à l'air gardent leur forme très longtemps.

John Storr

L'hélium n'est pas seulement un gaz léger, il est monoatomique. Cela veut dire que ses molécules sont constituées d'un seul atome, et comme cet atome a un diamètre de l'ordre d'un dixième de nanomètre (un dix-millionième de millimètre), il est tout à fait capable de traverser quantité de matériaux, y compris des films métalliques. On l'utilise d'ailleurs, dans l'industrie, pour tester l'étanchéité des systèmes fonctionnant dans le vide. L'azote et l'oxygène de l'air sont des molécules beaucoup plus grosses et donc moins susceptibles de fuir à travers les parois d'un ballon. C'est comme si l'on mettait de la terre dans une passoire – les cailloux seraient arrêtés, mais le sable passerait.

Un autre facteur favorisant les pertes est que les ballons sont faits de matières viscoélastiques, c'est-à-dire de fibres emmêlées ressemblant assez à des spaghettis. Cette structure ménage de nombreux passages par où l'hélium peut fuir, même si la pression du ballon est faible. Quand le ballon est gonflé, le polymère s'étire et les parois s'amincissent, tandis que la structure s'« ouvre » davantage encore. Voilà pourquoi le ballon se dégonfle d'autant plus vite qu'il était, au départ, plus gonflé.

Les ballons d'hélium du commerce sont faits de matériaux non poreux et inélastiques, mais cela ne les empêche pas de se dégonfler toujours trop vite au goût des enfants (et des adultes).

Gavin Whitaker

L'atome d'hélium est tout petit et très léger. Il diffuse très facilement à travers la paroi, relativement fine et lâche, d'un ballon. Les molécules de l'air, plus grosses et plus lourdes, diffusent plus lentement. Mais la pression du ballon, qui « pousse » les atomes d'hélium vers l'extérieur, n'est pas le seul facteur en cause.

Comme l'air ne contient pratiquement pas d'hélium, les chocs des atomes d'hélium à l'intérieur de la paroi du ballon ne sont pas compensés par ceux des atomes d'hélium à l'extérieur, ce qui encourage leur fuite vers l'extérieur. Vous noterez cependant que le ballon ne se dégonfle jamais complètement. C'est dû à ce qu'un peu d'air y pénètre dès que davantage de molécules d'air frappent l'extérieur de la paroi que l'intérieur.

Cela mène à un curieux effet lorsque le ballon est gonflé avec de l'hexafluorure de soufre, gaz dont les molécules, particulièrement grosses, ne diffusent pas du tout à travers la paroi. Comme il y a davantage de molécules d'air à l'extérieur, celles-ci passent à l'intérieur et le ballon se gonfle tout seul !

Harvey Rutt, Département d'électronique et d'informatique, université de Southampton

Chute d'ascenseur

Si l'on se trouve dans un ascenseur en chute libre, que peut-on faire pour échapper à une mort certaine ? Peut-on en particulier sauter juste au dernier moment avant l'écrasement ?

Nigel Osborn

Pour commencer, et j'en suis désolé pour les scénaristes d'Hollywood, il est pratiquement impossible pour un ascenseur de tomber en chute libre. Elisha Otis, au XIXe siècle, a déposé un brevet de frein se déclenchant automatiquement : dès que l'accélération dépasse un certain seuil, des bras se déploient et viennent frotter contre les guides de la cabine. Otis fit sensation en démontrant lui-même le procédé (appelé « parachute »), après avoir coupé les câbles...

Si vous voulez améliorer vos chances de survie, la meilleure chose à faire est sans doute de s'allonger par terre, sur le dos et les mains sous la tête, mais ce ne sera pas facile si vous êtes en chute libre.

Sauter au dernier moment ne fera que différer l'impact de quelques millisecondes. En outre, quand saurez-vous à quel moment sauter ? Si vous sautez trop tôt, vous vous heurterez la tête au plafond, avant de vous écraser au sol quand la cabine touchera le fond de son puits.

Même si vous saviez exactement quand sauter, il faudrait que vous exerciez la force nécessaire pour sauter jusqu'à l'étage dont est parti l'ascenseur : si l'ascenseur tombe de 10 mètres, seul un individu capable de sauter à 10 mètres de hauteur pourra s'en sortir. Mais si c'est le cas, à quoi bon utiliser un ascenseur ?

Keith Walters

Si vous sautez juste avant l'impact, en vous donnant par rapport à l'ascenseur une vitesse verticale dirigée vers le haut égale à la vitesse (dirigée vers le bas) de l'ascenseur, vous allez monter à grande vitesse vers le plafond. Vous aurez en outre du mal à sauter puisque vous tombez à la même vitesse que l'ascenseur, mais avec des poignées, vous devriez y arriver.

Heureusement, juste avant que vous ne l'atteigniez, le plafond va accélérer dans l'autre sens (en supposant que la cabine garde sa forme après l'impact) à la même vitesse que vous. Le plancher fera pareil, mais vers vous. Vous devriez alors atterrir en douceur d'une hauteur de quelques centimètres.

Mais il y a deux petits problèmes. Pour atteindre la bonne vitesse, il faudrait que vous soyez capable de sauter jusqu'à la hauteur dont est tombé l'ascenseur. Et même si vous y parveniez, l'accélération que vous ressentiriez serait du même ordre que celle subie lors de l'impact.

Il n'empêche ; malgré tout cela, un petit saut ne peut pas faire de mal...

Alex Wilson

Je vois trois façons d'améliorer vos chances de survie, mais aucune n'est décisive. La première a déjà été mentionnée : sauter aussi vigoureusement que possible pour atténuer un peu le choc. La deuxième est de vous déshabiller et de placer vos vêtements sous votre corps, ce qui devrait un peu amortir le choc. Si en outre vous acceptez de sacrifier vos jambes, restez debout et utilisez-les comme amortisseurs d'impact. Je ne garantis pas le résultat. La troisième est spectaculaire mais ne s'applique que si votre ascenseur, au lieu de tomber dans un puits, tombe vraiment en chute libre : sortez votre corps de la cabine et étendez bras et jambes aussi largement que possible : en augmentant ainsi la surface de la cabine, et donc le frottement de l'air, vous allez diminuer (d'un iota, hélas) sa vitesse de chute.

David Foale

Manger son pain noir

Travaillant dans une usine de noir de carbone, et ayant laissé une grosse empreinte digitale noire sur mon sandwich, je me suis demandé pourquoi le pain, mais aussi les pommes de terre, le riz et le sucre, qui sont constitués de carbone, ne sont pas noirs.

Douglas Thompson

Prenons d'abord un autre exemple. Le sodium est un métal mou et léger qui a tendance à exploser quand on le met dans l'eau, et le chlore est un gaz jaunâtre extrêmement toxique. Pourtant, le chlorure de sodium, c'est-à-dire le sel de cuisine que vous absorbez tous les jours, est parfaitement inoffensif : les propriétés d'un corps peuvent n'avoir aucun rapport avec celles des éléments chimiques qui le composent.

La poudre noire utilisée dans les photocopieurs est du noir de carbone très finement divisé dont les particules sont disposées au hasard. La lumière qui tombe sur cette poudre est entièrement absorbée, ce qui fait que cette poudre est noire. Votre sandwich contient bien du carbone, mais pas sous forme de poudre. Il est combiné à l'oxygène et à l'hydrogène pour donner des hydrates de carbone dont les propriétés, comme celles du sel, sont sans rapport avec celles de ses éléments. Une tranche de pain réémet beaucoup des radiations lumineuses qui la touchent, de sorte qu'elle paraît blanche.

Richard Honey

Le carbone est généralement à l'état amorphe, sans structure cristalline bien définie. À cause de cela, et aussi de la position de certains électrons périphériques (situés à l'extérieur) de l'atome de carbone, il absorbe la lumière sans la réémettre. C'est pourquoi le carbone du graphite, de la suie et du noir de carbone est noir.

Le diamant, qui est aussi du carbone, est transparent car sa structure cristalline modifie les positions des électrons pour donner un cristal incolore. Un diamant peut acquérir une couleur si d'autres atomes, souvent des métaux, viennent modifier à leur tour la position des électrons pour donner du bleu, du jaune ou du rose.

H. Williams Barnes

Le carbone qui se trouve dans le pain et les pommes de terre, par exemple, est sous forme d'hydrates de carbone – chimiquement lié à des molécules d'eau, il perd sa couleur noire. Pour retrouver cette couleur, il suffit d'ôter l'eau en chauffant : un toast grillé est noir.

Le sucre contient aussi du carbone et de l'eau. Mettez dessus quelques gouttes d'acide sulfurique concentré. L'acide attaque les molécules d'eau, et le noir du carbone apparaît aussitôt.

Duncan Hogg

Table de *Pourquoi les manchots n'ont pas froid aux pieds*

Mais qui mange les guêpes ?

1. Plantes et animaux

La stratégie du mille-pattes

Depuis que j'ai trouvé un mille-pattes dans ma baignoire, je me demande pourquoi cet animal a autant de pattes. Quel genre d'avantage cela lui procure-il, et comment les a-t-il acquises ?

Sarah Crew

Les mille-pattes et les vers de terre ont des modes de vie semblables. Ils creusent le sol et se nourrissent de détritus végétaux, mais ils ont développé des techniques différentes pour pénétrer dans le sol. Les vers utilisent leur puissance musculaire pour gonfler leur corps et agrandir les crevasses du sol. Les mille-pattes utilisent leurs pattes pour déplacer les particules de terre.

Les mille-pattes sont différents des scolopendres. Ils ont des membres courts et nombreux, car de longues pattes seraient un handicap dans un terrier. Les scolopendres, qui vivent à la surface du sol dans l'humus, ont des pattes plus longues, mais en plus petit nombre : ils courent bien plus vite que les mille-pattes.

Tous ces animaux ont des corps longs et fins, divisés en segments jointifs. Ces segments, excepté aux deux extrémités, sont tous construits sur le même modèle, un peu comme des pièces détachées standardisées ou les sièges, tous identiques et produits en série, d'un autobus. La répétition de ces segments réduit l'information génétique nécessaire à leur développe-

ment. Les mille-pattes ont probablement évolué à partir d'un ancêtre ayant moins de segments, et donc de pattes, par ajouts successifs de segments.

R. McNeill Alexander, professeur émérite de zoologie, université de Leeds

Où vont les mouches ?

Lors de nos dernières vacances, nous avons été régulièrement importunés par des mouches, sauf les jours où le vent se levait, ce qui les faisait fuir. Y a-t-il une vitesse du vent à partir de laquelle les mouches s'en vont ? Et où vont-elles ?

Bill Williamson

Il y a bien sûr une force du vent à partir de laquelle les mouches ne peuvent plus voler, mais cela dépend aussi de la température, de l'humidité, du sexe et de l'âge de la mouche, ainsi que de son espèce.

Pour *Lucilia cuprina*, la principale espèce vivant sur les troupeaux de moutons d'Australie du Sud, le seuil de vent est d'environ 30 km/h. Au-delà, elles risqueraient de s'abîmer les ailes. Mais il faut bien noter que certaines espèces ont besoin du vent pour migrer sur de longues distances. L'insupportable petite mouche de brousse australienne migre ainsi en Tasmanie chaque été.

L. cuprina se pose dès que la température dépasse 40 °C ou descend à moins de 12 °C. Elle gagne alors un endroit abrité et attend que les conditions s'améliorent. Beaucoup d'espèces ont des durées de vie relativement brèves, de l'ordre de quelques jours. Les femelles pondent des œufs ou des petits vivants, selon les espèces, qui passent d'abord un an ou plus sous terre sous forme de larves et de pupes. Ils n'émergent que quand les conditions sont idéales – beau temps ensoleillé et légère brise. Il se trouve que ces conditions sont aussi idéales pour les touristes...

Jan Horton, Tasmanie

Un ami cycliste m'apprend que, au terme de multiples essais, le Vélo-Club de Melbourne a conclu que les mouches ne suivaient plus à partir de 15 km/h.

Tony Heyes, Australie

Je vis dans le Canada arctique, où le bref été se signale par l'apparition de millions de moustiques. Quand il y a du vent, ils se cachent dans la végétation au voisinage du sol. Marcher dans la toundra apparemment déserte soulève des nuages de moustiques affamés.

Michael Morse, Territoires du Nord-Ouest, Canada

Je peux confirmer que la vitesse maximale des mouches françaises est d'environ 15 km/h. En dessous de cette vitesse, quand on fait du vélo dans les Alpes ou les Pyrénées, les mouches vous harcèlent. Quand on va trop vite pour elles, je suppose qu'elles se reposent en attendant le cycliste suivant. N'étant pas un champion et portant des bagages, j'avais du mal à maintenir cette vitesse en montée.

Entre l'épuisement et l'attaque des mouches, j'ai dû choisir cette dernière.

Steve Lockwood

Étang en emporte le vent

J'ai fait une piscine à oiseaux dans mon jardin avec un grand bol de plastique. Beaucoup d'oiseaux l'utilisent chaque jour, mais, bien que j'y mette de l'eau du robinet et qu'elle soit très propre, elle se remplit très vite d'algues vertes. D'où viennent ces algues ?

Calverley Redfearn

Vous posez en fait deux questions différentes : d'où viennent les algues, et comment font-elles pour survivre ?

Les algues d'eau douce sont très efficaces pour s'établir rapidement dans des mares et des flaques, souvent temporaires. Quand cet habitat s'assèche, la plupart sont capables de produire des spores, cellules très résistantes pouvant survivre très longtemps et, à cause de leur petite taille, être transportées par le vent ou dans la boue qui colle aux pattes des oiseaux. Dès qu'ils toucheront l'eau, ces spores recommenceront à se multiplier.

Mais les algues ont aussi besoin de nutriments pour pousser : elles ne survivraient pas dans l'eau distillée. L'eau du robinet, en revanche, bien qu'elle soit traitée, contient des nitrates et des phosphates. L'air lui-même est aussi chargé de substances intéressantes. Il est donc tout à fait normal que des algues, qui sont d'ailleurs totalement inoffensives pour les oiseaux, poussent dans votre piscine à oiseaux.

Stephen Head, spécialiste des écosystèmes aquatiques, Oxford Brookes University

De l'eau contenant des nutriments dissous, exposée à la lumière, se recouvrira tôt ou tard d'un film d'algues vertes issues de spores ou de fragments microscopiques.

D'où viennent les morceaux d'algues microscopiques ? Soit elles étaient sur le récipient, qui n'a pas été stérilisé, soit dans l'eau, qui n'est pas non plus stérile, soit elles ont été apportées par le vent ou par les oiseaux eux-mêmes.

Ceux qui, au bureau, utilisent des fontaines transparentes, savent que des algues peuvent apparaître si l'appareil est laissé trop longtemps au soleil. De fait, il m'est arrivé de boire un verre d'eau contaminé avant de m'en rendre compte. Je n'ai pas été empoisonné.

Ian Williamson

Quand passent les sirènes

Quand une ambulance ou une voiture de police passent à proximité, tous les chiens du quartier se mettent à aboyer. Mon chat, lui, ne bronche pas. Pourquoi le son des sirènes irrite-t-il les oreilles des chiens et pas celles des chats ?

Michael Ham

La raison pour laquelle les chiens aboient est que, pour eux, une sirène ressemble à l'aboiement d'une meute de chiens, et qu'ils se mettent à l'unisson. Les ancêtres du chien actuel chassaient en meutes et aboyaient pour signaler la présence d'une proie. Même si la sirène ne fait pas exactement le bruit d'un aboiement, les chiens doivent y repérer des motifs sonores caractéristiques. Les chats, eux, chassent seuls : ils ne réagissent pas aux sirènes.

Anne Bloomberg

Votre correspondant devrait lire l'excellent *Dogwatching* (*Le Chien révélé*, Calmann-Lévy, 1987). L'anthropologue Desmond Morris y répond à 46 questions courantes. Il y apprendrait que, chez les familles musiciennes qui chantent à l'unisson,

les chiens se joignent souvent au groupe avec leur conception particulière du chant.

Les chiens, les loups et les hommes ont de tout temps chassé ensemble. Aujourd'hui, cette connivence se retrouve chez les chiens de berger. Les aboiements, sifflements, yodels ou flûtes de berger sont des moyens de communication typiques entre hommes et chiens. Et une sirène n'est après tout qu'un aboiement amplifié. Ses montées et ses descentes, conçues pour créer la panique, atteignent parfaitement leur but, chez mon chien comme chez moi.

Ann Bradford Drummond

Œufs surprises

Un de mes amis, après avoir mangé des escargots, a emporté chez lui une coquille vide pour son petit garçon de 3 ans. La coquille était posée sur l'étagère de la cuisine. Deux jours plus tard, deux bébés escargots en sont sortis, alors que le papa ou la maman avaient été frits, mangés et digérés depuis longtemps. En supposant que mon ami ne se moque pas de moi, pouvez-vous me dire ce qui s'est passé ?

Dave Mitchell

Quelques lecteurs ont aussi cru à une bonne blague, mais il y a des explications plus simples.

Les œufs des escargots sont fertilisés et portés à l'intérieur de la coquille. Quand on prépare des escargots pour la cuisine, ils sont enlevés de leur coquille, mélangés avec du beurre, de l'ail et du persil, puis cuits. Ce n'est qu'après cuisson qu'on les remet dans leur coquille.

Les coquilles n'étant pas cuites (ou du moins à une température très inférieure), il n'est pas impossible que des œufs placés dans la coquille aient pu donner des petits.

Gregory Sams

L'escargot le plus consommé en Europe est *Helix pomatia*. On le connaît en Grande-Bretagne sous le nom d'« escargot romain » car il fut introduit par les Romains. L'espèce est commune dans toute l'Europe.

Les escargots proviennent le plus souvent d'élevages, mais ils peuvent être ramassés dans la nature. Ce sont des hermaphrodites mais, bien qu'ils possèdent des organes reproducteurs des deux sexes, ils doivent s'apparier pour donner des œufs. Ensuite, un escargot peut garder le sperme qu'il a reçu jusqu'à un an avant la fécondation. Le plus souvent, les œufs sont pondus quelques semaines après la copulation.

Les œufs de *H. pomatia* sont déposés dans le sol à 5 ou 6 centimètres de profondeur. En deux jours, un escargot en pond une cinquantaine. Les petits escargots en sortent au bout d'un mois.

Dans le cas que vous exposez, il est évident que tout œuf présent dans la coquille pendant la cuisson aurait grillé. Cependant, il se peut que la coquille que votre ami a gardée n'ait appartenu à aucun des escargots consommés ce soir-là. Les escargots sont parfois livrés prêts à cuire, avec des coquilles séparées dans lesquelles on les place avant de servir. Il se peut que l'une d'elles ait gardé deux œufs dans ses compartiments internes.

Peter Topley

Plantes grimpeuses

Il y a une vieille cheminée d'usine en brique, près de chez moi, sur laquelle a poussé un arbuste d'environ 1 mètre. J'ai vu aussi des falaises rocheuses ou des clochers d'église ornés de petits arbres. Comment font-ils pour survivre ? Où vont leurs racines ? Et si les arbres de mon jardin ont du mal à pousser dans un sol bien gras, pourquoi ceux-là poussent-ils sur de la brique ?

Jane Stephens

L'absence d'arbre sur la grande majorité des cheminées montre que des conditions peu ordinaires doivent être réunies. Les vieilles cheminées présentant des fissures permettent un accès des racines au sol. Par une année bien humide, il n'est pas exclu qu'une plante puisse ainsi croître à une altitude respectable.

Les cheminées d'usine sont faites d'un matériau très dur qui empêche l'intérieur de s'assécher. Si la pluie pénètre par une fissure au sommet, elle peut finir par constituer un écosystème favorable à la croissance des racines d'un arbuste, qui élargiront peu à peu les fractures entre les briques.

De nombreuses espèces, dont l'épilobe glanduleux, produisent des graines qui sont dispersées par le vent. Elles peuvent facilement atteindre le sommet d'une cheminée et y germer avant de disparaître par manque d'eau. Mais leurs racines subsistent et améliorent la capacité des briques à retenir l'eau.

L'arbuste de 1 mètre dont parle votre correspondant n'est guère comparable à un arbre d'une même hauteur dans un jardin. Il est probable que le premier est beaucoup plus vieux que le second, et ne pousse que lors des années humides. Il aura aussi davantage de branches et des feuilles plus petites aux pigments rouges – celles que tous les arbres stressés produisent. Il perdra d'ailleurs souvent ses feuilles, afin de réduire ses besoins en eau.

Il peut s'agir aussi d'une espèce exotique. Dans notre région, relativement sèche, le buddleia pousse très facilement : on trouve des plants de 30 centimètres sur les murs, et j'en ai vu un de 2 mètres à l'endroit où une gouttière se déversait sur le mur. Les racines avaient pénétré dans le mur calcaire et l'avaient presque détruit.

Ian Hartland

Les murs peuvent receler suffisamment d'eau pour entretenir une plante, et l'air contient toujours assez de CO_2. Les fientes d'oiseau, la poussière et les minéraux dissous dans la roche apportent les autres nutriments requis. Certains épiphytes comme la tillandsie et autres « plantes aériennes » tirent leurs nutriments minéraux de la poussière.

Les arbres de jardin, qui ne sont généralement pas des épiphytes, ne sont pas très doués pour grimper aux murs ou aux autres arbres. Mais nombre de figuiers, et singulièrement le figuier étrangleur, ont initialement la taille d'un bonsaï quand ils germent, sur un mur, d'une graine déposée dans une fiente d'oiseau. Ensuite, ils croissent vers le haut jusqu'à ce que mort s'ensuive, ou qu'une de leurs racines aériennes s'enfonce dans le sol.

Jon Richfield

Près de chez moi se trouvent d'anciennes carrières d'ardoise, que diverses associations écologiques tentent de réhabiliter. Une méthode consiste à apporter de la terre par camion et à replanter les versants des remblais. L'ennui est que les pentes d'ardoise

drainent si bien l'eau de pluie que les remblais s'effondrent et que les plants s'assèchent.

Une autre méthode, moins gourmande en énergie, consiste à ensemencer les tas d'ardoise avec des graines sélectionnées, et à planter des perchoirs à oiseaux de-ci de-là. Les oiseaux mangent les graines au sol, puis se posent et ensemencent sous les perchoirs, en produisant un engrais naturel.

Quand les arbustes commencent à pousser, ils constituent de nouveaux perchoirs pour les oiseaux, et concentrent l'engrais là où il est utile. Ces plantes, grâce à leur ombre et leur tapis de feuilles, provoquent la croissance de mousses et d'herbes, qui retiennent le sol et l'eau.

Selon moi, c'est ce processus qui explique la survie d'arbres dans des murs en brique. Les oiseaux qui nichent ou se posent sur ces murs apportent en même temps les graines et l'engrais pour les faire pousser. Les mousses doivent aussi jouer leur rôle en transformant peu à peu l'argile des briques en terre plus ou moins fertile. L'absence de véritables racines mène à des arbustes « torturés » du genre bonsaïs.

Jeremy Watkins

? Patates tueuses

Quand j'étais petit, ma grand-mère m'interdisait de manger les parties des pommes de terre où la peau était devenue verte. J'ai appris depuis que cette peau contenait des toxines semblables à celles de la belladone. Cette toxine est-elle mortelle, et combien faudrait-il en manger pour tomber malade ? Le problème se pose-t-il aussi pour les espèces apparentées, aubergines et ignames ?

Emily Jane Horseman

Les pommes de terre appartiennent à la famille des solanacées, qui comprend les tomates, les poivrons, les aubergines, le tabac et la belladone. Elles produisent toutes dans leurs feuilles, leurs racines et leurs fruits des alcaloïdes comme la solanine. Cet alcaloïde étant insoluble, il ne peut être enlevé ni par lavage ni par cuisson.

Même chez les espèces comestibles, les feuilles, racines et fruits peuvent contenir de fortes concentrations de glycoalcaloïdes, et ne doivent en aucun cas être consommés. Les pommes de terre doivent être conservées dans des endroits secs, frais et sombres : exposées à la lumière, elles développent des concentrations excessives de glycoalcaloïdes, qui se signalent par une couleur verte caractéristique.

Il y a eu des morts par empoisonnement à la solanine. Un rapport de l'Organisation mondiale de la santé indique qu'aucun niveau minimal de solanine n'est acceptable dans la nourriture, sauf les 10 à 100 milligrammes par kilo que l'on trouve dans les pommes de terre stockées dans de bonnes conditions.

La dose létale doit être de l'ordre de 3 milligrammes de glycoalcaloïdes par kilo de masse corporelle. Un adulte de 70 kilos devrait donc consommer 2 kilos de pommes de terre, ce qui mènerait plus sûrement à des problèmes intestinaux qu'à la mort. Des pommes de terre à forte concentration en solanine, d'autre part, auraient un goût très désagréable.

On dit parfois que si les pommes de terre avaient été introduites de nos jours en Europe, et non au XVIe siècle, elles seraient interdites par les autorités sanitaires de l'Union européenne. De fait, aux États-Unis, un homme a de peu échappé à la mort par consommation de la variété Lenape, introduite en 1964.

La génétique des pommes de terre est complexe, et les tentatives pour produire de nouvelles variétés à partir de la souche génétique étroite des hybrides introduits en Amérique latine ont souvent donné des plantes à très forte concentration en solanine.

Mike Follows

Quand une pomme de terre est exposée à la lumière, sa concentration en solanine augmente, protection naturelle qui la rend inconsommable par les animaux : une plante tend à se reproduire, pas à se faire manger. La solanine donne à la pomme de terre un goût amer, qui déclenche l'action de l'acétylcholine. Ce neurotransmetteur assèche la bouche et donne des palpitations. À haute dose, il cause le délire, des hallucinations et une paralysie générale.

Le vert d'une pomme de terre toxique est simplement celui de l'inoffensive chlorophylle, mais il prévient du niveau élevé de solanine. Il vaut mieux jeter la patate entière, et faire de même avec les patates germées et celles qui ont bruni. La dose fatale de solanine se trouve entre 3 et 6 milligrammes par kilo de masse corporelle pour un adulte, soit entre 200 et 500 milligrammes en tout. Des pommes de terre correctement stockées contiennent de l'ordre de 200 milligrammes par kilo, ce qui signifie qu'un kilo de patates peut suffire à tuer un adulte de petite taille. La solanine est concentrée dans la peau : peler les patates enlève 30 à 90 % de la toxine. Dans l'ancien temps, on les stockait dans des sacs en papier et à l'abri de la lumière. Aujourd'hui, on les lave et on les expose à la lumière, ce qui augmente le risque. Avec une exposition à la lumière à 16 °C, la concentration en solanine est multipliée par quatre toutes les vingt-quatre heures. À 75 °C, ce chiffre monte à neuf, ce qui porte la concentration à 1 800 milligrammes par kilo de peau.

Les tomates et les aubergines contiennent aussi de la solanine en quantités variables, selon le mûrissement et le flétrissement. La nicotine du tabac ressemble beaucoup à la solanine, mais la haute température à laquelle elle est portée diminue sa toxicité : manger une cigarette est beaucoup plus dangereux que la fumer.

Craig Sams

Les aubergines, qui sont de la même famille que les pommes de terre, contiennent aussi de la solanine, en plus d'histamine et de nicotine. On connaît des cas d'allergie au fruit et à son pollen, dus à l'histamine. Cependant, la plupart des composés toxiques ont été éliminés par sélection des variétés comestibles.

Les ignames ne sont pas de la même famille, mais elles comportent aussi des tannins et des polyphénols toxiques, ainsi que divers alcaloïdes, dont certains ont joué un rôle dans la synthèse de la pilule contraceptive. Quelques variétés contiennent de la dioscoride, alcaloïde amer très soluble qui provoque des symptômes graves. On résout ce problème en lavant les ignames à l'eau salée ou à l'eau chaude.

Derek Matthews

Taupe niveau

Chaque automne, mon jardin s'orne de taupinières reliées par des tunnels peu profonds. Quelle est la taille d'un réseau de tunnels ? Un tel réseau se développe-t-il constamment ? Sinon, combien de temps dure-t-il ? Et si les taupes sont des animaux solitaires, leurs réseaux de galeries se rencontrent-ils ? Sinon, comment font les taupes pour se reproduire ?

Alan Rowe

La profondeur et l'étendue d'un réseau de galeries de taupe *(Talpa europeana)* dépendent beaucoup de la nature du sol et de la profondeur de la nappe phréatique. Les vers de terre et autres invertébrés étant la nourriture principale de la taupe, il est évident qu'une taupe vivant dans une prairie riche en vers aura besoin d'un réseau moins étendu qu'une taupe vivant dans un sol très acide.

Les taupes agrandissent à la demande leur réseau, et abandonnent les parties qui viennent à perdre leur productivité. Elles creusent plus profond en automne, quand les basses températures incitent les vers de terre à s'enfoncer dans le sol. Au printemps, les taupes reviennent dans leur réseau de surface qu'elles réparent au besoin.

Ces animaux très solitaires, en dehors d'une brève période de reproduction au printemps, expulsent les intrus de leurs galeries. Dans les zones à forte population « taupière », il arrive que deux réseaux de galeries s'interpénètrent.

En février et en mars, les mâles quittent leur territoire en quête de femelles, qu'ils repèrent probablement à l'odeur. Mais on sait fort peu de choses sur le comportement amoureux de la taupe…

Andrew Halstead, Royal Horticultural Society, Londres

La plupart des tunnels creusés par les taupes sont en réalité des pièges très sophistiqués pour attraper les invertébrés dont elles se nourrissent. La taille de ces pièges dépend de la quantité de proies disponibles. Moins il y en a, plus les galeries sont étendues.

Les taupes sont des créatures solitaires, mais il arrive que des groupes se forment et coopèrent. Là où il y a beaucoup de nourriture mais peu d'eau, un tunnel commun est parfois creusé vers une source. Les taupes coopèrent aussi, dans les zones sujettes à des inondations périodiques, pour bâtir une chambre spéciale où les petits seront à l'abri. La taupe est un excellent nageur, presque aussi bon que son cousin, le desman des Pyrénées, qui est un talpidé semi-aquatique.

Mike Eastham

Le territoire d'une taupe adulte couvre une surface de 2000 à 7000 m². Les mâles ont des territoires plus grands que les femelles. Selon la profondeur du sol, une taupinière peut comprendre jusqu'à six niveaux de galeries.

Les tunnels de surface sont creusés en écartant la terre et en la compactant avec le corps contre les parois. Les galeries plus profondes exigent une autre technique : une phase d'excavation, suivie, après une volte-face, d'une phase d'expulsion de la terre vers le haut jusqu'en surface, ce qui donne la fameuse taupinière qui rend fous les jardiniers.

L'investissement en énergie que représente un réseau de galeries explique que, une fois construit, ce système est ardemment défendu. Les galeries se croisent rarement et, quand c'est le cas, des dépôts de marqueurs chimiques indiquent clairement les frontières. Si un propriétaire s'absente assez longtemps pour que ces marqueurs disparaissent, son réseau sera envahi par des concurrents.

Lillian Walker

Le pas de la girafe

Lors d'un récent voyage au Kenya, j'ai remarqué que les girafes marchent l'amble : les deux pattes d'un même côté font le même mouvement, contrairement aux chevaux et aux autres quadrupèdes. Je crois qu'aucun autre ruminant (à part le chameau et l'okapi) ne marche de cette façon. Quelqu'un connaît-il la cause biomécanique de cela ? Et cette forme de locomotion est-elle plus efficace qu'une autre ?

Roger Santer

Les girafes et les chameaux ont de longues pattes, des corps relativement courts et de grands pieds. L'explication la plus simple est que l'amble leur évite de se marcher sur les pieds.

Attribuons à chaque patte un chiffre : 1 (arrière gauche), 2 (avant gauche), 3 (avant droit) et 4 (arrière droit). La plupart des mammifères marchent en bougeant leurs pieds chacun à son tour, à des intervalles de temps à peu près égaux :

2**4**3**1**2**4**3**1, etc.

Les astérisques indiquent la durée des intervalles : * est court ; **** est long.

Au trot, les pattes se déplacent par paires, en diagonale :

(2+4)****(3+1)****, etc.

Les chameaux procèdent différemment, en déplaçant les pattes du même côté ensemble :

(1+2)****(4+3)****, etc.

Votre correspondant dit que les girafes font de même, mais ce n'est pas tout à fait vrai. Des analyses de films dues au zoologiste Milton Hildebrand montrent que les girafes procèdent ainsi :

2***4*3***1*2***4*3***1*, etc.

L'alternance des durées fait que les pattes avant se déplacent légèrement après les pattes arrière.

Au trot, la patte avant revient vers l'arrière quand la patte arrière avance, ce qui pose un problème. À l'amble, les pattes suivent le même mouvement. Certains chiens à longues pattes préfèrent aussi l'amble au trot. Mais il est vrai que les girafes et les chameaux galopent très bien, ce qui augmente le risque de collision des pattes.

Hildebrand a filmé l'amble chez le guépard, l'hyène et certaines antilopes à longues pattes. Il semble qu'aucune étude n'ait été réalisée pour quantifier l'énergie dépensée par les divers types de locomotion, mais je suppose que les différences sont faibles.

R. McNeill Alexander, professeur émérite de zoologie, université de Leeds

? Le paradoxe du septième étage

Un ami m'affirme que l'on peut laisser tomber un chat de n'importe quelle hauteur : sa vitesse d'atterrissage sera toujours inférieure à celle à laquelle il serait blessé. Quelqu'un

peut-il me dire s'il a raison, car mes chats commencent à le regarder d'un drôle d'air ?

Anna Goodman

Deux vétérinaires américains ont étudié cette question en 1987. Leurs conclusions, sous le titre « High-rise syndrome in cats », ont été reprises par la revue *Nature* l'année suivante.

Les auteurs ont examiné les blessures et les taux de mortalité suite à des chutes depuis des hauteurs allant de 2 à 32 étages. La mortalité était faible, puisque 90 % avaient survécu, ce qui pourrait confirmer les dires félinophobes de votre ami. Curieusement, la mortalité s'est révélée maximale pour des chutes d'une hauteur de 7 étages.

L'article de *Nature* identifie trois facteurs déterminants : la vitesse atteinte par le matou, la distance nécessaire à son arrêt complet, et la surface du matou sur laquelle se répartit la force de freinage. Une rue en béton n'est guère généreuse en distance d'arrêt, mais les chats s'en relèvent souvent indemnes, mieux en tout cas que leurs propriétaires, car leur vitesse terminale est assez faible et car ils absorbent très bien les chocs. Un chat en chute libre a un rapport surface/masse très supérieur à celui d'un homme ; sa vitesse limite, atteinte après une phase d'accélération, ne dépasse pas 100 km/h, soit la moitié de celle atteinte par un homme. Les chats sont aussi capables de se retourner en vol, ce qui leur permet toujours de répartir l'impact sur quatre pattes, et non deux. Leur structure osseuse étant plus flexible que la nôtre, ils dissipent très efficacement les forces de l'impact.

Pour expliquer le paradoxe du septième étage, les auteurs avancent qu'un chat en phase d'accélération est plus tendu, et donc moins « amortissant », qu'un chat ayant atteint sa vitesse limite : ce dernier, plus détendu, présente une surface maximale à l'avancement.

John Bothwell

Quand un chat atterrit, il plie les pattes pour absorber le choc. Ce mouvement rapproche leur tête du sol et, au-delà d'une certaine hauteur, c'est la mâchoire inférieure qui est le plus souvent fracturée.

Nikki Lough

J'ignore quelle est la vitesse maximale atteinte par un chat en chute libre, mais cela me rappelle une histoire célèbre.

Puisque les chats atterrissent toujours sur leurs pattes, et les tartines beurrées toujours du côté beurré, on peut fabriquer une machine à mouvement perpétuel en attachant une tartine beurrée (beurre vers le haut) sur le dos d'un chat. En chute libre, les deux forces opposées feront tourner l'ensemble indéfiniment.

Catherine

Les risques encourus par divers animaux lors d'une chute libre ont été évalués en 1927 par le biologiste et prix Nobel J.B.S. Haldane, dans *Possible Worlds and Other Essays* :

> Pour une souris ou un animal plus petit, la gravité ne représente pratiquement aucun danger. Laissez tomber une souris dans un puits de mine de 1 000 mètres ; elle éprouvera un petit choc à l'arrivée, puis se remettra à trottiner.
> Soumis à la même expérience, un rat serait tué, un homme fracassé, un cheval réduit en bouillie. Car la résistance de l'air est proportionnelle à la surface de l'objet qui tombe. Divisez la longueur, la largeur et la hauteur d'un animal par 10 ; son poids sera divisé par 1000, mais sa surface ne le sera que par 100. Le freinage aérodynamique d'un petit animal sera donc 10 fois plus grand que la force qui le tire vers le bas – son poids. Un insecte ne craint donc pas la gravité. Il peut tomber sans problème, et s'accrocher au plafond sans souci.

John Forrester

L'abeille du Nord-Express

L'autre jour, en rentrant chez moi en train, j'ai vu une grosse abeille entrer par la fenêtre du compartiment. Elle est repartie à la station suivante, environ 20 kilomètres plus loin. Peut-être rentrait-elle aussi du boulot. Cette abeille retrouvera-t-elle son chemin et, à défaut, pourrait-elle s'intégrer à une colonie différente de la sienne, ou serait-elle rejetée de la ruche ?

Chris Ball

Il y a une bonne chance que cette abeille retrouve le chemin de sa ruche. Sa taille indique qu'il s'agissait d'une reine ou d'un bourdon – de l'espèce *Bombus*. Les abeilles font des vols de reconnaissance autour de leur ruche pour mémoriser des éléments de paysage remarquables. Elles naviguent aussi au soleil, utilisant leur horloge interne pour tenir compte de ses mouvements.

Mon collègue Mark O'Neill a relâché des ouvrières de *Bombus terrestris* et *Bombus pratorum* à diverses distances de leur ruche allant jusqu'à 6 kilomètres. Toutes sont rentrées sans problème. Elles ont été emmenées en voiture au point de lâcher, de façon à perturber leur système de navigation. Mais il est probable que leur horloge interne, prenant en compte le mouvement du soleil dans l'intervalle, leur a donné une direction de départ à partir de laquelle elles ont retrouvé leurs marques habituelles.

Cette capacité à revenir à la ruche est vitale pour les abeilles, qui se déplacent sur de grandes distances. Les grandes femelles des abeilles solitaires *Anthrophora* et *Proxylocopa*, que j'ai étudiées

dans le désert du Neguev, parcourent au minimum 8 kilomètres par jour pour rejoindre leurs sources de nourriture. Les ouvrières d'*Apis mellifera*, plus petites, s'éloignent à plus de 13 kilomètres, et l'on a vu des abeilles tropicales à 30 kilomètres de leur ruche.

Si votre abeille voyageuse était une reine *Bombus*, elle aurait pu s'intégrer à une autre colonie de la même espèce en se tapissant au fond de la ruche pour s'imprégner de son odeur, ce qui désamorcerait l'agressivité des occupants. Une reine en période de ponte pourrait tuer la reine résidante et prendre sa place, mais une abeille désorientée et fatiguée serait tuée par les ouvrières locales. Tout cela est également vrai pour les bourdons.

Une femelle d'*Anthrophora* incapable de trouver son nid pourrait en creuser un nouveau si les conditions s'y prêtaient. Mais pour autant que je sache, personne ne l'a jamais vérifié.

Chris O'Toole, Systématique des abeilles,
musée d'Histoire naturelle, université d'Oxford

Fruit défendu

Pourquoi les ananas sont-ils défendus par de redoutables piquants ? Un fruit sucré aurait pourtant tout intérêt à se faire plus accueillant aux prédateurs afin que ses graines soient mieux disséminées. Qu'est-ce qui assure l'essaimage chez l'ananas ?

Colin Wilson

La réponse la plus simple est que les ananas ne sont pas mangés par les animaux dans l'état où nous les mangeons, mais quand, beaucoup plus mûrs, voire pourris, ils tombent sur le sol de la forêt.

Ananas comosus est originaire du sud du Brésil et du Paraguay. Il a été importé par les tribus amérindiennes en Amérique centrale et aux Antilles. Cette plante herbacée, qui atteint 1,5 mètre de hauteur et 1 mètre de largeur, possède une rosette de feuilles épineuses autour d'un bourgeon apical. Ce bourgeon donne une tige qui se garnit d'inflorescences rouges reliées à la plante par des feuilles particulières, les bractées. À l'état sauvage, l'ananas est pollinisé par les oiseaux-mouches, ce qui donne, dans le fruit, des petites graines dures.

Les ananas de culture, chacun le sait, n'ont pas de graines. Comme les bananes, en effet, les ananas donnent des fruits même s'ils n'ont pas été pollinisés.

Le fruit de l'ananas résulte de la fusion de 100 à 200 petits fruits logés dans une tige comestible. L'ovaire de chaque fleur devient une baie, et toutes les baies se rassemblent pour donner une masse unique. Ce fruit multiple s'appelle une « sorose ». La peau, dure et huileuse, contient le reste des fleurs et des feuilles épineuses.

L'ananas peut germer à partir d'une graine, mais il peut aussi se bouturer facilement, soit par séparation des rejets, soit en prélevant et en plantant la couronne de feuilles. Le fruit que l'on achète aujourd'hui est très différent de son ancêtre sauvage d'Amérique du Sud. Beaucoup plus petit, celui-ci était consommé après que, tombé au sol et mûri au sol pendant plusieurs jours, il s'était ramolli suffisamment pour s'ouvrir tout seul.

Nous mangeons les ananas et les bananes avant qu'ils ne soient mûrs, mais les animaux de la forêt préfèrent attendre, surtout les singes et petits mammifères qui disperseront très efficacement les graines.

Merci à Philip Griffiths, du Jardin botanique royal de Kew

Vol en V

J'ai lu il y a longtemps que plusieurs théories s'affrontaient pour expliquer le vol en V des oies. Quelqu'un connaît-il la bonne théorie ?

Bruce Shuler

Quand l'oiseau de tête bat des ailes, deux tourbillons se créent à l'extrémité de ses ailes. Ces « tubes d'air » tournants sont tels que leur partie supérieure se déplace vers l'avant et leur partie inférieure vers l'arrière. L'oiseau qui suit bénéficie d'une meilleure portance et se voit tiré vers l'avant par le tourbillon : il dépense moins d'énergie. Pour bénéficier de cette traction gratuite, l'oiseau suiveur doit se placer aux extrémités des ailes du premier, ce qui donne la classique formation en V.

Surgit alors une autre question : pourquoi les oiseaux du troisième rang ne se placent-ils pas aux deux extrémités de ceux du deuxième rang, pour donner un vol en arborescence ? Le problème est qu'ils seraient alors si proches que leurs deux ailes subiraient des influences contradictoires de la part des deux tourbillons différents.

David Mann

Il y a des tourbillons d'air au-dessus, en dessous et à l'arrière de l'aile d'un avion. Un autre avion peut effectivement être « tiré » par le premier s'il se place juste au-dessus du tourbillon arrière.

Les oiseaux aussi profitent du moindre mouvement d'air susceptible d'améliorer leur portance. En groupe, ils se placent derrière un oiseau de tête, lequel repasse en queue dès qu'il est fatigué ou lors d'un changement de direction. Les spécialistes de vol à voile utilisent la même technique. En volant derrière un autre planeur, légèrement décalé par rapport à lui, on finit par le rattraper.

Alan Calverd

Chez nous, à Black Isle en Écosse, nous avons souvent l'occasion d'observer des vols d'oies en formation. Il me semble que le vol en V résulte de divers facteurs, dont aucun n'est en rapport avec l'aérodynamique des tourbillons aux extrémités des ailes.

La théorie des tourbillons est basée sur ce que l'on sait des ailes d'avion, qui sont fixes. Le vol battu des oiseaux donne des motifs de tourbillons plus complexes et moins bien compris. Une chose est cependant certaine : un oiseau voulant tirer parti du sillage de son prédécesseur devrait battre des ailes en phase avec lui. En réalité, chaque oiseau bat des ailes à son propre rythme.

Les oies, en migration ou non, suivent l'oiseau de tête placé à la pointe du V. Cela est à l'opposé du comportement des étourneaux, qui calquent leur vol sur celui de leurs voisins proches. L'oiseau de tête détermine la direction et l'altitude, mais la forme même du vol est déterminée par chacun de ses individus. On voit d'ailleurs parfois des petits nuages d'étourneaux se scinder du vol principal, puis le rejoindre, ce qui mène souvent à un changement d'oiseau de tête. Pour qu'apparaisse ce genre de comportement, il suffit que chaque oiseau suive celui qui se trouve devant lui. Cela interdit le placement purement aléatoire, aussi bien que le placement en ligne, de front. Le vol en échelon, ou en V, est donc la seule possibilité.

Les yeux de l'oie, contrairement à ceux des oiseaux de proie, sont placés sur les côtés de la tête, ce qui donne une bonne vision périphérique mais laisse un point aveugle devant et en dessous. Si une oie suivait directement celle qui la pré-

cède, elle devrait sans cesse tourner la tête afin de la suivre, ce qui impliquerait un battement d'ailes asymétrique très coûteux en énergie. Elle devrait aussi voler légèrement en dessous de la première pour échapper aux turbulences, ce qui la mettrait en revanche aux premières loges en cas de défécation. La seule solution praticable est donc la formation en V.

Charlie Bateman

Les explications données ici semblent contradictoires. De fait, cette question voit depuis longtemps s'affronter les partisans de l'aérodynamisme contre ceux du comportement, comme Charlie Bateman. Et il y a de bonnes raisons de penser qu'ils ont tous raison.

De nombreuses observations montrent que le vol en V permet à la fois de surveiller ses voisins et de rendre plus difficile la tâche d'un prédateur qui chercherait à isoler un oiseau en particulier.

Mais il est aussi vrai que le vol en V minimise la consommation d'énergie. Des expériences rapportées en 1970 dans la revue Science *par P. Lissaman et C. Shollenberg (vol. 168, p. 1003) ont montré que le vol en V permet aux oiseaux de voler 70 % plus loin. Plus récemment, un groupe de chercheurs français mené par Henri Weimerskirch a mesuré les fréquences cardiaques et de battement d'ailes de grands pélicans blancs volant, ou non, en formation (*Nature, *vol. 413, p. 697). Ces expériences très ingénieuses ont eu lieu au Parc national Djoudj, au Sénégal, avec des oiseaux spécialement entraînés à suivre des ULM ou des bateaux à moteur. Les pélicans étaient filmés, et des moniteurs cardiaques fixés sur leurs dos. Le résultat est que le vol en formation procure effectivement un avantage aérodynamique, en ce qu'il améliore le temps pendant lequel l'oiseau peut planer.*

Les pélicans ne volent pas toujours à la distance optimale, du point de vue aérodynamique, de leurs voisins, et d'autres oiseaux volent en formation sans en tirer aucun avantage aérodynamique. Les oies elles-mêmes adoptent parfois des formations très défavorables.

Il semble donc bien que le vol en formation présente de nombreux avantages, et que l'aérodynamique et le bénéfice comportemental aient évolué ensemble.

Fluffy fera pas de vieux os

Fluffy, mon cochon d'Inde, est mort il n'y a pas longtemps. Je l'ai enterré dans une boîte à chaussures à 75 centimètres de profondeur, et je demande tout le temps à Maman si Fluffy est que des os. Mais elle ne sait pas me répondre.

Dimitri

Fluffy a été enterré il y a un mois. Notre jardin se trouve près de la baie de San Francisco, où le climat est tempéré. Dimitri n'arrête pas de me demander : « Est-ce que maintenant, Fluffy n'est plus que des os ? » Pourriez-vous me donner quelques informations sur la décomposition des corps afin que je puisse lui répondre ? Le sujet est un peu bizarre pour un garçon de 8 ans, mais mon fils s'intéresse beaucoup à la science.

La Maman
Dimitri Maxwell et Kathleen Wentworth

Chère Maman de Dimitri,

Merci d'avoir transmis cette très intéressante question. Mon mari et moi-même sommes biologistes, enseignants, et avons aussi une ferme dans la région de San Francisco. Cette question

ne me paraît ni étrange ni macabre, car je sais que les enfants, dès qu'il s'agit de la chaîne alimentaire, s'intéressent beaucoup à son aspect « décomposition ».

Cher Dimitri,

Il n'est pas facile de te répondre avec précision. Mon mari et moi sommes biologistes et fermiers. Et les fermiers, surtout ceux qui élèvent du bétail, finissent par enterrer beaucoup d'animaux. Malgré cela, nous ne savons toujours pas quand une carcasse commence à se décomposer.

Il y a beaucoup de facteurs qui interviennent dans la décomposition de la chair, de la peau et des poils. Je pense que ton Fluffy ne sera pas « que des os » avant six bons mois ; et comme tu l'as enterré assez profond, je crois qu'il faudra une bonne année.

C'est en tout cas ce que nous avons observé avec des rats et des taupes. Quantité d'animaux travaillent à la décomposition, qui consiste à refaire passer dans le sol les substances de Fluffy. Il y en a de nombreuses sortes, mais je vais te dire un mot de ceux qu'on appelle les « décomposeurs ».

Les bactéries et les champignons vivant dans le sol et dans les corps eux-mêmes vont s'occuper des parties molles de l'animal, en en restituant les éléments chimiques aux plantes et aux organismes du sol. Trois facteurs interviennent dans ce cycle.

Le premier est que certains sols contiennent davantage de bactéries que d'autres. Ensuite, la plupart des micro-organismes ont besoin d'oxygène, et plus on s'enfonce dans le sol, moins il y en a. Enfin, la plupart des décomposeurs adorent la chaleur et l'humidité. À 75 centimètres de profondeur, ton sol doit être aux alentours de 13 °C, ou moins. Et l'humidité ne doit pas être très forte. Comme tu le sais, notre région n'a pas eu beaucoup de pluie l'été dernier.

Il m'est arrivé d'enterrer une taupe en été, pas aussi profond que Fluffy et pas dans une boîte, et de la déterrer en bêchant le jardin six mois plus tard : elle n'était pas encore que des os. C'est pourquoi je pense qu'il faudrait six mois de plus.

Certains invertébrés plus grands peuvent aider à la décomposition de la boîte à chaussures, et de Fluffy. Certains ne se nourrissent que de viande, d'autres, tel le coléoptère appelé dermeste, que de peau ou de poils. Les musées d'Histoire naturelle où sont préparés des spécimens d'animaux gardent des colonies de dermestes pour nettoyer les carcasses. On en trouve aussi beaucoup sur le bétail et dans les bois, où ils agissent comme nettoyeurs.

Il y a d'autres invertébrés carnivores qui vivent dans le sol, fourmis, vers et scarabées par exemple. Mais ils sont surtout en surface, et ne s'occuperont pas de Fluffy à 75 centimètres de profondeur.

De toute façon, même les os finiront par disparaître ; seules les dents resteront encore quelque temps : l'émail, très dur, est extrêmement résistant. Enfin, je doute, si tu creusais d'ici un an ou deux, que tu retrouves les os de Fluffy bien rangés. Ils seront sûrement disséminés à droite à gauche par tous ces animaux.

Il existe un centre de médecine légiste (qui s'intéresse aux meurtres) spécialisé dans l'étude de la décomposition des carcasses. L'anthropologue judiciaire Douglas Ubelaker en parle dans son livre *Bones* (Les os). Mais il semble que même les spécialistes sont loin de tout savoir sur ce phénomène.

Molly

Le temps nécessaire pour qu'un animal comme Fluffy se décompose et soit réduit à l'état de squelette est très variable et dépend de nombreux paramètres. En particulier la saison, la température, la pluviométrie, la profondeur d'enfouissement, le pH du sol et la taille du corps. La présence d'une boîte ou d'un sac ralentit aussi le phénomène. Vu la profondeur d'enfouissement, je crois que Fluffy est loin d'être à l'état de squelette.

Leslie Eisenberg, anthropologue, expert en médecine légiste

L'oseille contre l'ortie

Pourquoi les feuilles d'oseille sont-elles efficaces contre les piqûres d'ortie ? Et le sont-elles aussi pour les piqûres d'insecte ?

Tim Crow

Frotter une piqûre d'ortie avec une feuille de « patience » (du genre *Rumex*, herbe très commune sous le nom d'oseille, oseille épinard ou petite oseille, à fleurs vertes ou rouges) atténue la douleur car l'oseille contient une base qui neutralise l'acide de l'ortie. Les abeilles et les fourmis ont aussi des piqûres acides, qui peuvent être traitées à l'oseille, mais le savon ou le bicarbonate de soude marcheront mieux encore.

En revanche, une feuille d'oseille est inefficace si vous êtes piqué par une guêpe, qui injecte une base. Pour neutraliser une piqûre de guêpe, il faut utiliser un acide, du vinaigre par exemple.

Peter Robinson

Mais qui mange les guêpes ?

Lors d'une discussion avec des amis à propos des chaînes alimentaires, quelqu'un a demandé quel animal mangeait les guêpes. « Des oiseaux stupides » a été la réponse. En savez-vous davantage ?

Tom Eastwood

La guêpe a bien sûr sa place dans les chaînes alimentaires. Au point que la question serait plutôt : qu'est-ce qui ne se nourrit pas, d'une façon ou d'une autre, de cet insecte potentiellement dangereux ?

Voici quelques amateurs de guêpes – des invertébrés d'abord : des libellules *(Odonata)*, des mouches (diptères), des scarabées (coléoptères), des papillons de nuit (lépidoptères) et des guêpes (hyménoptères), chez qui les espèces plus grandes se nourrissent des plus petites ; par exemple, *Vespula maculata* mange *Vespula utahensis*.

Parmi les vertébrés, maintenant : de nombreuses espèces d'oiseaux, les skuns, les ours, les blaireaux, les chauves-souris, les fouines, les rats, les souris et – *last but not least* – l'homme. Moi-même j'ai trouvé beaucoup de goût aux larves de guêpes frites au beurre.

Orvis Tilby

Un ouvrage de référence sur les oiseaux d'Europe, *The Birds of the Western Palearctic*, compte 133 espèces qui se nourrissent occasionnellement de guêpes. On y trouve des oiseaux inattendus, comme le pouillot fitis, le gobe-mouches noir et le martinet à ventre blanc, mais deux groupes sont particulièrement vespivores (amateurs de guêpes). Les guêpiers d'Europe (méropidés) débarrassent d'abord leurs proies de leur dard en les cognant sur des branches. Et les buses bondrées, ou bondrées apivores, saccagent à l'occasion les nids de guêpes et les ruches en quête de larves.

Simon Woolley

J'ai pris une photo, dans mon jardin, d'un gros insecte dont le proboscis (trompe) est planté dans le corps d'une guêpe, pour en aspirer les fluides internes.

Tim Hart, îles Canaries

En juillet 1972, je plongeais au large de l'île de Santa Catalina, au sud de la Californie. Je suis rentré alors que le soleil se couchait. Dans une crevasse à la base d'une falaise, j'ai vu un crabe qui venait d'attraper une guêpe encore vivante.

J'ai pris une photo montrant la pince gauche du crabe tenant une partie de la guêpe tandis que la droite portait l'abdomen vers son orifice buccal. Le crabe semblait apprécier.

Garry Tee

Les blaireaux déterrent les nids de guêpes et mangent les larves. Pendant l'été 2003, j'ai vu un nid souterrain saccagé par des blaireaux.

Tony Jean

J'observais, au bord d'un étang, une guêpe qui rampait de-ci de-là, puis qui s'arrêta pour boire. Il y eut un remous dans l'eau. Une grenouille émergea soudain, et engloutit la guêpe.

La grenouille ne semblait nullement incommodée. J'ai alors capturé une autre guêpe, l'ai jetée sur l'eau et ai attendu. La grenouille s'est fait désirer mais il y eut un autre remous et c'est un poisson rouge, cette fois, qui vint happer la guêpe.

Je me demandai alors si le poisson pourrait manger d'autres guêpes. Je fis un carnage de guêpes et les jetai sur l'étang. Certaines s'échappèrent, d'autres furent mangées par le poisson, et d'autres par les grenouilles.

John Croft

Rentrant tard à la maison, j'ai entendu le bruit d'une guêpe coincée contre la fenêtre de la cuisine. Elle semblait bloquée au bas de la fenêtre, incapable de voler correctement. En regardant de plus près, j'ai vu qu'une minuscule araignée rouge, vingt fois plus petite qu'elle, la tenait par l'abdomen. Le lendemain, il ne restait que l'exosquelette transparent de la guêpe.

John Walter Haworth

2. Notre corps

Comme une casserole

Mon ami Paul chante comme une casserole ; moi, ce serait plutôt comme un hippopotame blessé. Y a-t-il des particularités anatomiques qui permettent de chanter juste ?

Chris Newton

Comme le son produit par tous les instruments de musique, la voix humaine est avant tout déterminée par la résonance qui prend place dans le larynx et la bouche. Un grand ténor italien a légué son larynx à la science : l'air mis en vibration par ses cordes vocales ne présentait aucune particularité.

La qualité d'une note émise par un chanteur vient de ce que la vibration dite fondamentale, celle qui détermine la hauteur de la note, s'accompagne d'une série d'harmoniques de fréquences doubles, triples, etc., de la fréquence fondamentale. Certains harmoniques sont tributaires de l'anatomie – forme des dents, de la mâchoire et des sinus –, mais d'autres viennent de la maîtrise de l'oropharynx, partie de la gorge située en arrière de la bouche. Il est donc probable que les individus doués d'une voix agréable ont une conformation anatomique adéquate.

David Williams

La voix résulte du passage de l'air dans le larynx, dont la partie avant est la pomme d'Adam, souvent bien visible chez les hommes. Au fond du larynx se trouvent les cordes vocales, paire de muscles plats dont l'épaisseur, la surface et la tension

peuvent être contrôlées. Les cordes vocales s'ouvrent quand on respire, mais on les resserre pour produire un son. La pression de l'air augmente jusqu'à les séparer, mais l'air passe par bouffées en succession rapide, ce qui donne un son d'autant plus aigu que les cordes sont serrées, et la succession rapide.

Les mots, parlés ou chantés, sont créés par la modulation de ce flux d'air. La plupart des consonnes s'obtiennent en laissant passer l'air d'un coup, alors que les voyelles impliquent une modulation de l'air. À la sortie du larynx, l'air passe dans l'oropharynx, puis dans la bouche. Ces structures peuvent être assimilées à la partie d'un instrument à vent située entre l'embouchure (les cordes vocales) et le pavillon (les lèvres). Comme dans n'importe quel tube, cette cavité résonante favorise certaines fréquences, dites « formants ». Chez un homme adulte, le formant le plus grave est aux alentours de 500 hertz. Changer la forme de l'instrument – en bougeant la langue, ouvrant les mâchoires, modifiant l'emplacement des lèvres ou en déformant le larynx – a pour effet de changer la fréquence de chaque formant. Nous faisons cela sans y penser, mais les chanteurs professionnels maîtrisent ce genre de mouvements.

Les chanteurs ont aussi un autre formant, dû aux ondes stationnaires qui s'installent entre les cordes vocales et l'entrée de l'oropharynx. En termes acoustiques, il doit se produire à cet endroit une « adaptation d'impédance », qui fait qu'une partie du son est renvoyée vers les cordes vocales. Cet effet est peu sensible d'ordinaire car cette partie est très courte, et tend à se raccourcir encore chez un chanteur, surtout dans les aigus. Mais, chez les chanteurs entraînés, le larynx s'abaisse, et le « formant du chanteur » apparaît, ce qui ajoute une clarté et un volume particuliers à la voix. Sa fréquence est autour de 2 400 hertz chez les ténors et 3 200 hertz chez les sopranos.

Le flux d'air possède une fréquence fondamentale accompagnée d'une série d'harmoniques. Leurs intensités respectives sont modifiées par les formants pour donner les voyelles. L'art du chant est finalement de faire ce que chacun fait, mais en créant une ligne mélodique avec des variations d'intensité bien contrôlées afin de donner de l'expression à la voix.

La technique nécessaire pour y parvenir est analogue à celle requise d'un très bon pianiste. Hélas, une voix est un instrument relativement fragile qui finit tôt ou tard par se détériorer.

Les raisons qui font que l'on chante faux sont nombreuses. Les fréquences produites par les cordes vocales peuvent ne pas s'accorder avec celles des formants – une voix de basse alliée à des formants de baryton n'est pas du meilleur effet. Les mouvements de la langue ou du larynx peuvent être insuffisamment maîtrisés pour manipuler les formants. Ou les vibrations des cordes vocales peuvent être irrégulières, à cause souvent d'un assèchement de la muqueuse : l'alcool et le tabac sont excellents pour dessécher les muqueuses...

Richard Holroyd

Le blues du globule

Pourquoi les bleus passent-ils par toutes sortes de teintes avant de disparaître ? Je comprends qu'ils soient rouges ou bleus, mais pas jaunes ou verdâtres. Et pourquoi n'apparaissent-ils pas aussitôt après la contusion ?

Rick Rossi

Un bleu apparaît quand des petits capillaires éclatent sous la peau. L'hémoglobine qui s'en échappe donne la couleur bleue. Le corps envoie aussitôt des globules blancs pour réparer les dégâts. Ils détruisent les globules, ce qui provoque les variations de couleur observées.

Les produits de dégradation de l'hémoglobine sont la biliverdine, verte, et la bilirubine, jaune. Au bout d'un certain temps, ces déchets disparaissent et la peau reprend sa couleur normale.

C'est le même phénomène qui élimine les globules rouges usagés. Les macrophages détruisent les globules rouges morts dans la rate, le foie, la moelle osseuse et autres tissus. La bilirubine est prélevée par le foie, qui la change en bile. Cette substance participe à la digestion et donne aux excréments leur couleur caractéristique.

Claire Adams

La bilirubine, produit de dégradation de l'hémoglobine, est de couleur jaunâtre et normalement sécrétée par le corps : c'est un composant de la bile. La bile elle-même aide à la digestion. Il s'agit d'un recyclage astucieux.

L'accumulation de bilirubine dans le corps se produit en cas d'hépatite et de jaunisse. On observe parfois cette couleur chez les nouveau-nés. Afin de calmer les irritations provoquées par la bilirubine, on propose un traitement aux ultraviolets. Cette lumière décompose en effet la bilirubine.

Frankie Wong

Les bleus mettent souvent du temps à apparaître quand les dégâts du choc affectent des tissus profonds. Or un tissu, musculaire par exemple, n'est pas une masse homogène, mais un ensemble de muscles séparés par des tissus fibreux, ce qui se voit fort bien sur une pièce de viande de boucherie. Quand des vaisseaux sont endommagés, le sang ne parvient pas aussitôt en surface car il doit diffuser à travers les parois des tissus fibreux.

Cela explique aussi pourquoi il arrive que le bleu apparaisse à quelque distance du choc initial : le sang a été guidé plus loin par l'orientation des fibres.

Stewart Lloyd

Couleurs gueule de bois

J'ai lu récemment que plus ma boisson alcoolisée est foncée, plus ma gueule de bois sera carabinée. Le whisky et le vin rouge sont-ils pires que la vodka ou le vin blanc ?

Richard King

Nous buvons de l'alcool pour son contenu en éthanol. Mais nous ingérons aussi nombre de composés ayant une activité biologique. Il s'agit surtout des polyphénols, d'autres alcools comme le méthanol, et de l'histamine. Ils sont produits en même temps que l'éthanol lors de la fermentation et du vieillissement.

Il semble qu'ils participent à l'intoxication alcoolique et à la gueule de bois qui en résulte. Ce dernier effet est très réduit chez les consommateurs d'alcools à base d'éthanol pur, comme la vodka, et fort prononcé chez les amateurs de whisky, de cognac et de vin rouge.

Le principal responsable de la gueule de bois semble être le méthanol. Nous métabolisons le méthanol de la même façon que l'éthanol, mais le produit final est différent. L'éthanol donne de l'acétaldéhyde, alors que le méthanol donne du formaldéhyde, bien plus toxique puisque capable de causer, à haute dose, la cécité ou la mort.

Selon des études sérieuses, la sévérité des gueules de bois décroît dans l'ordre suivant : cognac, vin rouge, rhum, whisky, vin blanc, gin, vodka, éthanol pur.

Eric Albie

Question venimeuse

Quand j'étais au collège, ma prof de biologie disait qu'il était possible d'avaler du venin de serpent, car il s'agit d'une protéine et qu'elle sera dégradée lors de la digestion. Mais j'ai lu que le venin, pris oralement, pouvait tuer. Qui a raison ? Et peut-on s'immuniser contre l'arsenic jusqu'à supporter une dose mortelle ?

Darren Fowkes

Le lecteur verra qu'il n'existe aucun consensus sur ce sujet, sinon que ces substances sont dangereuses et ne doivent en aucun cas être ingérées.

J'ai vu un herpétologue zambien, le major Alick Chanda, extraire dans un verre à pied le venin d'une vipère heurtante *(Bitis arietans)* et le boire, sans aucun effet particulier.

Le venin de serpent est un mélange complexe de protéines dont la composition varie d'une espèce à l'autre. On le classe selon ses effets : cytotoxique, s'il attaque les cellules et les tissus (vipère), neurotoxique s'il attaque le système nerveux (cobra, mamba), et hémotoxique s'il modifie la composition du sang (serpent des arbres). Quel que soit son type, le venin doit pénétrer dans le sang pour avoir un effet. D'où les crocs hypo dermiques des serpents. Si l'on avale du venin, et que l'on n'a aucune lésion gastro-intestinale, les protéines seront dégradées en acides aminés et digérées.

Pour l'arsenic, c'est différent. En tant qu'élément chimique, l'arsenic n'est pas affecté par la digestion. La dose létale est de

65 milligrammes – qu'elle soit absorbée en une seule fois ou en plusieurs, en respirant un gaz par exemple, ou en buvant de l'eau arséniée.

On connaît plusieurs cas d'accoutumance au poison par ingestion répétée de petites doses. Au IIe siècle avant notre ère, le roi Mithridate IV était passé maître dans cette technique au point que, lorsqu'il voulut se suicider après sa défaite à Pompéi, il n'y parvint pas avec du poison (d'où le mot « mithridatisation »). Et Raspoutine, dit-on, absorbait régulièrement de l'arsenic afin de s'immuniser.

Rien n'autorise cependant à croire ces histoires, et l'arsenic, même en petites quantités, est cancérigène.

Alistair Scott

Chez nous, aux États-Unis, les cirques et les foires ont longtemps exhibé des dresseurs de serpents. L'un des plus célèbres, Ross Allen, de Floride, prélevait dans un verre du venin de serpent à sonnette, et le buvait. Il semble n'avoir jamais eu à en souffrir, à ceci près, avouait-il, qu'il ressentait une certaine « difficulté à siffler » juste après l'ingestion.

Testés sur des animaux, les venins ingérés peuvent se révéler mortels, mais il en faut de grandes quantités – pratiquement la contenance de l'estomac. Administrées en intraveineuse, ces doses seraient dix mille fois supérieures au DL50 (dose létale 50 : quantité nécessaire pour tuer 50 % d'un groupe d'animaux de laboratoire). Lorsque du venin est pris par voie orale, il est toujours possible d'administrer un antivenin.

Joseph F. Gennaro, université de Floride

Il est possible de s'immuniser contre l'arsenic et de survivre à une dose qui serait normalement mortelle.

La toxicité de l'arsenic tient à ce qu'il se lie à des protéines essentielles au métabolisme ; ce faisant, il les désactive. Il peut

cependant être lui-même inactivé par des enzymes appelés métallothionines, produits par le foie. L'ingestion de petites quantités d'arsenic peut induire une production accrue de métallothionine. C'est un mécanisme analogue qui permet à un alcoolique d'avaler des quantités d'alcool qui tueraient tout individu normalement constitué.

Craig Fitzpatrick

Il faut être givré pour boire du venin : la moindre altération de la muqueuse du tube digestif serait catastrophique.

Certains venins contiennent des enzymes qui attaquent les tissus et, bien que les protéines toxiques soient plus efficaces en injection, il en est qui peuvent traverser la paroi de l'intestin, surtout chez les enfants. Un adulte, cependant, ne survivra pas à l'ingestion de protéines très toxiques comme la ricine. Les enzymes digestifs cassent les protéines du venin trop lentement pour constituer une protection efficace.

Comme pour l'arsenic, les seuils de tolérance sont très vagues. La nature du composé intervient (les arsénites sont plus toxiques que les arséniates ou les composés soufrés), ainsi que sa solubilité. L'arsenic soluble, loin de provoquer une accoutumance, s'accumule dangereusement dans les tissus.

Jon Richfield

? Sans sourciller

Pourquoi avons-nous des sourcils ?

Ben Holmes

Mon père a une maladie qui fait qu'il n'a pas de sourcils. Quand il fait chaud, la sueur qui tombe dans ses yeux est très désagréable, et quand il pleut ce n'est pas mieux. Le rôle des sourcils est donc d'empêcher les liquides de toutes sortes d'atteindre les yeux.

Valerie Higgins

Nous utilisons nos sourcils pour communiquer nos émotions. La position des sourcils est importante pour juger de l'humeur d'un individu. La signification du sourire, en particulier, qui peut être très diverse, est souvent précisée par les sourcils.

J'ai compris cela quand une de mes amies s'est fait faire des injections de Botox dans le front, et s'est trouvée incapable de lever les sourcils. Il est devenu difficile de communiquer avec elle, tant j'avais du mal, sans l'aide des sourcils, à saisir l'expression de sa physionomie.

Alison Venugoban

Les sourcils jouent effectivement un grand rôle dans l'expression des émotions. Pour manifester une approbation ou en signe de reconnaissance, on lève souvent les sourcils. Pour manifester sa réprobation, on les fronce. Cette façon de transmettre un message à distance a sans doute été importante dans notre évolution. On la retrouve chez beaucoup de primates, mais elle semble particulièrement déterminante chez les humains, dont les sourcils se détachent bien sur la peau nue.

Graisse pare-balles

Il faudrait être gros comment pour qu'une balle de revolver ne puisse atteindre nos organes vitaux ? J'ai lu que le poids

nécessaire serait de l'ordre de 500 kilos, mais j'ai du mal à le croire.

Ward van Nostrom

Les dégâts causés par une balle se mesurent de deux façons : la profondeur de pénétration et la quantité de tissu abîmé par centimètre de pénétration. Ces deux nombres sont obtenus en tirant des balles dans des blocs de gélatine dont la viscosité et la densité sont voisines de celles de la chair.

La balle d'un revolver de 9 millimètres, le modèle le plus commun, pénètre à environ 60 centimètres avant de s'arrêter, et abîme environ 1 cm^3 de tissu par centimètre de pénétration. En réalité, la distance de pénétration est plus faible à cause de la présence des os, mais la graisse étant moins dense que le muscle, ceci compense cela. Bien qu'il puisse paraître avantageux d'être à l'abri des balles, porter une carapace de graisse de 60 centimètres d'épaisseur ne doit pas aller sans aléas physiologiques.

Thomas Lambert

Un corps humain ne saurait être entièrement à l'abri des balles, si l'on considère la vulnérabilité des mains, des pieds, des yeux ou des organes génitaux. Même si la peau était suffisamment épaisse pour arrêter une balle, l'onde de choc serait très néfaste pour les organes internes et les nerfs cutanés. Cet effet est employé dans certaines munitions, qui peuvent tuer sans pénétrer le corps.

La profondeur de pénétration d'une balle dépend de multiples facteurs, dont l'énergie de la balle, son diamètre, sa masse, sa forme et sa nature. Les balles de revolver et de fusil, de 5 à 15 millimètres de diamètre, ont des énergies de 70 à 7000 joules. Une balle de 9 mm a une énergie initiale de 500 joules. La profondeur de pénétration est mesurée dans un bloc de gélatine : une balle de 9 mm tirée à 5 mètres de distance pénètre à 30 centimètres.

Pour estimer la masse d'une telle épaisseur de graisse, il faut calculer la surface du corps. La formule de Mosteller indique qu'elle est égale à la racine carrée du produit de la hauteur en centimètres par la masse en kilogrammes, le tout divisé par 60. Pour un individu de 1,75 mètre pesant 75 kilos, cela donne une surface de 1,91 m^2. La quantité de graisse nécessaire pour recouvrir cette surface d'une épaisseur de 30 centimètres, sachant que la densité de la graisse est voisine de 1 g/cm^3, serait de 573 kilogrammes. Quand on y ajoute le poids du corps lui-même, on frôle allègrement les 650 kilos.

Hans Ulrich Mast

Fossilisez-moi

Après ma mort, je voudrais devenir un fossile. Que puis-je faire pour augmenter mes chances d'y parvenir ? Quel est le meilleur endroit pour être enterré, et combien de temps cela prendra-t-il ?

D.J. Thompson

Alors, comme ça, vous voulez vous faire fossiliser ? Très bien, mais vous avez déjà pris un mauvais départ. Avec un exosquelette dur, genre homard, et une vie aquatique, vos chances auraient été bien meilleures. Voyons donc ce qui peut se passer avec un squelette interne et quelques parties externes molles.

On peut d'emblée oublier les parties molles. En mourant dans une crevasse de glacier, suite à un trop bref séjour à la montagne, vous pourriez devenir une momie relativement durable, mais cela n'a rien à voir avec une véritable fossilisa-

tion. Si vous voulez survivre pendant des durées géologiques, concentrez-vous sur les os et les dents. La fossilisation de ces parties implique une bonne minéralisation, ce qui devrait vous inciter à surveiller votre nourriture : beaucoup de lait et de fromage vous apporteront le calcium nécessaire. Surtout, choisissez un bon dentiste et soignez vos dents ; elles sont votre meilleur atout à long terme.

Trois choses interviennent ensuite : le lieu, le lieu et le lieu. Trouvez d'abord un lieu pour mourir tranquillement. Les grottes ne sont pas à négliger : initiez-vous à la spéléologie.

Il faut aussi vous faire enterrer rapidement, et je ne parle pas de service funéraire rapide. L'idéal est une bonne catastrophe naturelle – une éruption volcanique par exemple, qui, vous surprenant au téléphone, surprendra aussi votre interlocuteur, lequel entendra : « Le volcan est en train d'explooo... » Mais ne vous mettez pas trop près : il ne s'agit pas de subir une crémation complète dans un fleuve de lave. Vous préférerez peut-être camper dans le lit d'un oued saharien juste avant une crue, ou vous noyer dans un fleuve amazonien : le but est d'être enseveli dans une boue anoxique, c'est-à-dire sans oxygène.

Idéalement, le contenu de votre estomac sera préservé. Faites donc un bon repas ultime. Pas des pizzas ou des hamburgers, mais des fruits de mer ou des fruits à grosses graines. Essayez d'avaler les graines : cela intriguera les paléontologues du futur.

Enfin, n'oubliez pas que les traces fossiles sont toujours bienvenues. Quelques traces de pas dans la boue feront l'affaire. Faites-les bien régulières : les paléontologues croiront que vous n'avez pas vu venir le danger.

Je ne vous cache pas, cependant, que vous avez davantage de chances de gagner à la loterie que de devenir un fossile. Si vous persistez malgré tout, merci de nous dire où vous prévoyez d'en finir. Les géologues sauront où chercher dans un petit million d'années.

Tony Weighell

J'ai appris la réponse à cette question il y a cinquante ans, lorsque j'étudiais la géologie à l'université de St Andrews, en Écosse. Je cite le poème de mémoire, mais le nom de son auteur m'échappe.

Dave Duncan

Où enterrerons-nous notre cher professeur
Pour que ses os reposent en paix ?
Si nous le mettons dans un tombeau
Il en sortira pour examiner les strates alentour,
Car il est sous terre dans son élément.
Si à la pelle nous enfouissons
Son corps dans les alluvions,
Il prendra nos outils pour
Faire le travail à notre place.
Attendons que dans une grotte
Sa carcasse de stalactites se couvre,
Puis amenons au musée le sage pétrifié.
Parmi les mammouths et les crocodiles,
Trônera sa glorieuse et éternelle statue.

Cette Élégie au professeur William Buckland *est l'œuvre, en 1820, de Richard Whately. Buckland (1784-1856) était un des plus fameux géologues de son temps, ainsi qu'un célèbre excentrique, qui se vantait d'avoir « mangé tout le règne animal ». Son ami Augustus Hare raconte qu'ils ouvrirent un jour un coffret où se trouvait le cœur d'un roi français. « J'ai mangé beaucoup de choses bizarres, s'écria-t-il, mais jamais le cœur d'un roi ! » Et il l'avala aussitôt.*

Vos chances d'être un jour fossilisé sont bien minces, mais vous pouvez essayer de vous faire inhumer en mer. Assurez-vous que la mer est assez profonde – car les eaux côtières grouillent de créatures qui rêvent de disposer de vos restes – et que vous n'êtes pas à proximité d'une zone de subduction. Au fond de l'océan, surtout si vous y êtes enterré, vous devriez être tranquille pour un bon bout de temps.

Une fine couche d'argile vous protégera, et la fossilisation devrait se faire, ne laissant que les traces d'une enveloppe carbonée et pétrifiée sous l'effet du poids de l'argile qui s'accumulera sans arrêt, pendant environ deux cent mille ans.

Si vous êtes pressé, vous pouvez aussi songer à vous faire couler dans l'ambre (de la résine). Dernier conseil : mettez une bague en or. Elle durera plus longtemps que vos os fossilisés.

Jon Noad

Fatigue à retardement

Après avoir couru un semi-marathon, j'ai été surpris de constater que mes jambes étaient plus douloureuses deux jours plus tard que le jour suivant. Avez-vous une explication ?

Ruby Gould

La course est un drôle d'exercice, qui étire les muscles tout en les obligeant à se contracter. Cela provoque des douleurs des heures ou des jours plus tard.

La sensation la plus désagréable arrive vingt-quatre heures après l'effort, atteint son maximum au bout de deux jours, puis disparaît graduellement. Pendant cette période, les muscles sont douloureux et affaiblis.

La durée du phénomène fait qu'il ne peut être attribué à des sous-produits du métabolisme. Il est dû à des tensions et des microlésions des fibres musculaires. Une des hypothèses est que les cellules endommagées meurent suite à l'invasion de calcium. Une autre assure que ce sont les radicaux libres générés par l'effort musculaire qui tuent les cellules.

En outre, l'afflux de sang vers les muscles provoque un gonflement des muscles qui comprime les régions voisines. Les nerfs en sont les premiers témoins, et ils envoient au cerveau des messages de douleur.

Melanie Trickett

Cela résulte d'un effort excessif des muscles. L'entraînement sportif consiste à améliorer progressivement la puissance des muscles en augmentant la masse des haltères utilisés pour l'exercice ou la distance de course journalière. Cela étire les microfibres des muscles, ce qui peut provoquer des douleurs modérées le jour suivant.

La douleur décalée apparaît quand cette progressivité n'est plus observée, et qu'un travail considérable et inhabituel est demandé à un muscle. Le nombre d'étirements musculaires s'accroît – plutôt que leur intensité – et mène à des lésions que les processus de réparation ne sont pas assez rapides pour combler. Une fois le nouveau tissu en place, il faut un certain temps pour l'assouplir et lui donner la même efficacité que ses voisins.

Paul Carey

Larmes sèches

Je me demande comment s'appelle cette substance jaune et dure qui se forme au coin des yeux, le matin. Quelle est sa composition et comment se forme-t-elle ?

Simon Smith

Cette substance se rassemble autour des yeux sous l'effet de l'irritation. Pendant le jour, le mucus séché est constitué de sels

et de protéines sécrétées par les glandes en réponse à la sécheresse de l'air ou à la pollution. Le mucus continue à s'amasser la nuit, et se rassemble aux coins des yeux, alors que le liquide lacrymal continue d'humidifier vos yeux.

Les larmes ont trois composants. Le liquide interne est de la mucine, substance qui tapisse la muqueuse cornéenne ; il est enrobé par le liquide lacrymal, riche en sels et en protéines, lui-même enveloppé par une couche huileuse sécrétée dans les paupières par les glandes sébacées. Cette couche permet de réduire l'évaporation du film qui recouvre nos yeux.

Une présence exagérée de substance jaune aux coins des yeux peut être le signe d'une conjonctivite virale ou bactérienne.

Johan Uys

Il semble qu'il n'y ait pas en anglais de terme consacré pour désigner cette substance (appelée « chassie » en français). Pendant le jour, des cellules mortes et d'autres débris s'accumulent dans les larmes, qui ne sont pas seulement constituées d'eau salée.

Une poussière dans l'œil sera vite enrobée des mucoprotéines qui recouvrent le globe oculaire ; ce mucus se couvrira d'eau salée, puis d'une couche huileuse pour réduire l'évaporation. La nuit, les mouvements des yeux et la fermeture des paupières repoussent les larmes vers les coins des yeux. Là, l'évaporation donne ces résidus solides que l'on enlève le matin au réveil.

Les environnements très irritants pour les yeux, les déserts par exemple, peuvent changer les larmes en un pus dilué qui sèche aux coins des yeux et scelle les paupières, en dépit des sécrétions qui assurent normalement leur ouverture. C'est un phénomène très surprenant quand on en est victime. Si l'on ne veut pas y laisser tous ses cils, il suffit d'humecter l'œil doucement.

Jon Richfield

Doigts de pied sans éventail

Mon docteur me dit que le champignon responsable de l'athlete's foot a tendance à se mettre entre le troisième et le quatrième orteil. Qu'est-ce que cet endroit a donc de particulier ?

Marjorie McClure

Je suis hélas un de ces individus chez qui l'athlete's foot récurrent choisit invariablement l'espace entre le troisième et le quatrième orteil. Ce sont les seuls orteils qui sont joints. Cela réduit l'évaporation dans cette région et favorise le développement des champignons, surtout quand je porte les mêmes chaussettes pendant trente-six heures. Désolé, mais j'ai dû le faire à cause d'une nuit de garde.

Je remédie au problème en plaçant à cet endroit un peu de coton ou de gaze. C'est beaucoup moins cher que d'acheter des crèmes antifongiques. Malgré mon diplôme de doctorat en médecine, ma femme trouve que ce traitement n'est pas sérieux.

John Criscione, ingénierie biomédicale,
Texas A&M University

L'organisme responsable de la tinea, ou athlete's foot, n'a pas un instinct territorial qui le guide vers l'endroit idéal. Les infections par le champignon en question, *Trichophyton mentagrophytes*, commencent entre le troisième et le quatrième orteil car on y trouve quantité de cellules mortes dans un environnement chaud et humide.

Les parties extérieures du pied humain étant très mobiles, avec des joints actifs dans les trois dimensions, les espaces

entre les autres orteils sont ventilés et débarrassés régulièrement de leurs cellules mortes. À y bien réfléchir, on aurait du mal, en laboratoire, à créer un lieu plus propice au développement de *T. mentagrophytes* que l'espace clos qu'il choisit à tout coup.

Felicity Prentice

Surprenant cérumen

Mon cérumen n'a pas toujours la même couleur ; il est parfois clair comme du miel, parfois orange ou brun. Et pourquoi sa consistance change-t-elle ?

Tony Columbine

Le cérumen est le résultat du mélange des sécrétions acides de près de 2000 glandes sébacées (produisant du sébum) et apocrines (donnant de la sueur) situées dans le tiers externe du canal de l'oreille. La cire que l'on prélève régulièrement dans l'oreille est un mélange de cérumen, de cellules de la peau et de fragments de poils.

On s'interroge pour savoir si le cérumen est bactéricide, mais on est sûr que la cire est une substance idéale pour capter les poussières, les bactéries et les champignons qui pénètrent dans l'oreille. Cette cire lubrifie aussi le canal de l'oreille. On l'a utilisée comme crème protectrice pour les lèvres.

Il y a deux types de cérumen, sec et humide, ce dernier étant la forme génétiquement dominante. Tous deux sont contrôlés par un gène unique. Cela a permis aux anthropologues de suivre des migrations de populations, car le cérumen des peuples originaires de Mongolie est du type récessif sec.

Le cérumen est composé de glycérides, de lipides – dont le squalène, le cholestérol et des acides gras à longue chaîne –, d'esters, d'hydrocarbures aromatiques, d'acides aminés et de sucres comme le galactose, mélangés à du collagène de la peau et de la kératine des cheveux, sans oublier quelques bactéries et champignons. On comprend aisément que certains individus puissent en produire plus que d'autres.

La couleur du cérumen dépend de celles de ses constituants. Les lipides sont plus abondants dans le type humide, ce qui lui donne sa teinte claire, alors que le type sec tend plutôt vers le gris.

Mais les constituants changent aussi avec le temps. La couleur fonce car les acides gras à longue chaîne s'oxydent peu à peu en présence d'air. L'inclusion de poussières et autres débris organiques fait que le cérumen peut devenir quasiment noir dans des oreilles peu souvent nettoyées.

Intervient enfin la quantité de sécrétions glandulaires. Elle dépend, comme la production de sueur, des conditions psychologiques (stress en particulier). Et avec l'âge, ces sécrétions deviennent de moins en moins liquides.

Mark Dubin, université du Colorado

Voie sans issue ?

On vient de m'enlever l'appendice, et le chirurgien m'a dit que cela ne changerait rien car il ne sert plus à rien chez les humains. Sert-il encore à quelque chose chez les animaux ?

Paul Whitten

L'équivalent de l'appendice chez les animaux s'appelle le cæcum : il fait la jonction entre le gros intestin et l'intestin grêle. En général, les mammifères carnivores ont un petit cæcum qui joue le même rôle que chez les humains. Chez beaucoup de mammifères herbivores, le cæcum est plus grand et donne lieu à

de surprenants arrangements anatomiques. Son rôle est de faire fermenter les hydrates de carbone de la nourriture, d'en extraire les acides gras volatils puis de les absorber afin d'en récupérer l'énergie. Le cæcum est aussi vital pour fournir l'énergie nécessaire à la digestion des chevaux, des lapins, des rats, des cochons d'Inde et des porcs. Chez les ruminants comme la vache et le mouton, c'est l'estomac qui assure la fonction du caecum.

Un autre rôle du cæcum est d'absorber l'eau du conduit intestinal, fonction qui est assurée, chez l'homme et les mammifères carnivores, par le côlon.

Richard Luong

Votre chirurgien est un peu en retard. On sait que l'appendice n'est pas une relique inutile de l'évolution. Il joue un rôle immunologique chez l'embryon et chez l'adulte, même si l'on peut aisément s'en passer.

Le rôle de l'appendice semble être d'exposer les cellules immunitaires aux antigènes produits par les bactéries et autres organismes vivant dans nos intestins. Cela aide le système immunitaire à distinguer ses amis et ses ennemis, et à l'empêcher de lancer des attaques sur des bactéries qui vivent en bonne intelligence avec nous.

D'autres parties du corps semblent jouer le même rôle, par exemple les plaques de Peyer dans l'intestin. Quand nous parvenons à l'âge adulte, il semble que le système immunitaire a appris à se débrouiller avec le contenu de l'intestin, et que la présence de l'appendice ne soit plus indispensable. Mais des défauts de ces régions d'épuration immunitaire peuvent mener à des maladies auto-immunes et à une inflammation intestinale.

Curieusement, l'appendice a été utilisé comme une « pièce détachée » en chirurgie. On peut en effet en utiliser des fragments pour reconstruire une vessie endommagée sans s'exposer à un rejet.

Kathleen James

L'appendice est une extension vermiculaire partant du cæcum. On ne la trouve que chez les singes anthropoïdes (gibbons, orangs-outans, chimpanzés et gorilles), quelques rongeurs (lapins et rats) et marsupiaux, tels le wombat et l'opossum d'Amérique du Sud. Chez beaucoup de mammifères herbivores, le cæcum, très agrandi, est le lieu de fermentation de la nourriture. Il contient des micro-organismes qui décomposent la cellulose des parois cellulaires des plantes.

Chez l'homme, on pensait qu'il n'avait aucune fonction jusqu'à ce qu'on se rende compte qu'il joue un rôle dans le système immunitaire du fœtus et du jeune adulte. Pendant les premières années, l'appendice fonctionne comme une « formation lymphoïde » participant à la maturation des lymphocytes B (des globules blancs) et à la production d'anticorps d'immunoglobulines A. De plus, vers la onzième semaine du développement fœtal, des cellules endocrines (productrices d'hormones) apparaissent dans l'appendice. Elles donnent des hormones peptidiques qui contrôlent les divers mécanismes biologiques.

Johan Uys

La tête lourde

Combien pèse une tête ? Je peux arriver à mesurer son volume, mais je ne connais pas sa densité, ni celle de ses divers composants. Quelqu'un peut-il m'aider ?

Bruce Firsten

Pour peser votre tête, vous devez effectivement l'isoler du reste de votre corps. La décapitation a cependant un inconvénient : vous ignorerez à jamais le résultat. Il y a cependant une autre solution. En position verticale normale, les vertèbres de votre cou supportent le poids de votre tête. Si vous vous pendez par les pieds, vos vertèbres s'écarteront légèrement sous l'effet du poids de votre tête.

Il vous suffit donc de faire les pieds au mur et d'utiliser, par exemple, un scanner à ultrasons ; cela devrait donner une mesure correcte.

Andy Phelps

En tant que kayakiste, j'ai appris à « eskimoter », c'est-à-dire à faire un tour complet. Mon instructeur m'a dit que la dernière chose qui devait quitter l'eau, quelle que soit mon envie de respirer, est la tête. Il m'a appris qu'une tête humaine pesait environ 4,5 kilos. Quand il faut la soulever à la pagaie, elle a l'air beaucoup plus lourde.

Andy Wells

Andy Wells a de bons souvenirs. Nous n'avons pu faire de mesure directe, mais à partir du volume et de la densité (en supposant celle du cerveau égale à celle de l'eau à 0 °C), nous avons obtenu un résultat.

Pour mesurer le volume, nous avons fait appel à un volontaire du journal qui présente la particularité d'être chauve. Il a accepté de plonger la tête dans un seau d'eau à 0 °C (ou presque) rempli à ras bord. L'eau qui a débordé, récupérée dans un baquet, a donné un volume de 4,25 litres. Le poids approximatif d'une tête serait donc de 4,25 kilos.

Essaye le bromure

Une de mes amies s'étant plainte des attentions trop pressantes de son amant, j'ai lu dans Sex and the British *de Paul Ferris qu'un peu de bromure dans le thé pouvait calmer les ardeurs sexuelles des soldats. Puis-je transmettre la recette à mon amie ? Et où pourrais-je trouver du bromure ?*

Chloe Dear

Au XIXe siècle, les sels de brome étaient utilisés comme sédatifs pour quantité d'indications allant de l'épilepsie à l'insomnie. Ils étaient supposés « réduire l'excitation du cerveau ». La dose normale était entre 5 et 30 grains plusieurs fois par jour (il y avait 13 grains dans un gramme). Dans la haute société, il était d'usage d'offrir aux garçons une salière personnelle marquant un statut familial particulier. Il s'agissait en réalité d'un mélange de sel et de bromure censé calmer les ardeurs adolescentes.

Mark Wareing

Le bromure est un sédatif, la diminution de la libido n'étant qu'un effet secondaire. On voit apparaître son usage comme sédatif dans les romans de Zola. À propos de son usage antilibidineux, le comique Spike Milligan écrivit : « Je ne crois pas que le bromure puisse avoir le moindre effet ; la seule façon d'empêcher un soldat de se sentir en forme est de mettre du bromure dans un obus et de viser en dessous de la ceinture. »

John Rowland

Dans les années 1950, mon service militaire en tant que médecin dans la Royal Air Force, et responsable des approvisionnements pharmaceutiques, m'a convaincu que l'histoire du bromure dans le thé est un mythe. Cela n'empêche pas que les jeunes recrues étaient toutes persuadées que leur apparente baisse de libido était due à cette pratique.

Clive Harris

Je me suis engagé dans l'armée à la fin de 1945, et je me rappelle que mes camarades et moi croyions à l'histoire du bromure dans le thé. Le thé avait très mauvais goût, mais beaucoup d'anciens affirmaient que c'était une blague de soldat destinée à alarmer les jeunes. La véritable raison de notre baisse de libido était l'épuisement dû à l'exercice physique. Tout ce qui nous intéressait était de dormir.

David Elliot

? La grosse illusion

J'ai remarqué que les filles portent souvent des pantalons noirs et des vestes en jean. On m'a dit que c'est parce que les pantalons noirs « font un petit cul ». Peut-on le prouver scientifiquement ?

Neil Taylor

Oui, votre fessier paraît plus petit si vous êtes habillée de noir, du moins si on vous regarde de derrière.

La raison en est que nous ne percevons les formes que si elles provoquent des différences de teintes. Avec un pantalon blanc, on pourra déduire la forme de vos fesses des ombres qu'elles dessinent. Avec du noir, il n'y a pas d'ombres.

C'est aussi pourquoi les gens à peau foncée semblent vieillir mieux que ceux à peau plus claire. Les rides créent moins d'ombres et sont moins évidentes. C'est aussi pourquoi les traits du visage doivent être fortement exagérés sur les sculptures de bronze patinées.

De toute façon, vos fesses révéleront leurs vraies formes de profil, mais le pantalon noir vous économisera de la gymnastique ou (et) un régime.

Glyn Hughes, designer et sculpteur

C'est vrai, et c'est à cause de l'uniformité de la couleur noire. Notre perception des formes et des surfaces dépend des motifs et des ombres qui y apparaissent. Voyez comme il est plus facile de distinguer des plis sur un T-shirt blanc que sur un T-shirt noir.

Les motifs jouent aussi un rôle. Des lignes parallèles, par exemple, qui s'écartent puis se rejoignent, donnent l'illusion d'une bosse, même s'il n'y en a pas. Comme un tissu noir n'a ni motifs ni ombres, il ne provoque pratiquement aucune illusion de ce type.

Lakshmi Chakrapani

Une illusion semblable se produit avec les tissus rayés, selon que les rayures sont verticales ou horizontales. Les rayures horizontales élargissent, les verticales amincissent et allongent la silhouette. Une personne enrobée a donc tout intérêt à porter des rayures verticales.

Colin Vasey

La cellulite sans miracle

Qu'est-ce que la cellulite ? Et les crèmes et autres remèdes miracles qu'on nous propose ont-ils une efficacité prouvée ?

Cathy Turner

Ces remèdes miracles sont du domaine de la fraude caractérisée, industrie parasitaire florissante au même titre que le trafic de drogue et les faux témoignages. Le mot « cellulite » a été forgé pour exploiter les riches imbéciles. Il n'a aucune définition claire, et l'on ne sait pas trop ce qu'il recouvre.

La cellulite désigne l'accumulation de tissus graisseux formant une série de plis ou de zébrures peu avenante. On la trouve surtout chez les personnes d'un certain âge. Se débarrasser de la cellulite, c'est simplement se débarrasser de la graisse.

La cellulite se forme de préférence aux endroits où le corps est le moins enclin à éliminer de la graisse ; les vélos d'appartement, crèmes et autres boîtes noires ne sont donc guère utiles.

Jon Richfield

La cellulite, cette substance graisseuse qui ressemble à du fromage caillé, se forme de préférence sur le ventre, les hanches et les fesses. Elle cause la classique « peau d'orange » qui inquiète tant les femmes, et certains hommes.

Divers facteurs influent sur la quantité de cellulite. Les gènes, le sexe, l'âge et l'épaisseur de la peau sont les principaux. Il n'existe aucun produit miracle, remède ou traitement.

Par exemple, les massages profonds qui promettent d'éliminer la cellulite ont seulement pour effet de la rendre moins évidente en faisant gonfler la peau. La liposuccion et la mésothérapie (micro-injection de produits traitants) sont à la fois chères et sans résultats garantis.

La seule chose à faire pour réduire la cellulite est d'absorber moins de calories et moins de graisses, tout en faisant de l'exercice.

Catriona MacGillivray

Mélodie in vitro

Ce matin, mon gamin de 3 ans essuyait quelque chose sur la vitre de la cuisine, et il m'a demandé pourquoi cela faisait un son quand il appuyait son doigt sur la vitre. Pouvez-vous m'aider ?

Dawn Hanna

Il y a beaucoup de situations où le fait d'essuyer ou de frotter un objet contre un autre se traduit par l'émission d'un son de haute fréquence. Le plus célèbre est peut-être le bruit – insupportable – d'une craie neuve contre un tableau noir. Cela est dû aux propriétés de la friction.

Quand on applique une surface contre une autre, le frottement, dû à la présence de microscopiques aspérités, résiste au mouvement. Si l'on augmente la force de pression, elle finit par dépasser la force de frottement. Il y a donc glissement. Si l'un des objets possède une certaine élasticité, comme la peau, il se déformera sous l'effet du frottement, puis retrouvera sa forme initiale quand le glissement aura lieu. La force de frottement reprendra alors le dessus, et ainsi de suite. Cela se produisant environ cent fois par seconde, cela produit un son de fréquence 100 hertz, situé dans les graves.

Richard Hann

Ce n'est pas la peau qui produit un son, c'est la vitre. Tout matériau, papier ou plaque de métal, est susceptible de vibrer s'il est correctement mis en résonance. Une vitre aussi, qui possède une gamme bien définie de fréquences de vibration. C'est la technique de mise en résonance qui détermine la fréquence produite.

Les doigts donnent une note ; du papier imbibé de détergent en donnera d'autres, modulables. Frottez doucement en faisant un grand geste, vous entendrez une note grave due à la vibration de la plaque de verre tout entière. Frottez plus vivement sur une surface plus réduite, et vous produirez un son qui fera grincer les dents de toute la famille.

Martin James

Merde alors

Existe-t-il une formule qui permette de calculer la quantité d'excréments que donne une quantité donnée de nourriture. Plus généralement, quelle quantité d'excréments produisons-nous chaque jour, et quelle est sa composition ?

Nigel Watkins et David Baxter

Le rôle principal de l'intestin consiste à absorber l'eau et à produire des excréments plastiques, faciles à expulser. Ils sont constitués de 75 % d'eau ; les bactéries représentent la moitié de la masse sèche, le reste étant des fibres non digérées et des excrétions biliaires.

Un Anglais produit en moyenne entre 19 et 280 grammes d'excréments par jour, sauf en cas de diarrhée. Il semble que ces chiffres doivent être doublés en Afrique et en Asie. Le facteur essentiel est la quantité de fibres ingérées : les fibres non digérées contiennent beaucoup d'eau.

Certaines fibres, qui ont fermenté dans l'intestin, peuvent induire le développement de colonies microbiennes. La pectine et la gomme arabique, par exemple, apportent de l'hydrogène, du méthane et des acides gras à courte chaîne, qui favorisent l'action de la muqueuse intestinale.

Le son ne fermente pas beaucoup et augmente efficacement la masse fécale : de 3 à 5 grammes par gramme de fibre. Moins cette fibre est raffinée, mieux elle retient l'eau. Le pain complet, lui, n'a pratiquement aucun effet. Si vous voulez vraiment une formule, l'effet du côlon sur les fibres peut être résumé par celle-ci :

$$\text{Masse fécale} = P_f\,(1 + C_f) + P_b\,(1 + C_b) + P_m\,(1 + C_m)$$

où P_f, P_b et P_m sont les masses sèches (après digestion) de fibres, de bactéries et de métabolites divers, et C_f, C_b et C_m les facteurs de rétention d'eau (en grammes d'eau par gramme de matière) de ces substances.

Martin Eastwood

Nous produisons environ 250 grammes d'excréments par jour. Ils contiennent 75 % d'eau et 25 % de matières solides. Il s'agit surtout de substances non digérables : la peau des fruits (33 %), des bactéries mortes vivant normalement dans l'intestin (50 %), des matières inorganiques (tels des sels de calcium), des cellules intestinales et diverses sécrétions (mucus et bile) qui leur donnent leur couleur caractéristique.

La quantité d'excréments produite ne dépend pas seulement de la quantité de nourriture absorbée, mais aussi du type de nourriture et de l'activité intestinale. Si vous mangez beaucoup de légumes, de haricots et de céréales, que le corps ne peut digérer totalement, vous produirez davantage d'excréments que si vous mangez beaucoup de chocolat, par exemple.

Les épices, les laxatifs et toutes sortes d'infections peuvent modifier l'activité intestinale. Plus grande est la vitesse du transit intestinal, moins les intestins absorbent d'eau et plus grande est la masse d'excréments produite.

Jennifer Kelly

Nouer le cordon

Est-ce que les sages-femmes, à la naissance, font un nœud au cordon ombilical ? Sinon, que font-elles ? Et que faisait-on dans l'ancien temps ?

Jack Wyatt

Le cordon ombilical est constitué de trois vaisseaux sanguins enrobés dans la « gelée de Wharton », le tout à l'intérieur d'une gaine. Il est trop épais pour que l'on puisse faire un nœud avec. De nos jours, on le comprime avec un clamp en plastique, et l'on coupe le cordon aux ciseaux au-dessus du clamp.

On peut aussi bien, si l'on ne dispose pas de clamp, nouer un fil de cuir ou une herbe solide. Un couteau, un silex coupant, ou simplement les dents, feront l'affaire si l'on n'a pas de ciseaux.

On retire le clamp au bout de trois jours. Le cordon subit une gangrène sèche et tombe de lui-même entre cinq et dix jours après la naissance.

Sarah Carter

À ma connaissance, on ne noue jamais le cordon ombilical. Je ne l'ai jamais vu faire dans ma pratique de sage-femme.

Après l'accouchement, on place deux pinces artérielles sur le cordon. Pour libérer le placenta, on coupe entre les deux avec des ciseaux stériles, puis on place un clamp en plastique à 2,5 centimètres du nombril. Le morceau restant du cordon tombe après quelques jours.

Dans les années 1960, quand je faisais mes études, on utilisait un élastique stérile à la place du clamp. Auparavant, on liait le cordon avec du fil.

Mary Cole

Quand notre fille est née, il y a neuf ans, un clamp a été placé sur son cordon ombilical. Nous nous sommes aperçus que ce clamp était idéal pour fermer les enveloppes des paquets de céréales. Il a duré quelques années puis a cassé, ce qui nous a contraints à faire un deuxième enfant, dont le clamp est toujours en usage dans la cuisine.

Rob Yves

? Schlonk

Cela fait-il mal de se faire décapiter ? Et combien de temps la tête souffre-t-elle ?

William Wild

Oui, la décapitation est douloureuse. Tout dépend de l'habileté du bourreau.

Quand Mary, reine d'Écosse, fut décapitée à la hache au château de Fotheringay en 1587, le bourreau s'y reprit à trois fois sans parvenir à séparer la tête du corps. Il dut achever le travail au couteau. Le terrible grognement émis par Mary lors du premier coup de hache ne laissa aucun doute dans l'esprit des spectateurs sur la douleur qu'elle ressentit.

Pendant combien de temps la tête continue-t-elle à ressentir quelque chose ? Lors de la Terreur, en France, on demanda à certains condamnés de cligner de l'œil au cas où ils seraient encore conscients. Il semble qu'il y ait eu des clignements d'yeux jusqu'à 30 secondes après la chute du couperet. Reste à savoir quelle était la part des réflexes nerveux. Mais la plupart des pays ayant le niveau scientifique suffisant pour répondre à la question ont abandonné la décapitation.

Dale McIntyre, université de Cambridge

On raconte que Lavoisier, qui périt sur la guillotine, demanda à des amis d'observer ses clignements d'yeux après l'exécution. Il semble avoir cligné des yeux pendant 15 secondes.

A. Gryant

Cette légende est pour le moins fantaisiste : la tête des guillotinés tombait dans un panier, et la foule ne pouvait approcher du lieu de l'exécution. La question de savoir si les condamnés souffraient fut cependant âprement débattue à l'époque. Elle fit même l'objet de nombreuses expériences dont furent victimes quantité d'animaux, et d'un livre du docteur Sue (Jean-Joseph, le père d'Eugène, auteur des Mystères de Paris*), publié en 1796 et intitulé* Opinion du citoyen Sue sur le supplice de la guillotine et sur la douleur qui survit à la décollation. *Cela ne fut pas sans influence sur la fin de la Terreur.*

Un récit très détaillé a été fait par le docteur Beaurieux qui fit l'expérience avec la tête du criminel Languille, guillotiné à 5 h 30 du matin le 28 juin 1905. On lit dans les *Archives d'anthropologie criminelle* :

Voici donc ce que j'ai observé aussitôt après la décapitation : les paupières et les lèvres ont eu des contractions rythmiques pendant 5 à 10 secondes... J'ai attendu plusieurs secondes. Ces mouvements spasmodiques cessèrent. Le visage se décontracta, les paupières à demi fermées sur les globes oculaires ne laissant visible que le blanc de l'œil, exactement comme chez les morts que nous voyons habituellement dans notre profession. J'appelai alors d'une voix forte : « Languille ! » Je vis les paupières se soulever lentement, sans aucune contraction spasmodique... Puis les yeux de Languille me fixèrent définitivement et les pupilles se dilatèrent... Au bout de quelques secondes, les paupières se refermèrent lentement et le visage reprit l'apparence qu'il avait avant mon cri.

J'appelai alors une nouvelle fois et de nouveau, sans aucun spasme, les paupières se soulevèrent et des yeux indiscutablement vivants me fixèrent, avec peut-être davantage de pénétration que la première fois. Puis les paupières se rabaissèrent, quoique moins complètement. Un troisième cri n'eut aucun effet, et les yeux devinrent ternes.

Je vous ai rapporté avec une parfaite exactitude ce que j'ai pu observer. Le tout a duré vingt-cinq à trente secondes.

Mike Snowden

Si vraiment la tête reste consciente après la décapitation, alors la technique décrite ci-après est d'une grande humanité puisqu'elle donne au mourant l'impression qu'il va au ciel.

Le célèbre docteur Livingstone racontait que les Africains qu'il a rencontrés savaient que la perte de conscience chez un décapité n'est pas immédiate. Avant d'exécuter un condamné, ils pliaient une forte branche d'arbre bien flexible et y reliaient la tête en l'attachant sous les oreilles, méthode qui permettait de projeter en l'air la tête du condamné.

John Rudge

Sans préjuger de la vitesse de la perte de conscience, il ne fait aucun doute que la douleur doit durer quelques secondes. En 1983, à l'époque où l'Organisation mondiale de la santé s'intéressait aux attitudes des médecins envers la peine de mort, Harold Hillman, professeur de physiologie à l'université du Surrey, écrivit pour *New Scientist* un rapport sur la douleur engendrée par divers modes d'exécution. Voici ce qu'il disait de la guillotine :

> La guillotine doit son nom au médecin et savant français Joseph-Ignace Guillotin, qui proposa ce dispositif en 1789. Après quelques tests sur des cadavres à l'hôpital de Bicêtre, la guillotine fut employée à partir de 1792. Jusque-là réservée aux aristocrates, cette technique d'exécution, supposée rapide et sans douleur, fut dès lors à la portée de tous les citoyens. En effet, le système était en usage depuis le XVIe siècle en Italie, en Allemagne, en France et en Écosse.
>
> La mort par guillotine intervient par séparation du cerveau, après section du cou. Cela doit causer des douleurs intenses. La conscience pleine et entière doit persister pendant 2 ou 3 secondes, après quoi la chute de pression sanguine doit intervenir. Des témoins ont vu des yeux de guillotiné rouler dans leurs orbites, comme ceux des animaux qui ont eu à subir de telles expériences.

Tony Corless

? Tout ça en moi !

Savez-vous combien d'espèces différentes vivent à l'intérieur du corps humain, et quelle population globale cela représente ?

Roger Taylor

Les micro-organismes qui vivent à l'intérieur d'un corps humain sain, ou faune microbienne, sont de deux types : les rési-

dents permanents, et les visiteurs de passage. Bien sûr, toutes sortes de parasites redoutables et fascinants peuvent s'inviter à tout moment.

Selon le bactériologiste Theodor Rosebury, le nombre des microbes est impressionnant. Il dénombre 80 espèces différentes, seulement dans la bouche, et estime le nombre de bactéries sécrétées chaque jour par un individu adulte entre 100 et 100 000 milliards. On peut ainsi estimer la densité microbienne par centimètre carré d'intestin humain à environ 10 milliards d'organismes.

Chez un individu sain, les microbes occupent toute surface externe ou accessible de l'extérieur, tels la peau ou les intestins, les yeux, les oreilles et les voies respiratoires. Rosebury estime à 10 millions le nombre de bactéries vivant sur 1 cm² de peau, et compare l'aspect microscopique de la peau humaine à la foule dans un grand magasin au moment de Noël.

Ce nombre varie cependant beaucoup avec l'endroit du corps, sur ses quelque 2 m² de peau. Sur les zones grasses comme les ailes du nez ou les aisselles, il faut multiplier par 10, et par 1000 à l'intérieur du corps, à la surface des dents ou de la gorge. En revanche, aux endroits fréquemment nettoyés, conduit lacrymal ou voies urinaires, les populations microbiennes sont plus faibles. Rosebury pense qu'il n'y a aucune vie bactérienne dans la vessie et dans la partie inférieure des poumons.

Malgré ces nombres astronomiques, tous les microbes présents sur la peau tiendraient dans un petit pois, et tous nos microbes internes mis ensemble donneraient un volume d'un tiers de litre. C'est bien peu comparé au volume du corps humain.

Quant au nombre d'espèces différentes habitant « chez nous », on ne cesse d'en découvrir de nouvelles, mais le consensus semble s'établir autour de 200. Les études menées au laboratoire d'écologie et de physiologie du tube digestif de Jouy-en-Josas suggèrent environ 80 espèces. Avec 80 autres pour la

bouche et un peu moins pour la peau, cela donne un peu plus de 200. Le génome humain est constitué de 100 000 gènes au maximum, et le génome bactérien en compte 2 000. Dans un corps humain, il y a donc davantage de gènes de bactéries que de gènes humains.

Mais il n'y a pas que des bactéries et des virus dans notre corps. Nous abritons aussi des parasites, d'une taille bien supérieure et dont certains sont d'un aspect terrifiant. Les poux sont les plus courants, mais les tiques, vecteurs de maladies graves, et les acariens, qui se nourrissent de peau morte mais sont aussi responsables de la gale, ne sont pas négligeables. Dans les intestins, on peut trouver le protozoaire responsable de la dysenterie amibienne ou le ver solitaire, qui atteint 2 mètres de long. Le ver Schistosoma, *lui, préfère le sang et peut s'attaquer à la vessie, tandis que* Wucheria *(12 centimètres) choisit le système lymphatique. Le foie peut abriter* Clonorchis sinensis, *qui se nourrit de bile et, plus inquiétant encore,* Naegleria fowleri, *une amibe, apprécie la chaleur du cerveau, où il se reproduit volontiers.*

L'effet masque

Je n'ai jamais compris pourquoi, en plongée, l'œil donne une mauvaise image alors qu'un masque de plongée en donne une excellente. Aidez-moi !

Michael Slater

Ce phénomène est aussi à l'œuvre quand on met dans l'eau une cuiller : elle paraît brisée. La lumière, ralentie par l'eau, change de direction en passant de l'air dans l'eau. On appelle cela la réfraction.

L'œil humain, qui focalise la lumière vers la rétine, est optimisé pour prendre en compte la réfraction qui se produit lorsque la lumière passe de l'air dans la substance transparente qui le constitue. Quand la lumière provient non plus de l'air, mais de l'eau, ce «préréglage» ne convient plus et les images paraissent brouillées. Les masques de plongée, eux, rétablissent l'interface air/œil et donnent des images claires.

Richard Williams

L'intensité de la réfraction, ou déviation de la lumière, dépend des indices respectifs des deux milieux de part et d'autre de la cornée. Plus cette différence est grande, plus la déviation est importante. Les indices de l'air, de l'eau et de la cornée étant de 1, de 1,33 et de 1,38, on voit que la différence est plus faible pour l'interface eau/œil que pour l'interface air/œil.

Pour rétablir une déviation normale, l'œil devrait donc modifier sa forme, mais la différence d'indices est trop grande pour qu'il y parvienne. Il est ainsi incapable de dévier suffisamment les rayons lumineux pour qu'ils soient focalisés sur la rétine.

William Madil

3. Science à domicile

Popeye et les polyphénols

Mon livre de cuisine italienne conseille de couper les épinards avec un couteau en Inox pour éviter la décoloration. Qu'est-ce qui risque d'être décoloré ? L'épinard ou le couteau ? Et quelle réaction chimique se produit ?

Hans Hamich

La raison pour laquelle il faut couper les épinards avec un couteau en Inox est surprenante, et milite en faveur des aliments qui contiennent du fer. Rappelons que la carence en fer est la première cause de déficience nutritionnelle.

La lame de fer et l'épinard seront tous deux décolorés par la réaction entre les polyphénols de l'épinard et le fer. Pour voir cette réaction plus clairement, mettez quelques cristaux d'un sel de fer, du sulfate par exemple, dans une tasse de thé. Et ne buvez pas le thé.

La couleur noire qui apparaît est due à la réaction entre les polyphénols, ou tannins, du thé, et le fer. Le composé noir obtenu est très insoluble. Cela a d'importantes répercussions pour l'absorption de fer par l'organisme car, sous cette forme, le fer n'est pas assimilable. J'ignore quelle est la source de la force de Popeye, mais ce n'est pas le fer des épinards.

On trouve des polyphénols dans beaucoup de légumes. Avec les phytines, ils expliquent pourquoi les végétariens présentent souvent des carences en fer. Compléter de tels régimes avec des sels de fer pose deux problèmes. D'abord, le fer n'est

pas assimilé ; ensuite, la coloration due à la réaction fer/polyphénols rend la nourriture peu appétissante.

Patrick MacPhail

Miroir magique

Quand un miroir de salle de bains se couvre de buée, on peut dessiner dessus. Quand la buée s'évapore, le dessin disparaît. Mais quand la buée revient, il réapparaît. Pourquoi ?

Glyn Williams

Quand la vapeur d'eau se condense sur un miroir sec, elle se dépose en gouttelettes séparées. Le grand nombre de gouttelettes rend le miroir opaque.

Quand vous dessinez sur le miroir avec votre doigt, les gouttelettes se rassemblent pour former un film d'eau, de sorte que le miroir redevient réfléchissant à ces endroits. Si le miroir se réchauffe, ou que l'humidité de l'air diminue, les gouttelettes s'évaporent. L'image disparaît car il n'y a plus de contraste entre les films et les gouttelettes.

Le film s'évapore cependant moins vite que les gouttes, car sa surface externe est plus faible (à volume égal, un ruban a une surface plus faible qu'une sphère). S'il n'a pas le temps de s'évaporer complètement, une nouvelle condensation se fera sous forme de gouttes, sauf là où subsiste un film : l'image réapparaîtra sur le miroir.

Si le miroir sèche complètement, le dessin ne devrait théoriquement pas réapparaître, mais il se peut que votre doigt ait laissé des traces de sueur qui, à cause de leur richesse en sel, condenseront l'humidité sous forme de film.

Les gouttes sont plus efficaces que les films pour transférer la chaleur, mais c'est un état instable : les gouttelettes tendent à fusionner pour donner des gouttes, puis des films. C'est aussi un état facile à éviter. Il suffit de nettoyer le miroir avec un chiffon imprégné d'un peu de détergent, du shampooing par exemple. Cela dépose un film en surface, qui empêche la formation de gouttelettes.

Tony Finn

Quand vous dessinez sur de la buée, vos doigts laissent un film de graisse (ou, si vous venez de vous laver, de graisse et de shampooing ou de savon). Le film est transparent : on ne le voit plus quand la buée disparaît. Mais si la buée se reforme, la taille des gouttelettes sera différente à l'endroit du dessin.

Il arrive que ce soient les zones contaminées qui favorisent la formation de gouttelettes ; l'image apparaît alors en positif et non en négatif. Mais généralement, les surfactants hydrophiles comme le savon réduisent la taille des gouttes et donnent un film transparent qui contraste avec la buée grisâtre environnante.

Hugh Wolfson

Meringues bio

Je fais souvent des meringues, ce qui implique de battre des blancs d'œufs en neige. Récemment, j'ai acheté des œufs bio, dont les blancs ont catégoriquement refusé de monter en neige. Pourquoi ? Y a-t-il quelque chose dans la nourriture des poules bio qui empêchent leurs œufs de faire des meringues ?

Vera Gaylor

Je pense que votre correspondante fait d'un cas particulier une généralité. Je fais souvent des meringues avec des œufs bio sans aucun problème, et nos grands-parents, dont tous les œufs étaient « bio », ne faisaient-ils pas de même ?

J. Oldaker

Monter des blancs en neige consiste à interconnecter un réseau de protéines de forme adéquate. Tout ce qui empêche l'interconnexion mène à une soupe qui refuse de durcir. Le coupable est souvent l'huile. Les ustensiles doivent être propres et sans traces de détergent. Avant que les blancs ne soient montés, la moindre gouttelette d'huile ou de crème peut faire retomber la meringue.

Jon Richfield

Les œufs de nos poules, qui n'ont pas le label « bio » mais le sont vraiment, font de merveilleuses meringues. Je pense que le problème est la fraîcheur des œufs. Des blancs d'œufs de moins de cinq ou six jours ne monteront pas. Les œufs de supermarchés peuvent avoir jusqu'à deux semaines, mais les « bio » sont sans doute plus frais.

Phil Baker

Vos œufs sont sans doute trop frais. Je suppose que les protéines commencent à s'interconnecter quand l'œuf vieillit, ce qui permet à l'albumine de piéger des bulles d'air quand les blancs sont battus.

Lorna English

Papier, s'il vous plaît

J'utilise toujours du papier toilette bleu car cela va bien avec la couleur des lieux. Mais un ami m'a dit que je devrais employer du blanc, moins néfaste pour l'environnement. A-t-il raison ? Pourquoi ? Et l'essuie-tout est-il pire que le papier toilette ?

John Shaw

Si votre ami pense que les colorants sont polluants, il a tort. Les groupes chimiquement actifs sur les molécules de colorants s'attachent très fortement à la cellulose, ce qui explique pourquoi ces couleurs ne coulent pas. Les colorants sont comme une souris prise dans un piège : en croquant le fromage, la souris devient inoffensive.

Les colorants sont chers, et les fabricants de papier toilette, même les plus indifférents à l'écologie, n'utiliseront que le strict minimum.

Quand le papier atteint les égouts, les molécules immobilisées dans le papier sont consommées par les bactéries et ne s'accumulent pas dans l'environnement.

Si vous en doutez, achetez des papiers toilette de différentes couleurs, faites-en des petits tas d'une dizaine de feuilles et enterrez-les dans un coin bien humide du jardin. Exhumez-les deux mois plus tard : vous ne retrouverez rien du tout.

Il en va de même de l'essuie-tout, qui est seulement un peu plus résistant lorsqu'il est mouillé, et doit donc donner un peu plus de fil à retordre aux bactéries.

Le vrai problème, selon moi, serait plutôt celui du blanchiment du papier.

Jon Richfield

Le bois est brun. Le papier non blanchi est brun. Le papier blanc, qui donne un meilleur contraste à la lecture, est préféré par la plupart des gens. Il est généralement blanchi au chlore, qui peut produire des dioxines cancérogènes. L'industrie du papier a radicalement diminué le nombre de composés contenant des dioxines qu'elle produit, et l'on envisage de les éliminer totalement en remplaçant le chlore par l'eau oxygénée et l'ozone, qui sont moins chers.

Signalons en passant que ce que nous considérons comme un blanc brillant est en réalité légèrement bleu. Beaucoup de papiers contiennent donc des agents blanchissants fluorescents,

qui réémettent les ultraviolets sous forme de lumière bleue. On peut voir ce type de papier luire en lumière « noire ».

Brady Hauth

Le papier toilette étant rarement lu, l'argument du contraste est ici inopérant et l'usage de papier toilette non blanchi devrait logiquement s'imposer comme écologiquement correct.

Quand flottent les gnocchis

Quand je cuisine des gnocchis, j'observe qu'ils se comportent bizarrement. Je les mets dans de l'eau bouillante légèrement salée, et ils coulent immédiatement. Pourtant, l'ingrédient principal du gnocchi congelé est la glace, de densité 0,92, alors que la densité de l'eau bouillante est de 0,97. Le gnocchi ne devrait-il pas flotter jusqu'à ce que la glace fonde, puis couler ? En fait, les gnocchis montent tous au bout de deux minutes, puis restent en surface. Que se passe-t-il ?

Radko Istenic

Quand les gnocchis congelés sont mis dans l'eau chaude, la densité moyenne de tous leurs ingrédients est plus grande que celle de l'eau bouillante : ils coulent. Quand ils se réchauffent au fond de la casserole, ils se remplissent d'air et se comportent comme un matelas pneumatique que l'on gonflerait au fond d'une piscine. Leur densité globale diminue et ils remontent.

Martin Garrod

Il y a longtemps que je fais des gnocchis et, comme j'en avais des congelés, j'ai procédé à quelques expériences. D'abord, un gnocchi a une densité de 1,1, ce qui fait qu'il coule dans l'eau bouillante. Ensuite, j'ai prélevé un gnocchi remonté du fond de la casserole et mesuré à nouveau sa densité. Malgré un séchage soigneux, l'opération est délicate et les résultats doivent être pris *cum grano salis*. J'ai noté un accroissement de volume de 14 % et un accroissement de masse de 8 %. La densité a donc diminué de 5,5 %. Bizarrement cependant, quand je plaçais un tel gnocchi dans de l'eau froide, il coulait !

Les gnocchis coulent parce qu'ils sont plus denses que l'eau. Mais la farine des très bons gnocchis est remplie de microbulles d'air dont le volume augmente sous l'effet de la température, ce qui les fait revenir en surface. Mon gnocchi avait coulé dans l'eau froide car l'air de ces microbulles, refroidi, avait diminué de volume.

Maria Fremlin

Le jaune du curcuma

Pourquoi le curcuma fait-il des taches jaunes indélébiles alors que la cannelle et le paprika ne tachent pas ? Et comment faire pour enlever ces taches ?

Hefin Loxton

Le curcuma, obtenu en râpant le rhizome de *Curcuma longa*, et le paprika, qui provient des fruits de *Capsicum annuum*, sont des épices utilisées autant pour leur couleur que pour leur goût.

Le jaune du curcuma est dû à la curcumine, qui constitue environ 5 % de la poudre sèche. Les pigments rouges du paprika sont un mélange de caroténoïdes, surtout la capsanthine et la capsorubine, qui en constituent 0,5 %.

Les caroténoïdes rouges, longues chaînes moléculaires, sont solubles dans les solvants organiques comme le white-spirit. La curcumine est composée de molécules plus courtes, terminées par un groupe phényle. Elle est insoluble dans l'eau, mais pas dans le méthanol. On peut donc s'attendre à ce que le curcuma et le paprika tachent les peintures murales et les plastiques, qui contiennent des solvants organiques. On peut aussi s'attendre à ce qu'ils se concentrent, lors de la cuisson, dans les parties graisseuses des aliments.

Afin de comparer leurs pouvoirs colorants, mettez une bonne pincée de curcuma dans deux petits pots à épices, et faites de même avec du paprika. Ajoutez une cuiller à café d'alcool à brûler dans l'un des pots et la même quantité de white-spirit dans l'autre. En agitant, vous verrez apparaître le jaune du curcuma côté alcool, et le rouge du paprika côté white-spirit. Mais le jaune du curcuma est bien plus soutenu.

Cela explique pourquoi le curcuma tache davantage que les autres épices : il contient tout simplement davantage de matières colorantes. Le curcuma est stable à la chaleur, mais pas à la lumière. La bonne méthode pour se débarrasser d'une tache de curcuma est donc de la laver d'abord à l'alcool, puis de placer le tissu en plein soleil.

Michael Elphick

La malédiction de l'élastique

Pourquoi les vieux élastiques ont-ils tendance à fondre avant de se transformer en une masse friable ?

Stuart Arnold

Le caoutchouc est constitué de chaînes de polyisoprène qui glissent l'une contre l'autre quand le matériau est étiré. À l'état brut, le caoutchouc est trop mou et collant pour être utilisé ; on le durcit en lui ajoutant des produits chimiques comme le soufre qui créent des liens transversaux entre les chaînes. Cela s'appelle la vulcanisation.

Avec le temps, les ultraviolets et l'oxygène de l'air réagissent avec le caoutchouc, créant des radicaux qui coupent les chaînes de polyisoprène en segments plus courts. Cela ramène le caoutchouc à son état initial – mou et collant. Mais ces radicaux forment aussi de nouveaux liens entre les chaînes : le caoutchouc durcit et finit par devenir cassant.

La vitesse à laquelle un élastique devient mou, puis cassant, dépend de la vitesse de ces réactions, des additifs et autres colorants qu'il contient, ainsi que des conditions dans lesquelles on le conserve. La lumière et la chaleur accélèrent ces réactions (la vitesse est doublée si la température augmente de 10 °C), et la présence d'ozone (gaz notamment produit par les photocopieurs) encore plus. Enfin, un élastique tendu – autour d'un dossier par exemple – s'use plus vite car ses chaînes sont plus rapprochées : les radicaux « sautent » plus facilement d'une molécule à l'autre.

Le secret du citron

Pourquoi le jus de citron empêche-t-il les pommes et les poires de brunir ?

Brian Dobson

Pour répondre à cette question, il faut d'abord comprendre pourquoi certains tissus végétaux brunissent quand on les coupe. Les cellules végétales possèdent différents compartiments, dont les vacuoles et les chloroplastes, séparés par des membranes. Les vacuoles contiennent des composés phéno-

liques, parfois colorés mais le plus souvent incolores, tandis que d'autres compartiments contiennent des enzymes appelées polyphénoloxydases.

Dans une cellule de plante saine, des membranes séparent les phénoliques et les oxydases. Quand la cellule est endommagée – par un couteau, par exemple –, les phénoliques s'échappent des vacuoles et viennent au contact des oxydases. En présence de l'oxygène de l'air, ces dernières oxydent les composés phénoliques pour donner des espèces chimiques qui protègent la plante en réparant ses blessures, mais aussi en la colorant en brun.

La réaction de brunissement peut être arrêtée par deux agents, tous deux présents dans le jus de citron. Le premier est la vitamine C, antioxydant biologique qui s'oxyde lui-même en un produit incolore, en lieu et place des phénoliques. L'autre agent est une série d'acides organiques, spécialement l'acide citrique, qui abaisse le pH en dessous de celui favorable aux oxydases, ce qui ralentit le brunissement.

Le jus de citron a cinquante fois plus de vitamine C que les pommes et les poires, et est beaucoup plus acide, avec un pH de l'ordre de 2. Le jus de citron empêche donc aussitôt le brunissement. On pourrait parvenir au même résultat en plaçant les fruits dans une atmosphère d'azote et de gaz carbonique, sans l'oxygène nécessaire aux oxydases.

Le céleri-rave permet d'observer facilement le brunissement. Coupez une grande tranche de cette racine, puis posez dessus plusieurs petits disques de papier-filtre imprégnés de jus de citron, de jus de pomme, de vitamine C, d'autres antioxydants, ou d'acide citrique. Les produits bloquant l'action des oxydases laisseront un disque blanc sur le céleri.

Stephen C. Fry, biologie moléculaire et cellulaire,
université d'Édimbourg

La polyphénoloxydase (PPO) a été découverte dans les champignons en 1856 par le chimiste allemand Christian Schönbein. Elle est très répandue dans la nature, y compris chez les hommes, les animaux et les plantes. Sa fonction chez les plantes est de les protéger contre les insectes et les micro-organismes quand la peau du fruit est endommagée. La surface brune formée n'est pas attirante pour les insectes ou les autres animaux, et elle a en outre des propriétés antibactériennes.

Cet effet peut être indésirable. Il donne leur goût caractéristique au thé, au café ou au chocolat, mais il rend les avocats, les pommes ou les poires difficiles à vendre, ce qui pose un gros problème économique.

Angeles Hernández Y Hernández, Institut des sciences de la Terre, Grenade

Concept Aero

Une barre de chocolat bien connue (Aero en Grande-Bretagne, Luflée en France) contient des bulles d'air. Ces bulles sont distribuées uniformément dans toute la barre. Comment parvient-on à cette structure ? Pourquoi les bulles ne remontent-elles pas en surface quand le chocolat se solidifie ?

Natasha Thomas

Le procédé de fabrication de cette barre est gardé secret par Nestlé Rowntree. Je peux cependant vous dévoiler le nombre approximatif de bulles dans une barre : 2200 !

Marie Fagan, Service de presse, Nestlé

Les détails sont peut-être secrets, mais le concept se trouve dans le brevet GB 459583 qui date de 1935.

Le chocolat est chauffé jusqu'à ce qu'il soit fluide, puis aéré, au fouet par exemple, pour produire des petites bulles disséminées dans tout le chocolat. Versé dans des moules, le chocolat refroidit tandis que la pression de l'air des bulles est abaissée. Le volume des bulles, en conséquence, augmente, ce qui donne au chocolat final son aspect en bulles figées. Le revêtement externe de chocolat solide est versé dans le moule avant celui de la barre.

Le brevet n'explique pas pourquoi les bulles ne remontent pas en surface, mais cela est peut-être dû à la grande viscosité du chocolat semi-fondu, et à la rapidité du refroidissement.

Les brevets donnent beaucoup d'informations techniques. Il semble que 80 % des innovations techniques proviennent des brevets. On peut voir et imprimer GB 459583 en allant sur le site du Bureau des brevets (www.patent.gov.uk).

Melvyn Rees

Je n'ai pas la réponse chocolatée attendue par votre correspondant, mais, en tant que fabricant de savon, j'ai utilisé le même procédé pour faire un savon flottant. Les expériences ont été concluantes dans la mesure où le savon flottait bien, mais le produit n'était pas commercialement viable car il se dissolvait trop rapidement.

Mike Dignen

David Bailey, avocat, et Armen Kachikian, du service des brevets de la British Library, ont retrouvé un autre brevet, GB 459582, daté du même jour que le précédent, soumis par le chocolatier Rowntree et exposant le concept « Aero ». La marque avait été déposée huit jours avant le brevet. Les brevets britanniques sont censés expirer au bout de vingt ans, mais Aero est toujours valable aujourd'hui…

Tom Jackson a retrouvé le brevet américain US 4 272 558 (et GB 480951) datant de 1938 et concernant des « améliorations pour la nourriture et la boisson ». Ce brevet indique comment faire « buller » le chocolat avec du gaz sous pression qui se détend à travers une tuyère : « L'expulsion du gaz dans une région à la pression atmosphérique provoque l'expansion du gaz au sein du chocolat, ce qui lui donne une structure poreuse, en cellules semblables à celles des nids-d'abeilles. »

Ave Tia Maria

La liqueur de café (Tia Maria) peut être bue à la paille sous une fine couche de crème. Si la crème est versée à la surface de la liqueur, sur une épaisseur de 2 millimètres, et laissée reposer pendant 2 minutes, la surface commence à se fragmenter en plusieurs cellules toroïdales, en forme de petits anneaux. Ces cellules engendrent en surface une circulation rapide, qui persiste même si l'on aspire de la liqueur. Pourquoi ces cellules se développent-elles, et qu'est-ce qui les entretient ?

Geoffrey Sherlock

Nous sommes très heureux de constater que cette question posée en 1995 a généré un projet de recherche associant Julyan Cartwright du Laboratoire de cristallographie de Grenade, Oreste Piro de l'Institut méditerranéen d'études avancées de Majorque, et Ana Villacampa du Laboratoire Laurence Livermore, en Californie. Leur article, « Pattern formation in solutal convection : vermiculated rolls and isolated cells » (Morphogenèse par convection solutale : rouleaux vermiculés et cellules isolées), a été publié dans la revue Physica A *(vol. 314, p. 291). Depuis 1995, de nombreuses théories ont été émises, la plupart*

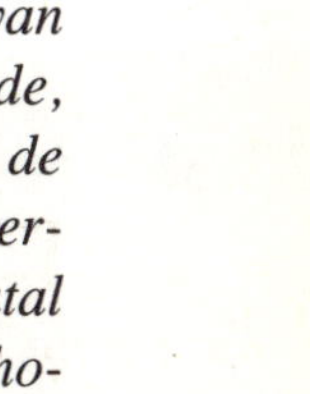

faisant intervenir la réaction entre l'alcool et la crème. On connaît maintenant la réponse définitive, donnée ici par le premier auteur de l'article de Physica A.

Nous avons testé ce phénomène et avons été fascinés. Les motifs qui se forment sont superbes, et différents selon l'épaisseur de la crème.

Tout cela est dû à la convection, mouvement fluide associé à des différences de température ou de concentration. C'est ce dernier type de convection, dite solutale, qui intervient entre la liqueur et la crème.

Le composant important de la liqueur est l'alcool. Dès que la crème est versée en surface, l'alcool diffuse à travers la couche de crème. Quand il atteint la surface, il modifie la tension de surface en l'abaissant. Le liquide se met alors à circuler des zones de faible tension superficielle vers celles de forte tension. Le liquide déplacé est remplacé en continu par le liquide situé sous les zones de faible tension superficielle.

Mais ce liquide, contenant encore plus d'alcool, a une tension superficielle encore plus faible et est déplacé à son tour. Telle est l'origine du mouvement de convection que l'on observe.

Ce type de convection, entretenu par la tension superficielle, est une convection de Bénard-Marangoni, très active pour les fines couches de fluides. Elle intervient dans le séchage des peintures et dans les fines couches d'alcool qui se déposent sous forme de « larmes » sur les parois des verres.

L'autre mécanisme responsable de la convection est la chaleur. Mais la convection thermique, ou de Rayleigh-Bénard, du type de celle que l'on observe dans une casserole où bout un liquide, n'est pas en cause ici puisque la crème est moins dense que la liqueur et reste en surface.

Les motifs qui apparaissent par convection ont été bien étudiés dans le cas des rouleaux de nuages, ou des hexagones qui se forment quand on fait chauffer de l'huile dans une poêle. Le

Tia Maria est une curiosité, car les motifs qui s'y forment ne sont ni des rouleaux ni des hexagones.

Des motifs analogues ont été mentionnés dans la littérature savante, en particulier dans des articles du début du XXe siècle. Les motifs en forme de vers (vermiculaires) apparaissent dans de fines couches de crème, ceux en forme de tores ou de pneus (cellules toroïdales) dans des couches plus épaisses. Tous deux sont dus à ce que la couche de crème bloque partiellement les mouvements de convection de la liqueur de café.

La recherche récente sur la convection tend à ignorer ces types de convection, au prétexte que les liquides en présence ne sont pas purifiés et que leurs mouvements sont peut-être dus à des impuretés. Nos études sur la liqueur de café ont montré que les mêmes motifs s'observent avec des fluides purifiés.

Julyan Cartwright, Oreste Piro, Ana Villacampa

Dur comme du miel

Pourquoi un miel bien clair et liquide, dans un pot non ouvert, peut-il se changer brutalement en une masse de sucre solide ? Des pots qui sont restés clairs pendant des années peuvent, en quelques semaines se changer en sucre bien qu'ils restent immobiles sur une étagère. La température ne semble pas en cause : cela se produit aussi bien en été qu'en hiver.

Billy Gilligan

Les apiculteurs ne sont pas d'accord là-dessus, mais il est vrai qu'il existe de nombreux miels différents. Le miel est une solution sursaturée de diverses proportions de sucres (surtout de glucose et de fructose), contenant des écailles d'insectes, des grains de pollen et des molécules organiques qui favorisent le processus de cristallisation. Le glucose a une tendance naturelle

à cristalliser tandis que le fructose reste en solution. Les miels d'aloès, riches en glucose et en noyaux de cristallisation, tendent à donner des petites boulettes solides, alors que d'autres miels, d'eucalyptus par exemple, restent clairs et liquides pendant des années.

Une prise en masse soudaine peut être due à la formation de noyaux de cristallisation par des microbes, un assèchement local, une oxydation ou d'autres réactions chimiques. La cristallisation peut aussi être spontanée ; certains miels y sont sujets, d'autres très rarement.

On peut la provoquer en dispersant des cristaux de sucre dans le miel, ou en le touillant énergiquement. Le sirop qui reste entre les parties cristallisées est plus liquide et beaucoup moins sucré que le miel initial.

Jon Richfield

J'ai vu cela se produire bien des fois. Un facteur déterminant semble être la source dont provient le miel. Le miel de colza cristallise une semaine ou deux après sa production par les abeilles. Le miel de bruyère semble ne jamais cristalliser. Le miel de fuchsia est le plus liquide de tous, au point d'être capable de fermenter, même lorsqu'il provient de cellules de la ruche scellées. Mais lui aussi finit par cristalliser, au bout d'un ou deux ans.

Pat Doncaster

L'effet glouglou

Quand on verse un liquide d'une bouteille, coule-t-il plus vite au début, à la fin, ou au moment où, entre les deux, apparaît le célèbre « glouglou » ?

Randy Baron

L'eau coulant d'une bouteille n'a pas de surface libre. L'eau qui sort doit donc être remplacée par quelque chose d'autre, car les liquides sont très peu compressibles. Si la bouteille est en plastique déformable, ses parois se déformeront en conséquence.

Dans une bouteille en verre, un autre mécanisme doit intervenir : des bulles d'air pénètrent par le goulot de la bouteille pour aller remplacer l'eau manquante. L'air entrant et l'eau sortante doivent passer chacun à leur tour, ce qui donne naissance à l'effet glouglou.

Deux autres facteurs affectent la sortie de l'eau. D'abord, si la bouteille n'est pas pleine, l'important volume d'air qui s'y trouve voit son volume augmenter à mesure que l'eau s'échappe. Cela continue jusqu'à ce que la pression de l'air soit égale à celle de la colonne d'eau dans la bouteille. Ce n'est qu'ensuite que le glouglou commence.

Un autre facteur est le siphon. Tenue dans une certaine position, la bouteille force l'eau à tourner à l'extérieur du goulot, ce qui laisse au centre une colonne d'air à peu près libre. En faisant décrire à la bouteille des petits cercles avant de la vider, on parvient à produire de très belles tornades en bouteille.

Tout cela est utilisé dans les dispositifs industriels de séparation de liquides, appelés « hydrocyclones », qui ressemblent un peu à une bouteille de lait renversée et produisent des motifs d'écoulement aux noms évocateurs : en corde, en cône ou en écume.

Martin Pitt, ingénierie chimique, université de Sheffield

Une petite expérience faite dans les locaux de New Scientist *confirme que, quel que soit l'angle auquel est tenue la bouteille, la sortie de l'eau est plus rapide quand la bouteille est pleine : la pression est alors maximale au niveau du goulot.*

Pour vider la bouteille plus rapidement, il vaut mieux ne pas la tenir verticale. Cela évite le glouglou qui ralentit l'évacuation de l'eau. Pour battre des records, suivez le conseil de Martin Pitt : donnez à la bouteille un mouvement circulaire, retournez-la puis continuez le mouvement de rotation.

Nous avons trouvé qu'une bouteille de 75 centilitres se vide en 9,9 secondes si elle est renversée verticalement, mais en 8,1 secondes si elle est tenue à 45 degrés. En la faisant tourner afin que se forme une petite tornade qui permet le remplacement de l'air en continu, on atteint 7,7 secondes.

De toute façon, la vitesse diminue à mesure que la hauteur d'eau diminue. En divisant le volume de la bouteille en trois parties égales, et, en ne comptant le temps nécessaire pour les évacuer, on obtient pour les cas analysés ci-dessus : 2,5, 3,5 et 3,8 secondes pour la bouteille verticale ; 2, 2,4 et 3,7 pour la bouteille penchée, et 2, 2,3 et 3,3 pour la bouteille à cyclone. Cette dernière méthode n'est pas recommandée pour verser de la bière ou toute autre boisson gazeuse d'une bouteille dans un verre…

? Le cinquième goût

Le glutamate monosodique est très utilisé dans la cuisine chinoise et japonaise. Pourquoi est-il devenu si populaire, et comment modifie-t-il la saveur des aliments ?

Michael Stuart

Le glutamate est employé depuis très longtemps dans la cuisine orientale. Pendant des milliers d'années, les Japonais ont mis une algue, le kombu, dans la nourriture pour en améliorer le goût. C'est seulement en 1908, cependant, que le glutamate monosodique a été identifié comme le principal composant du kombu.

Depuis cette date et jusqu'en 1956, le glutamate était produit industriellement selon un procédé d'extraction très lent. On est passé ensuite à une production à grande échelle basée sur la fermentation des mélasses de betterave à sucre et de canne à sucre. Aujourd'hui, la production annuelle est de l'ordre de quelques centaines de milliers de tonnes.

Le glutamate monosodique contient 78,2 % de glutamate, 12,2 % de sodium et 9,6 % d'eau. Le glutamate, ou acide glutamique, est un acide aminé que l'on trouve dans les aliments protéiques comme la viande, les légumes, les volailles et le lait. Le roquefort et le parmesan en contiennent beaucoup. Mais le glutamate industriel est un peu différent : au lieu de ne contenir que de l'acide glutamique gauche (car certaines molécules ont un « sens »), il contient aussi de l'acide glutamique droit, ainsi que de l'acide pyroglutamique et d'autres espèces chimiques.

Peu de gens savent que le glutamate n'est pas seulement utilisé en Chine et au Japon. En Italie, on en met dans les pizzas et les lasagnes ; aux États-Unis, dans les soupes et les ragoûts, et en Angleterre dans les céréales et les chips.

On pense que le glutamate intensifie le « cinquième goût » qui se trouve naturellement dans certaines nourritures – les quatre autres étant le sucré, l'amer, le salé et l'acide. Ce cinquième goût – umami en japonais – est souvent décrit comme proche de celui d'un bouillon de viande.

Umami a été identifié en tant que goût en 1908 par Kikune Ikeda, de l'Université impériale de Tokyo, en même temps que le glutamate fut trouvé dans le kombu. Il est logique, du point de vue de l'évolution, que nous trouvions du charme au glutamate, puisque c'est l'acide aminé le plus abondant dans nos aliments.

Certains prétendent que l'umami signale la présence de protéines dans la nourriture, de même que le sucré signale celle d'hydrates de carbone énergétiques, l'amer celle de toxines, le salé celle de minéraux et l'acide une probable fermentation.

Une équipe de chercheurs a identifié un récepteur de l'umami, qui est une forme modifiée d'une molécule baptisée mGluR4.

Mark Bollie

Thé au citron

Il suffit de mettre quelques gouttes de jus de citron dans du thé noir pour qu'il s'éclaircisse considérablement. Pourquoi ?

Stuart Robb

L'ajout de jus de citron change l'acidité, et donc la couleur. Le thé est comme le papier pH qui change de couleur selon l'acidité. On observe le même effet avec le jus de cuisson du chou rouge.

Aron

Les feuilles de thé contiennent des composés chimiques, les polyphénols, qui constituent le tiers de leur masse sèche. La couleur du thé et une bonne partie de son goût sont dues à ces polyphénols.

Parmi ces polyphénols, les théarubigines sont les pigments rouge-brun que l'on trouve dans le thé noir. La couleur de ce thé dépend aussi de la concentration des ions hydrogène dans l'eau. Les théarubigines sont des acides faibles et les anions (ions négatifs) qu'ils produisent sont très colorés. Si l'eau du thé est basique, la couleur du thé sera plus foncée car les théarubigines seront davantage ionisées.

Si on lui ajoute du jus de citron, qui est un acide, les ions hydrogène (positifs) neutralisent les ions théarubigines et la couleur s'adoucit. Les théaflavines, quant à elles – les polyphénols jaunes du thé –, n'interviennent pas dans ce changement de couleur.

Johan Uys

? Bouteilles à la mer

J'ai appris que les vieilles bouteilles de madère pouvaient être gardées en position verticale, et ce pendant des siècles. On garde pourtant les bouteilles de vin horizontales pour que le bouchon reste humide. Pourquoi le madère est-il différent ?

Cristina Mariana

Les vieilles bouteilles de madère ne doivent pas être gardées verticales, mais, si c'est le cas, ça ne leur fera pas beaucoup de mal.

Une fois qu'un vin est embouteillé, le grand ennemi est l'oxygène. En oxydant le vin (qui devient du vinaigre), il donne un goût acide et une odeur désagréable. Le bouchon doit empêcher l'oxygène d'entrer, et ne garder que celui qui se trouve dans le goulot. Et comme les bouchons rétrécissent en séchant, les bouteilles verticales finiront par laisser pénétrer l'oxygène. C'est pour cela qu'on laisse les bouteilles horizontales, afin de garantir l'étanchéité du bouchon.

Le vin de Madère est additionné d'un peu d'alcool avant que la fermentation ne soit complète. Cela fait qu'il reste un peu de sucre dans le vin car l'alcool tend à tuer la levure. Un autre effet est de donner, bien sûr, un vin plus alcoolisé (entre 16 et 20 degrés) qui, dans l'ensemble, résiste mieux à l'oxydation.

Mais le madère est un cas particulier. Il est meilleur quand il est légèrement oxydé, ce qui a été découvert accidentellement au XVIIIe siècle lorsqu'on envoyait sur des navires des barriques de madère qui passaient de longs mois à fond de cale dans les régions tropicales. De fait, un vin oxydé est dit « madérisé ». C'est pour cela qu'un madère est moins susceptible qu'un

autre vin de se madériser davantage qu'il n'est, suite à un bouchon sec, par exemple.

Pourquoi, alors, recommande-t-on la position verticale ? Entre 5 et 10 % des bouchons pourrissent quand ils sont humides, ce qui donne au vin un goût « bouchonné ». Cela ne risque évidemment pas d'arriver au madère vertical. Ce vin sera-t-il toujours buvable des siècles plus tard ? J'ai eu récemment le privilège d'ouvrir, de décanter et de tester environ 5 centilitres d'un madère de 1814. Il était toujours buvable – pas bon, mais buvable. Il avait été rebouché tous les vingt-cinq ans environ. Il s'appelait « Violet » et, comme ma femme s'appelle Violette, j'ai gardé la bouteille. À cette époque, le madère était souvent baptisé du nom du navire qui le transportait aux États-Unis.

Edward Hobbs, œnologue

Un vieux madère peut fort bien vieillir davantage que son bouchon. Il faut donc changer le bouchon tous les dix ou vingt ans. Certains spécialistes notent même sur l'étiquette les dates de bouchonnage. L'oxydation avancée du vin permet de pratiquer cette opération osée qui, avec du porto ou du sherry, serait fatale.

Le procédé qui permet au madère de s'oxyder, nommé « estufagem », a été découvert accidentellement après que des barriques ayant passé des mois sous les tropiques ont révélé un goût et une couleur très agréables. Pendant des siècles, les producteurs ont continué à proposer leurs barriques de madère comme ballasts pour stabiliser les bateaux : à haute température et à fond de cale, ils se madérisaient parfaitement. Aujourd'hui, les cales sont moins accueillantes et le madère est simplement conservé à 50 °C pendant trois mois.

Mark McKegrow

Drink très long

Quelle est la taille maximale d'une paille pour boire une boisson gazeuse ?

Bhargav, Hyderabad, Inde

Si vous faites un vide parfait au-dessus d'un liquide non volatil, la hauteur maximale à laquelle vous pourriez élever le liquide serait telle que la colonne de liquide équilibre la pression atmosphérique (101 325 pascals). Cette pression est donnée par $\rho g h$, où ρ est la masse volumique du liquide, g l'accélération de la pesanteur ($9{,}81\ m/s^2$) et h la hauteur de la colonne. Pour l'eau (de masse volumique $1\,000\ kg/m^3$), cela donne une hauteur maximale de 10,3 mètres.

Cependant, à cause de la pression de vapeur de l'eau (3 536 pascals à 27 °C), cette dernière commencera à bouillir avant que le vide parfait ne soit atteint. La pression de vapeur maximale serait donc :

101 325 – 3 536 = 97 789 pascals.

Cela donne une hauteur maximale de 9,97 mètres.

Dans le cas d'une boisson gazeuse, cela se complique à cause du CO_2 dissous, qui va commencer à bouillir sous vide. En aspirant avec précaution et très lentement, vous aurez d'abord le CO_2 puis, ensuite, une boisson sans gaz. Si vous aspirez très vite, vous aurez le liquide avant que le CO_2 ne forme de bulles. Vous obtiendrez en fait une mousse de liquide et de bulles, et pourrez utiliser une paille plus longue car la densité de la mousse serait plus basse que celle de l'eau.

La réponse à votre question dépend donc de la quantité de CO_2 que vous souhaitez et de la vitesse à laquelle vous êtes

capable d'aspirer. Il faudra aussi penser à autre chose qu'une paille en plastique: ce matériau a tendance à s'amollir dans le vide.

Simon Iveson, ingénierie chimique, université de Newcastle, Australie

Avec une paille rigide en plastique, nos élèves arrivent à aspirer jusqu'à environ 2 mètres. En bloquant le tube avec le bout de la langue, puis en recommençant à aspirer, on atteint facilement 4 mètres. C'est notre record, car nous sommes limités par la hauteur de notre échelle, et les autres options (escalier du collège, toit du troisième étage) ne sont pas raisonnables avec une classe de trente élèves.

Je suppose que cette hauteur n'est pas loin de la limite pratique. La dépression dans la bouche étant la même que celle au sommet du tube, l'exercice devient impraticable car il devient impossible de retirer la langue du tube.

Se pose aussi le problème de la pression des poumons qui peut chuter dramatiquement avec des conséquences catastrophiques. Il est sage de s'arrêter là.

Keith Sherratt, professeur de physique

Soyez prudent si vous tentez l'expérience. Non seulement vous risquez de tousser désagréablement, mais une succion trop intense peut vous ensanglanter la bouche.

Dans le désert du Kalahari, il y a une dizaine d'années, les !Kung aspiraient l'eau de petits trous dans les rochers. À la saison sèche, ils mettaient bout à bout des roseaux pour faire de longues pailles. Les hommes qui parvenaient à aspirer de l'eau la rejetaient dans un récipient commun à toute la tribu.

Jon Richfield

Tissu électrique

Quelqu'un peut-il me dire comment font les fabricants de vêtements pour empêcher l'accumulation d'électricité statique ?

Johanna

L'électricité statique est un déséquilibre de charges électriques – un manque ou un surplus d'électrons à la surface d'un matériau. Cela se produit souvent quand deux tissus sont mis en contact, puis séparés. L'un d'eux prend une charge positive, l'autre une charge négative. La friction entre deux tissus augmente encore cet effet.

Dans des conditions habituelles, les fibres de coton et de laine ont une forte humidité, ce qui les rend un peu conductrices. Les charges ne peuvent donc s'accumuler puisqu'elles se déplacent dès qu'elles apparaissent. Les tissus synthétiques, eux, surtout par temps sec, conservent très bien les charges. Pour réduire cet effet, on dépose à la surface du tissu une couche d'apprêt qui réduit la résistance électrique de surface.

Paul Thompson

L'électricité statique des tissus est due à la friction fibre/fibre, fibre/personne ou même fibre/air, et dépend du matériau utilisé. La quantité de charges accumulée dépend aussi beaucoup de l'humidité – plus l'humidité est grande, moins les charges s'accumulent. Les fibres comme la rayonne, la soie, le coton et le lin ont une forte humidité naturelle et sont peu sujettes aux problèmes électriques. En revanche, le polyester, les acryliques et le polypropylène, peu humides, sont très « électriques ».

Les apprêts ou vaporisateurs antistatiques sont de deux types. Les premiers contiennent des molécules comprenant des groupes chargés, qui agissent comme des conducteurs et dissipent les charges électriques. Les seconds sont des humidifiants qui permettent aussi au textile de dissiper son énergie électrique. L'excès d'humidité en surface augmente la conductance électrique et le transfert des charges en un autre endroit du tissu.

L'industrie textile fabrique des produits antistatiques. Dans les tapis, un petit pourcentage de fibres (3 %) est doté de chaînes carbonées destinées à évacuer les charges statiques. Mélanger un peu de noir de carbone à du latex ou à un plastique a le même effet.

Dans le cas d'un tapis de laine tissé, on peut ajouter des fibres métalliques, ou encore imprégner la fibre avec de la vapeur d'aluminium ou d'argent, éléments chimiques très conducteurs. Il est alors important, sous peine d'obtenir un tissu uniformément gris, de ne pas dépasser 5 % de matière traitée.

Bob Wagner

Les apprêts antistatiques contiennent des « surfactants ». Il s'agit de longues molécules (comme celles de l'huile ou du savon) portant une charge positive à une extrémité. On utilise souvent l'ion ammonium, dans lequel l'atome d'azote est entouré de quatre groupes organiques.

Pendant la fabrication, la charge négative qui apparaît à la surface du tissu attire l'extrémité positive des molécules de surfactant. Ces longues molécules lubrifient les fibres pour réduire la friction responsable de l'électricité statique. Elles facilitent en outre le repassage et donnent au tissu une douceur particulière.

Richard Phillips

La concavité de la tartine

Pourquoi une tartine de pain recouverte de miel devient-elle peu à peu concave ?

Donald Trollope

Ma femme m'assure que sa tartine n'a jamais le temps de devenir concave. Mais pour ceux qui mangent plus lentement, voici une explication.

Le pain contient environ 40 % d'eau tandis que le miel est une solution contenant 80 % de sucre et 20 % d'eau. Cela signifie que, par osmose, l'eau du pain va passer dans le miel. Enlever l'eau du pain réduit son volume, mais seulement du côté en contact avec le miel. La tartine devient donc concave.

Cela sera moins évident si vous beurrez votre tartine avant d'y déposer du miel. Le beurre forme une couche imperméable qui empêche la déshydratation du pain.

Peter Bursztyn

Lumière grise

Avec le temps, les lampes à incandescence deviennent grisâtres en surface. Pourquoi ?

Kirsty Rhode

Cela est dû à l'évaporation du tungstène du filament, qui se dépose sur la surface interne de l'ampoule. Cette évaporation finit d'ailleurs par tellement amincir le filament qu'il casse.

On a essayé plusieurs méthodes pour empêcher ce phénomène. Les premières lampes à incandescence étaient des ampoules à vide, mais il apparut rapidement que l'ajout d'un gaz inerte améliorait notablement leur durée de vie. On utilise aujourd'hui un mélange d'azote et d'argon, un gaz inerte. En outre, des métaux réactifs comme le tantale ou le titane peuvent être placés près du filament pour attirer les particules de tungstène qui ne se sont pas déposées sur l'ampoule. Un peu de poudre de tungstène abrasive peut aussi être placée dans l'ampoule. En l'agitant de temps à autre, on enlève les particules déposées sur le verre.

On peut aussi éliminer le phénomène en introduisant dans l'ampoule une petite quantité d'iode ou de brome. Le tungstène qui s'échappe du filament réagit avec ces « halogènes » qui le redéposent sur le filament ! Pour empêcher les halogénures de tungstène de se condenser sur le verre et d'interrompre le cycle, la température de l'ampoule doit être au moins de 500 °C. C'est trop chaud pour les ampoules de verre, qui fonctionnent généralement à 150 °C, ce qui oblige à employer du quartz, ou dioxyde de silicium.

Par rapport aux lampes à incandescence ordinaires, les lampes halogènes à quartz ont des durées de vie supérieures et une meilleure puissance d'éclairage. Une lampe halogène, au bout de 2000 heures, n'a perdu que 5 % d'énergie lumineuse. Une lampe à incandescence, au bout de 1000 heures, en a perdu plus de 15 %.

Ross Firestone

Cela peut s'expliquer par le fait que les lampes n'émettent pas de la lumière, mais qu'elles absorbent de l'obscurité. La théorie de « l'aspiration obscure » est trop complexe pour être décrite ici en détail, mais elle prouve 1) l'existence de l'obscurité ; 2) le fait que l'obscurité est plus lourde que la lumière ; 3) qu'elle est colorée ; et 4) qu'elle se propage plus vite que la lumière.

Pour répondre à votre question, une ampoule devient grise avec le temps à cause de l'obscurité qu'elle a absorbée. De même, une bougie, type très primitif d'aspirateur obscur, noircit avec l'âge à cause de l'accumulation d'obscurité qu'elle a provoquée.

Ken Walke

Le lecteur aura compris que la théorie de l'aspiration obscure n'a pas encore reçu l'aval de la communauté scientifique.

Bière qui mousse...

Pourquoi la bière perd-elle ses bulles quand il fait chaud ?

Jon Shaw

La réponse tient au comportement des gaz et à leur solubilité dans l'eau. La plupart des bières sont des solutions de sucres, de gaz, d'acides organiques, d'alcools et d'autres composés complexes.

Le gaz dissous est le dioxyde de carbone. Dans les « ales » anglaises, il est obtenu par fermentation de la levure sur les sucres résiduels ; dans la plupart des autres bières, il est ajouté artificiellement avant la mise en bouteille.

Il se trouve que la solubilité du CO_2 dépend de la température du solvant dans lequel il est dissous. Une bière froide peut en contenir davantage qu'une bière chaude. C'est aussi pour cela que les poissons qui ont besoin de beaucoup d'oxygène, comme la truite ou le saumon, vivent dans des rivières froides, riches en oxygène dissous.

La bière servie à la pression a une certaine concentration de CO_2 dissous, mais cette concentration diminue si la tempéra-

ture de la pièce est élevée. L'excès de gaz se dégage dans l'atmosphère via les bulles que l'on voit s'élever dans le verre, ainsi que d'autres composés volatils issus du malt et du houblon, ce qui altère le goût de la bière.

Certaines bières perdent leurs bulles moins vite que d'autres. Les « bitters » anglaises, très goûteuses car contenant beaucoup de molécules d'esters et d'alcools à longues chaînes, sont servies plus tièdes que les « lagers » continentales, dont le goût moins prononcé se perçoit moins si la température est plus basse. On les sert donc plus froides, mais cela implique qu'elles perdent plus vite leur CO_2, puisque la différence de température avec l'air ambiant est plus grande.

Quel que soit le type de bière, il est donc conseillé de boire aussi vite que possible, et dans une pièce bien froide…

Geoff Nicholson

4. L'univers

Galaxies en folie

Si toute la matière de l'univers a été créée lors du Big Bang, et si l'univers est depuis en expansion, comment se peut-il que deux galaxies puissent entrer en collision ?

Don Jewett

L'expansion de l'univers est l'expansion de l'espace lui-même, pas de la matière qu'il contient. Le mouvement local de cette matière est indépendant de l'expansion globale de l'espace. De fait, la galaxie d'Andromède se dirige vers nous.

Grant Thomson

Le Big Bang n'a pas été une explosion ordinaire, dans laquelle des fragments de matière sont éjectés dans toutes les directions. Il a provoqué une expansion de l'espace lui-même.

L'image classique consiste à considérer les galaxies comme des points sur un ballon que l'on gonfle. Les galaxies s'écartent les unes des autres sous l'effet de l'expansion du ballon. Mais dans cette analogie, il faut bien garder à l'esprit que c'est la surface du ballon, et non son volume interne, qui représente notre espace à trois dimensions.

Les galaxies peuvent avoir leurs propres trajectoires à la surface du ballon, sous l'effet de l'attraction gravitationnelle des autres galaxies. Ce mouvement local est distinct de l'expansion de l'espace : deux galaxies peuvent donc entrer en collision.

Bogdan Kamenicky

L'univers est globalement en expansion. Mais la gravité fait que toute la matière ne s'éloigne pas du centre. Voyez la Terre sur son orbite autour du Soleil. Nous passons la moitié du temps à nous éloigner du centre de l'univers (quel qu'il soit, et où qu'il soit), et l'autre moitié à y revenir.

Steve Minear, université Emory, Atlanta

Une boussole dans l'espace

Si on emporte une boussole dans l'espace, à partir de quelle distance de la Terre cessera-t-elle d'indiquer le nord ? Au-delà, elle sera sans doute soumise au champ magnétique du Soleil ou d'autres planètes : quelle direction indiquera-t-elle ?

Ben

Le champ magnétique de la Terre ressemble au volume d'une pomme, avec deux « ouvertures » au niveau des pôles magnétiques. Cette bulle invisible, la magnétosphère, s'étend jusqu'à environ 60 000 kilomètres dans l'espace. À l'extérieur de la magnétosphère, on se retrouve sous l'influence du vent solaire, un flux de particules chargées guidées par le champ magnétique du Soleil. Pendant les périodes de faible activité solaire, ce champ magnétique a la forme d'une spirale, sous l'effet de la rotation du Soleil, un peu comme un jet d'eau en rotation.

Les mesures de champ magnétique interplanétaire par des sondes spatiales permettent de comprendre l'interaction entre le champ solaire et celui de la Terre. Les aurores polaires, par exemple, sont dues à l'interaction avec l'atmosphère terrestre du vent solaire attiré par les deux ouvertures polaires. Cela explique leur forme d'anneaux au-dessus des régions polaires.

À l'opposé du Soleil, la magnétosphère est considérablement étirée par le vent solaire, comme un drapeau claquant au vent. Elle s'étend jusqu'à 7 millions de kilomètres, voire plus. Dans cette zone, une boussole indiquerait la direction de la Terre, ou son opposé.

Si l'on quitte la magnétosphère terrestre, puis l'« héliopause », zone d'influence du Soleil, vers 150 unités astronomiques (distances Terre-Soleil) de la Terre, notre boussole commencera à ressentir le champ galactique et devrait se diriger vers la constellation Pyxis, mieux connue sous le nom de... la Boussole.

Steve Milan

Première à gauche après Mars

Si je veux, à pied ou en avion, aller d'un point A à un point B, je suivrai une direction indiquée par une boussole. Mais comment font les astronautes et les sondes spatiales pour se diriger ?

Howard Arber

Le problème de la navigation est de savoir où l'on se trouve par rapport à sa destination. Dans l'espace, connaître son « attitude » est aussi crucial que de connaître sa position : la première chose à faire est de repérer le Soleil et une autre étoile lointaine, mais proche de lui dans le ciel.

Sirius est un bon exemple, mais elle se trouve assez près de l'équateur céleste, de sorte qu'elle est parfois masquée par le Soleil. Canopus est préférable : presque aussi brillante, et bien au sud de l'équateur céleste, elle est assez éloignée du Soleil. D'après les positions de ces étoiles, et du Soleil, on peut calculer son attitude, et repérer les autres corps au radar ou par

observation visuelle. Des gyroscopes détecteront le moindre changement d'attitude et des mesures Doppler vous donneront votre vitesse.

Dans le système solaire, connaître sa trajectoire par rapport aux planètes vous donne le luxe de naviguer à vue pendant des millions de kilomètres. Ce n'est que lorsque vous accélérerez, vous rapprocherez d'un astre ou ferez une manœuvre qu'il faudra vérifier votre position et faire d'éventuelles corrections.

Jon Richfield

Les missions *Apollo* utilisaient des radars au sol pour déterminer leur position et, via des mesures Doppler, leur vitesse radiale. Les changements de direction étaient calculés au sol et transmis à l'équipage. Les nombres étaient alors entrés dans l'ordinateur de bord, qui gérait les moteurs fusées chargés de l'orientation. En cas de pépin, l'équipage était entraîné à faire des mesures au sextant et à calculer, à la main, sa position par rapport aux étoiles. Cela ne fut jamais nécessaire, sauf quand, à bord d'*Apollo 13*, l'ordinateur défaillant obligea les astronautes à atterrir en manuel.

Alex Swanson

Plus de Lune

Que se passerait-il si des extraterrestres venaient nous voler la Lune ?

Steven Nairn

La disparition de la Lune déclencherait une série d'événements catastrophiques qui éradiqueraient toute vie sur Terre.

Le premier effet, immédiat, serait la disparition des marées. Le Soleil et la Lune déterminent les marées, mais la Lune est dominante. Si elle n'était pas là, les marées seraient considérablement réduites.

Le deuxième effet serait l'affolement de l'axe de rotation terrestre. Aujourd'hui pratiquement perpendiculaire au plan de l'écliptique, il tendrait à lui devenir parallèle. Cela provoquerait des changements climatiques dramatiques. On subirait six mois d'été permanent et caniculaire, suivis de six mois d'hiver glacé.

Toutes les créatures vivantes finiraient par succomber, mais celle qui en souffrirait le plus est le nautile. Ce mollusque vit dans une admirable coquille en spirale qui s'agrandit chaque jour d'une nouvelle couche de matériau. Quand la Lune achève sa révolution autour de la Terre, le nautile scelle le compartiment qu'il occupait et passe dans le suivant, qu'il commence à construire. Enlevez la Lune, et le nautile restera pour toujours enfermé dans son dernier compartiment !

Andrew Turpin

La Terre et la Lune exercent l'une sur l'autre des effets gravitationnels. Elles tournent ensemble autour du Soleil, et autour d'un point situé sur la droite qui relie leurs centres. Si la Lune était soudain enlevée par des extraterrestres, son attraction disparaîtrait et la Terre dériverait hors de son orbite. Sa nouvelle orbite serait probablement beaucoup plus elliptique : les températures extrêmes et les modifications climatiques qui en résulteraient rendraient vite la planète inhabitable.

Rendons hommage à la Lune : sans elle, nous ne serions pas devenus ce que nous sommes.

Hovick Boughosyan

La disparition des marées aurait un effet dramatique sur les écosystèmes côtiers. Les mangroves, par exemple, ont les marées

comme principale source de nutriments. Cela modifierait aussi la circulation des courants marins, ce qui aurait des conséquences climatiques déplorables.

En outre, il n'y aurait plus de lumière la nuit. Tous les animaux nocturnes en seraient affectés, ainsi que tous les comportements synchronisés sur le cycle lunaire. Les hiboux auraient du mal à chasser et les insectes trouveraient plus difficilement leur partenaire, ce qu'ils font souvent en passant devant la Lune afin que leur silhouette soit bien visible.

Simon Iveson

Rassurons les lecteurs paniqués qui nous ont contactés : nous n'avons connaissance d'aucun complot extraterrestre visant à voler la Lune. C'est à vrai dire une drôle d'idée, même pour une civilisation ayant un sens de l'humour très en avance sur le nôtre.

? La bière de l'espace

Il semble que la NASA ait l'intention de fabriquer de la bière dans l'espace. La levure ne pourra ni couler ni remonter, comme sur Terre, et le dioxyde de carbone ne remontera pas en surface. Alors, comment la bière fermentera-t-elle, et le produit final sera-t-il buvable ?

Roger Cryne

Il est vrai que la NASA envisage de faire de la bière en microgravité. Les scientifiques qui étudient la physique des mélanges liquide-gaz aimeraient bien savoir, par exemple, comment se produit la fermentation et ce qui se passe quand un gaz ne peut s'évacuer d'un liquide.

Deux expériences récentes dans la navette spatiale ont apporté des éléments de réponse. La première s'est intéressée au comportement de la levure en gravité zéro – non seulement pour voir si l'on peut faire de la bière dans l'espace, mais aussi pour donner des informations aux compagnies pharmaceutiques qui s'intéressent au comportement des microbes en orbite.

La bière de l'espace s'est révélée très semblable à celle produite sur Terre : densité de la bière et efficacité de la levure sont comparables, mais le nombre total de cellules de levure et la proportion de cellules vivantes étaient inférieurs. Cela laisse envisager des améliorations de la fermentation sur Terre.

La seconde expérience, montée sur la navette par la compagnie Coca-Cola, consistait à tester un équipement de distribution de Coca en microgravité – sans que la boisson perde son contenu en gaz. Comme les bulles ne « montent » pas en gravité zéro, les variations de température, de pression ou même une simple agitation tendent à former une mousse peu ragoûtante.

Un dispositif contrôlé par ordinateur ajustait la température du mélange et réduisait l'agitation en plaçant le liquide dans un sac souple, lui-même à l'intérieur d'une bouteille pressurisée. La pression dans la bouteille était réduite au fur et à mesure que le sac se vidait, pour maintenir constante la pression du gaz.

Daniel Smith

Il est permis de s'interroger sur l'utilisation des installations scientifiques à des fins publicitaires. La NASA et Coca-Cola se préoccupent, comme on le voit, des problèmes de la planète.

Antiquestion

Si l'antimatière avait prévalu sur la matière après le Big Bang, y aurait-il quelque chose de différent dans notre univers ?

Sam Hopkins

Les théories cosmologiques affirment qu'après la création de matière et d'antimatière, en quantités exactement égales, une annihilation générale s'est produite, qui n'a laissé subsister qu'un peu de matière : celle qui nous constitue, nous et notre univers.

Vivre dans un univers où prédominerait l'antimatière reviendrait à vivre dans un miroir. En fait, rien ne changerait. Toutes les charges électriques positives seraient négatives, et vice versa ; pour les physiciens, l'idée de positons (antiélectrons) tournant autour de noyaux atomiques chargés négativement serait aussi naturelle que des électrons tournant autour de noyaux positifs.

Mike Follows

Jusqu'au début des années 1960, la réponse aurait été : « Pour autant qu'on le sache, il n'y a aucune raison qu'il y ait une différence. » Depuis, de subtiles différences entre matière et antimatière sont apparues et la réponse est devenue : « Probablement, mais il est trop tôt pour dire comment et pourquoi. » On ne sait même pas encore pourquoi la matière a prévalu dans notre univers. C'est vraisemblablement à cause d'une asymétrie aléatoire, mais il n'est pas impossible que l'antimatière soit instable dans les conditions qui régnaient alors.

Alors, existe-t-il (ou a-t-il existé ?) un univers d'antimatière où est apparue la vie ? Cela non plus, on ne le sait pas. Le fait que l'évolution soit extrêmement lente dans notre univers de matière n'implique pas qu'il en soit de même dans un univers d'antimatière. Certains prétendent même que les réactions ultra-rapides qui ont lieu dans la soupe de quarks des étoiles à neutrons seraient capables d'engendrer en un clin d'œil (et de détruire aussitôt) des structures complexes – et pourquoi pas des civilisations ? Peut-être que, à l'époque où elle a disparu, l'antimatière a produit des mondes aussi complexes que le nôtre. À moins, puisque l'antimatière peut être vue comme de la matière remontant le temps, que cela ne se soit pas encore passé…

Jon Richfield

Votre correspondant est-il bien certain que l'antimatière n'a pas prévalu ?

Vilnis Vesma

5. La planète

Vide-ordures planétaire

Pourquoi ne se débarrasse-t-on pas des déchets nucléaires en les coulant dans du béton puis en les plaçant dans une zone de subduction ?

Alec Pappas

L'idée d'insérer les déchets nucléaires dans les zones de subduction a été suggérée dès les débuts de l'ère nucléaire. Certains avaient aussi (sérieusement) proposé de les placer en Antarctique, au sommet de la calotte glaciaire. La chaleur des déchets ferait fondre la glace, et l'enfouissement serait automatique puisque la glace se refermerait derrière eux à mesure qu'ils descendraient.

L'idée des zones de subduction est tout à fait correcte, en théorie, mais elle se heurte à quelques problèmes pratiques. Les zones de subduction, où une plaque océanique passe sous une plaque continentale pour se fondre dans le manteau terrestre, sont très instables et imprévisibles. Surtout, les sédiments déposés sur la plaque océanique ne sont pas enfouis : ils sont rabotés par la plaque continentale et s'amassent en formant un prisme d'accrétion. Les déchets déposés sur le fond auraient donc une fâcheuse tendance à y rester. Quant à forer le basalte des plaques océaniques aux grandes profondeurs où se trouvent les zones de subduction, c'est une prouesse technique irréalisable.

Une autre solution océanique, plus élégante, consiste à insérer les déchets dans les couches d'argile qui recouvrent la plupart des plaines abyssales, peu profondes et géologiquement

très stables. Cela pourrait se faire en creusant des forages dans le sédiment, ou en utilisant des pénétrateurs en forme d'obus, capables de s'enfouir tout seuls, sous l'effet de leur vitesse de chute, à quelques dizaines de mètres dans l'argile molle. Ces solutions, pas non plus très simples à mettre en place, auraient le grand avantage de placer les conteneurs dans un environnement stable et imperméable, où d'éventuelles fuites radioactives seraient captées par l'argile, très absorbante.

Aucune de ces solutions, cependant, ne sera mise en œuvre prochainement : une convention internationale signée à Londres en 1983 interdit tout rejet radioactif dans l'océan. Un additif concernant les déchets de faible activité la complète même depuis 1993.

Sam Little

Le fond à la surface

Comment les océanographes font-ils pour mesurer la profondeur moyenne des océans ? Comment font-ils pour donner des estimations du niveau des mers – sujet déterminant pour connaître l'élévation du niveau marin suite au réchauffement climatique – au centimètre près ? Même par un jour sans vent, la surface de l'océan doit bien osciller de bien plus que 1 centimètre, ne serait-ce qu'à cause des vagues, des marées et de la houle.

Roger Sharp

On réalise des cartes du fond marin à partir de mesures d'anomalies de gravité. Le fond océanique étant immobile, les mesures peuvent être moyennées sur de longues périodes, et la précision améliorée d'autant. On n'atteint cependant pas le centimètre, mais ce n'est pas très grave dans la mesure où il n'est pas nécessaire de connaître la profondeur moyenne des océans pour estimer l'élévation du niveau des mers.

Le niveau océanique est mesuré par des jauges (ou marégraphes) placées sur les côtes, et de façon globale par des satellites dotés d'altimètres. La jauge peut être un flotteur ancienne manière, un capteur acoustique ou un radar. Les variations rapides des vagues peuvent être lissées en plaçant le flotteur dans un tube vertical dont l'ouverture inférieure est de l'ordre du dixième du diamètre du tube : cela suffit à amortir les petites vagues répétées, en ne mesurant que les mouvements plus lents, comme les marées.

Les satellites donnent une image plus complexe, car il faut tenir compte de la pression atmosphérique, de la concentration en vapeur d'eau et de l'effet des vagues et des marées. Et ce sont les bonnes vieilles jauges qui permettent de calibrer les altimètres satellites.

Une précision de l'ordre du millimètre peut être atteinte en calculant des moyennes. Les satellites balayent typiquement des zones de 7 kilomètres de diamètre, et les mesures, des satellites comme des jauges, sont moyennées sur de longues périodes. On parvient ainsi à éliminer les marées, les vagues, les orages et même certains cycles saisonniers.

Les mesures montrent que le niveau des mers s'est élevé d'environ 2 millimètres par an au cours du dernier siècle. Dans les dix dernières années, on a observé une montée de 3 millimètres par an, mais on ne sait pas encore si cette brutale accélération est due à une fluctuation temporaire ou à un processus à long terme.

Simon Holgate, Laboratoire océanographique Bidston, Merseyside

Le niveau de la mer se mesure avec des marégraphes. Ces instruments ne mesurent que la hauteur relative de la mer et de la terre, mais il n'y a pas que la mer dont le niveau change. Les

terres émergées bougent aussi, sous l'effet de la tectonique des plaques et d'autres phénomènes. Dans les grands ports, les marégraphes sont affectés par l'urbanisation : le poids des villes importantes crée un phénomène de subsidence locale, qui peut se traduire par une hausse du niveau de la mer. À Adélaïde, en Australie, la construction massive de bâtiments a provoqué un assèchement des nappes phréatiques et un enfoncement par rapport au niveau de la mer. Tout cela fait que l'altimétrie par satellite est la technique la plus précise pour mesurer l'élévation du niveau.

Avec toutes ces difficultés, les résultats obtenus peuvent paraître miraculeux ; sous l'effet du réchauffement climatique, le niveau marin s'élève de 1,7 à 2,4 millimètres par an. Le principal phénomène en cause est l'expansion thermique des océans ; la fonte des glaces y contribue très faiblement.

Mike Follows

Le niveau des mers se mesure avec des altimètres radar embarqués sur des satellites. Si l'altitude du satellite est connue, la hauteur de la surface océanique peut être déterminée à quelques centimètres près.

En faisant la moyenne des résultats obtenus lors de plusieurs passages sur le même point, on peut cartographier les variations à court terme induites par les différences de température saisonnières, les apports d'eau des fleuves et l'évaporation. Sur une période de temps plus longue, les moyennes commencent à déceler des variations de niveau dues à des phénomènes comme les oscillations australe et nord-atlantique. Une moyenne réalisée sur toutes les orbites et tous les océans montre que le niveau global s'élève de 2,3 millimètres par an.

Une des caractéristiques les plus intéressantes des cartes obtenues est que la surface des océans reflète fidèlement la topographie du fond. La masse d'un mont sous-marin, par exemple, augmente la gravité et « soulève » la surface de la mer à sa verticale. Une dépression du fond, en revanche, crée un creux en surface.

Les altimètres satellites ont ainsi, en quelques années, cartographié des portions du fond marin qui auraient demandé des dizaines d'années de travail aux techniques classiques. Les informations recueillies sont parfois surprenantes : les cartes altimétriques par satellite ont permis d'identifier un cratère de 20 kilomètres de diamètre au sud de la Nouvelle-Zélande. Avec un classique sonar, une telle détection aurait été très chère, et très délicate.

Ted Bryant, université de Wollongong, Australie

Grand bleu

J'ai toujours pensé que la mer était bleue parce qu'elle reflétait la couleur du ciel. En vacances à Malte, j'ai vu un bleu azur très profond dans des grottes où il n'y avait aucune réflexion du ciel. D'où vient cette couleur ?

Peter Scott

L'eau de mer nous apparaît bleue car elle absorbe toutes les longueurs d'onde de la lumière, sauf les plus courtes, qui correspondent à la couleur bleue et qui sont diffusées dans toutes les directions. L'atténuation de la lumière est due à la combinaison de l'absorption et de la diffusion par tout ce qui se trouve dans l'eau, en plus de l'eau elle-même.

Les variations de la couleur de l'eau sont d'abord dues à la nature et à la concentration du plancton. Sous les tropiques, et contrairement à l'idée reçue qui veut que les eaux soient très productives, les océans sont clairs car ils contiennent peu de plancton et de sédiments en suspension. En fait, ils sont pratiquement stériles, comparés aux régions océaniques tempérées,

plus froides et riches en plancton. Là, des particules inorganiques et des matières dissoutes réfléchissent et absorbent la lumière, ce qui rend l'eau moins claire.

Johan Uys

Cet effet est dû à l'absorption sélective de la lumière par les molécules d'eau, spécialement par leur atome d'oxygène, qui absorbe l'extrémité rouge du spectre de la lumière visible. C'est aussi pour cela que les glaces polaires et les grands icebergs paraissent bleus.

Albert Day

La réflexion de la lumière contribue à la couleur de la mer, mais elle n'est pas déterminante. Même l'eau pure est légèrement bleu-vert, car elle filtre les couleurs rouge et orange de la lumière. Cependant, les impuretés de l'eau, surtout les substances inorganiques, affectent bien davantage son apparence.

Dans les grottes comme celles que vous mentionnez, la lumière doit traverser une épaisseur d'eau plus grande qu'à l'habitude. La forte absorption des longueurs d'onde autres que le bleu et le vert intensifie l'effet. En fait, ce genre de lumière contient si peu de rouge que les sous-mariniers qui sont restés plusieurs jours en profondeur ont l'impression, revenus en surface, que tout est étrangement rouge.

Jon Richfield

Le Lac bleu, près du mont Gambier en Australie du Sud, est toujours bleu, qu'il y ait ou non du soleil. Il repose sur un sol calcaire, et est saturé en carbonate de calcium. Sa couleur est due à ce que ses très fines particules en suspension diffusent la lumière bleue.

L'eau de mer est généralement sursaturée en carbonate de calcium, mais la présence de magnésium limite la précipitation de ce sel. Ce phénomène peut cependant se produire quand l'eau de mer entre en contact avec un carbonate de calcium, la calcite, présent dans une roche ou un sédiment. C'est peut-être ce qui se produit dans les grottes de Malte.

Robert Gerriste

? Y a plus de saisons

J'ai toujours cru que les équinoxes tombaient le 21 mars et le 21 septembre, et divisaient l'année en quatre parties égales avec les deux solstices. Or, je lis souvent que le jour des équinoxes n'est pas un 21. Il doit pourtant bien y avoir une division égale des saisons, à cause de la rotation de la Terre autour du Soleil, non ?

Richard Kingsly

Les équinoxes de printemps et d'automne sont définis comme les moments où le Soleil est au zénith à midi heure locale à l'équateur (en termes astronomiques, c'est le moment auquel le Soleil coupe l'équateur céleste). À l'équinoxe, le jour et la nuit ont exactement la même durée partout dans le monde. La date exacte des équinoxes varie légèrement ; dans l'hémisphère Nord, l'équinoxe de printemps tombe généralement le 20 ou le 21 mars et l'équinoxe d'automne le 22 ou 23 septembre (les dates sont inversées dans l'hémisphère Sud). Cette variation est simplement due à ce qu'il y a des années bissextiles, qui impliquent un décalage d'un jour et quelques dans le calendrier.

Les équinoxes se produisent en des positions diamétralement opposées de la Terre sur son orbite autour du Soleil, mais il est intéressant de savoir que leurs dates ne divisent pas l'année en

deux moitiés égales. Si l'on calcule les dates moyennes des équinoxes et la longueur moyenne de l'année, on s'aperçoit que l'équinoxe d'automne tombe 186 jours après l'équinoxe de printemps, alors que ce dernier se produit 179,25 jours après l'équinoxe d'automne. Cela est dû au fait que l'orbite de la Terre est elliptique et que la Terre est plus proche du Soleil en janvier. Les lois de Kepler assurent qu'un rayon vecteur reliant la planète au Soleil balaye des aires égales en des temps égaux. Comme ce rayon est plus court en janvier, c'est à cette époque que la vitesse de la Terre est la plus grande. Elle met donc moins de temps pour faire le demi-tour allant de l'équinoxe d'automne à l'équinoxe de printemps, que pour parcourir l'autre demi-tour. Il en résulte que l'été et le printemps, dont les jours font plus de 12 heures, durent près de 7 jours de plus dans l'hémisphère Nord que dans l'hémisphère Sud.

Robert Harvey

L'affirmation selon laquelle les saisons doivent avoir des durées égales n'est pas correcte. Ptolémée, vers l'an 140, essaya d'expliquer les longueurs inégales des saisons. Le printemps dure 92 jours et 19 heures, l'été 93 jours et 15 heures, l'automne 89 jours et 20 heures, et l'hiver 89 jours, pile. Ptolémée en déduisit que l'orbite du Soleil autour de la Terre, censée être circulaire pour des raisons évidentes à l'époque, n'était pas centrée sur la Terre, ou qu'elle se compliquait d'un petit cercle supplémentaire, un épicycle.

L'explication acceptée aujourd'hui, et trouvée par Johannes Kepler en 1609, est que l'orbite de la Terre autour du Soleil est elliptique ; la Terre accélère en se rapprochant du Soleil, et ralentit lorsqu'elle s'en éloigne. Comme elle est au plus proche du Soleil (au « périhélie ») début janvier, elle accélère en automne et en hiver, qui sont donc les saisons les plus courtes.

Jay Pasachoff

Surfer un volcan

Si je devais surfer sur la lave d'un volcan, pour me sauver, avec quoi est-ce que je devrais me faire une planche pour qu'elle ne fonde pas ?

Ben Williams (6 ans)

Prends une vieille planche de surf, fais des trous dedans et relie-les à un réservoir d'eau placé sur la planche. L'eau s'échappant sous la planche créera le même effet que celui qu'on provoque en crachant sur une plaque métallique très chaude : l'eau flotte au-dessus de la plaque pendant assez longtemps, car elle est séparée de la plaque par une fine couche de vapeur d'eau, qui est un mauvais conducteur de la chaleur.

Cela devrait te permettre de surfer la vague de lave, car la planche serait isolée par la vapeur d'eau. Comme le frottement entre la planche et la lave sera extrêmement réduit, accroche-toi : tu risques d'expérimenter aussi un « effet savonnette » !

Radko Istenic

Pour surfer sur de la lave, il faut une planche, non seulement qui ne fonde pas, mais aussi qui soit moins dense que la lave, et qui isole vos pieds de la chaleur.

Si vous êtes coincé au sommet d'un volcan, vous serez bien obligé d'utiliser les matériaux qui s'y trouvent. Heureusement, les volcans ne produisent pas que de la lave ; ils donnent aussi des matériaux qui ont pratiquement la même composition chimique, mais qui sont moins denses et plus isolants car ils contiennent des bulles de gaz.

Une plaque de ce matériau, de 2 mètres de longueur, 1 mètre de largeur et 50 centimètres d'épaisseur, flotterait sur la lave fluide et, tout aussi important, ne fondrait que très lentement. Je pense qu'elle tiendrait 1 ou 2 kilomètres avant que vous ne soyez obligé de l'abandonner. D'ici là, on peut espérer que vous aurez trouvé un endroit sec et frais…

Cependant, si vous savez à l'avance que vous aurez à naviguer sur de la lave fondue, je vous conseille de construire un bateau en matériau réfractaire, qui ne fondra pas et vous maintiendra à flot aussi longtemps que vous le souhaiterez. Les bordés du bateau, qui vous protégeront de la chaleur, rendront le voyage plus confortable que sur une planche de surf.

La température de la lave fondue est de l'ordre de 1 400 °C, mais elle peut monter jusqu'à 1 650 °C selon sa composition chimique. Le matériau idéal pour votre bateau serait un béton à l'alumine pure. Cet oxyde d'aluminium ne fond qu'à 2 000 °C, ne réagit pratiquement pas avec la lave fondue et contient des microbulles qui le rendent moins dense que la lave, et assureront l'isolation thermique.

Pour construire votre bateau, faites un moule en creusant dans le sol un trou à la forme désirée, puis compactez soigneusement le fond et les parois du trou. Tapissez-le ensuite avec une feuille de plastique puis mélangez le ciment sec avec juste assez d'eau pour donner une pâte collante. Couvrez la feuille de plastique avec une couche de pâte de 10 centimètres, recouvrez d'une autre feuille de plastique, et remplissez la cavité d'eau afin d'exercer sur le béton une pression uniforme pendant qu'il sèche. Votre bateau sera prêt en moins d'une semaine.

Ross Firestone, États-Unis

Du point de vue de la température de fusion, votre correspondant n'aura pas trop de soucis. Les différents types de lave ont des points de fusion différents ; la rhyolite fond à 900 °C, la dacite à 1 100, l'andésite à 1 200 et le basalte atteint 1 250 °C.

L'acier, qui fond à 1400 °C, conviendrait, mais le tungstène (3422 °C) irait encore mieux.

Pour protéger ses pieds et ne pas griller en route, il serait préférable d'utiliser, plutôt qu'un métal, un bon isolant thermique. L'oxyde de chrome ($Cr_2 O_3$) fond à 2250 °C et l'alumine, ou oxyde d'aluminium ($Al_2 O_3$), à 2050 °C.

Comme je suppose, cependant, que votre correspondant de 6 ans aura quelques difficultés à trouver ces matériaux, je lui suggère d'employer du chêne. Tous les bois, et spécialement le chêne, s'entourent en brûlant d'une couche protectrice carbonisée, qui ralentit la combustion. De fait, quand on calcule une charpente, on tient compte de cette épaisseur : les charpentes en bois sont toujours un peu surdimensionnées afin de leur assurer une cohésion suffisante en cas d'incendie. L'ajout à la planche de surf en chêne d'une fine plaque d'acier, pour la protéger de l'abrasion, est recommandé si l'on souhaite recommencer l'expérience après un premier essai réussi.

Malcolm Nickolls

Le problème n'est pas seulement de lutter contre la chaleur. Quand j'étais dans le Sahara, j'ai vu ces magnifiques dunes de sable et me suis dit qu'il serait épatant de les surfer. Malheureusement, le sable et le plastique ou le bois glissent si mal l'un contre l'autre qu'il est tout juste possible de glisser assis sur sa planche.

Il existe des tables pour calculer les coefficients de frottement ; on y trouve par exemple ceux des skis fartés et de la neige. Mes tables sont un peu vieilles et ne disent rien sur la lave. L'idéal serait de trouver un étudiant en volcanologie, qui se lancerait dans une série de mesures de frottements avec différents matériaux sur de la lave en fusion.

Mais ce n'est peut-être pas un très bon conseil à donner à un jeune volcanologue. Sa carrière pourrait s'avérer plus courte que prévu.

Peter Brooks

La plage la plus longue

Si les océans se vidaient, il n'y aurait plus de ligne de côte du tout. Si le niveau des océans se mettait à monter, la longueur de la ligne de côte s'annulerait quand l'extrémité de l'Everest serait engloutie. Il doit nécessairement exister, entre ces deux extrêmes, un niveau qui donne une longueur de côtes maximale. Quelqu'un a-t-il une idée là-dessus, et le niveau actuel est-il à peu près à cette valeur ?

Ben Cadoret

Le calcul est loin d'être simple, comme le montrent les lettres ci-dessous. Si l'on admet que les continents ont des formes coniques, alors la longueur des côtes augmente quand le niveau baisse. Avec la topographie réelle, la réponse est beaucoup moins évidente. Enfin, si on mesure la longueur de la côte à très petite échelle, la plage devient infinie ! Les amateurs des « fractales » mentionnées ci-dessous se plongeront avec délices dans Les Objets fractals *de Benoît Mandelbrot, ainsi que dans* Les Atomes *(1913) du physicien et prix Nobel Jean Perrin, qui posa le premier la fascinante question de la longueur de la côte de Bretagne.*

Plus de la moitié de la surface terrestre (71 % exactement) est recouverte par des océans ou des mers, de sorte que les masses continentales, si grandes soient-elles, peuvent être considérées comme des îles. En première approximation, une île ressemble à un cône en partie submergé. Cela implique qu'une élévation du niveau des mers se traduira par un raccourcissement de la ligne de côte, et un abaissement par un allongement.

Ainsi, la longueur de toutes les lignes de côte (environ 860 000 kilomètres) de la planète augmentera si le niveau baisse. Elle atteindra un maximum quand les océans représenteront moins de la moitié de la surface terrestre, et pourront être considérés comme des lacs. Un lac est une « île inversée » : la longueur de sa côte diminue quand le niveau de l'eau baisse.

Sachant que l'on est loin de ce rapport de 50 %, et que la profondeur moyenne des océans est plus grande que l'altitude moyenne des masses continentales, le niveau qui donnera la plus longue ligne de côte est bien plus bas que le niveau actuel. De quelques kilomètres, sans doute.

Pour trouver précisément de combien, il faudrait un modèle informatique prenant en compte la topographie complète de la planète – fonds océaniques et terres immergées. Le calcul serait alors très simple.

Philip Graves, Londres

Il existe une tendance naturelle à la diminution des côtes « stables », celles où le niveau de la mer reste constant. Cela est dû à l'érosion des caps et des côtes exposées des îles. Les sédiments qui en résultent, avec ceux apportés par les fleuves, tendent à combler les baies et les estuaires, et à relier les îles aux continents avec des bancs de sable ou de graviers. Ce processus est plus lent si la côte est rocheuse, plus rapide si la côte est sablonneuse ou argileuse.

La ligne de côte des Landes, quasiment rectiligne, ainsi que le comblement intempestif des estuaires de l'Adour et du bassin d'Arcachon en sont de bons exemples. Les côtes de Bretagne, plus dures, sont moins sensibles à l'érosion.

L'élévation des mers (ou l'enfoncement des terres) crée de longues lignes de côte coupées de vallées ennoyées (des rias). Le sud de l'Angleterre et la Bretagne le montrent bien, comme, en Méditerranée, les îles grecques et la côte dalmate. L'abaisse-

ment des mers (ou l'élévation des terres) crée aussi des côtes longues et irrégulières, car des roches jusque-là immergées apparaissent, ainsi que des bancs de sable. C'est ce que l'on observe dans le nord de la Baltique.

Les variations du niveau de la mer (dites « eustatiques ») sont généralement dues aux changements climatiques : si la température augmente, l'eau de fonte des calottes glaciaires s'ajoute à l'eau de mer, et l'ensemble subit une expansion thermique. Les variations (dites isostatiques) du niveau des terres émergées sont souvent dues aux mouvements des plaques crustales. Les deux effets se combinent parfois. Des phénomènes climatiques peuvent engendrer des mouvements de la croûte, quand par exemple un glacier fond et que la plaque se réajuste suite à l'allègement qu'elle subit. Les éruptions volcaniques peuvent faire varier le niveau des terres émergées, et aussi induire des changements climatiques en émettant du CO_2 ou des cendres. Le premier réchauffe la planète ; les secondes la refroidissent.

Avec la quantité d'eau actuellement présente sur la Terre, la longueur de côte maximale a probablement été atteinte il y a quelques milliers d'années, à la fin de la dernière glaciation. Dans les régions libres de glace, les fleuves ont dû couper de profondes vallées pour rejoindre la mer, ce qui a donné autant de profondes rias quand les eaux sont remontées. Depuis, nombre de ces rias se sont à nouveau comblées.

Si l'on faisait baisser de 1 000 mètres le niveau de la mer, on n'observerait pas une telle formation de rias. En effet, de grandes parties des continents, éloignées de la mer, deviendraient des déserts, et les rivières n'atteindraient plus la mer. Les côtes seraient bien plus courtes qu'aujourd'hui.

Au contraire, si l'on élevait de 1 000 mètres le niveau de la mer, les terres émergées seraient si réduites que, même avec beaucoup de rias, la côte serait plus courte qu'aujourd'hui. Les fleuves, en effet, tomberaient en cascade dans la mer, sans guère creuser de vallées.

Hillary Shaw, géographe, université de Leeds

Une réponse possible à cette question est que la côte a la même longueur, quelle que soit l'élévation du niveau de la mer.

Supposons en effet que nous mesurons la ligne de côte (un jour où il n'y a pas de vagues) avec un bâton assez long. Plaçant les deux extrémités à la limite de l'eau, nous trouverons que la ligne de côte recoupe plusieurs fois le bâton. Notre mesure donnera donc une valeur trop faible. Utilisons un bâton deux fois plus court que le précédent. Il donnera une mesure meilleure que la précédente, mais toujours sous-estimée. Ce comportement « fractal » des lignes de côte fait qu'il est très difficile d'estimer leur longueur. En fait, plus l'on diminue la taille de l'instrument de mesure, plus la mesure augmente. Ce n'est qu'en arrivant à la dimension d'un grain de sable qu'elle se stabilisera… à une valeur qu'il est raisonnable de considérer comme pratiquement infinie !

Peter Webber

On se pôle de froid

Pourquoi fait-il plus froid au pôle Sud qu'au pôle Nord ?

T.P. Ladd

Une bonne partie de la différence de température entre les pôles s'explique par une différence d'altitude. Le pôle Nord (avec une température moyenne en hiver de - 30°C) se trouve sur la banquise, soit au niveau de l'océan Arctique, tandis que le pôle Sud (- 60 °C) est à 2 800 mètres d'altitude sur la calotte glaciaire du continent Antarctique.

La baisse de température avec l'altitude (en Antarctique, environ 6 °C par kilomètre) rend ainsi compte de la moitié de la

différence. Le fait que l'atmosphère soit plus mince (et donc plus froide, plus sèche et moins nuageuse) au-dessus du pôle Sud intervient aussi, car elle réfléchit moins de chaleur vers le sol qu'au pôle Nord. Le reste de la différence s'explique par les régimes de circulation atmosphérique des deux hémisphères.

Les continents de l'hémisphère Nord engendrent des « ondes planétaires » quasi stationnaires dans l'atmosphère. Ces ondes transportent la chaleur vers le pôle en dirigeant les dépressions (bulles d'air chaud) des latitudes tempérées vers le Nord. Dans l'hémisphère Sud, les continents sont plus petits et moins élevés, de sorte que les ondes planétaires australes, responsables des transferts de chaleur, sont plus modestes.

Les hautes montagnes de l'Antarctique constituent enfin une barrière pour les dépressions des latitudes moyennes, qui ne pénètrent que très rarement à l'intérieur du continent. Pour couronner le tout, l'air du pôle Nord est réchauffé par l'océan Arctique qu'il surplombe. Bien qu'une épaisseur de banquise de 2 à 3 mètres atténue fortement le transfert de chaleur, les nombreuses zones d'eau libre sont des lieux d'échange thermique actif.

John King, British Antarctic Survey

? Lisse comme une planète

J'ai entendu dire que, si on ramenait la taille de la Terre à celle d'une balle de squash, la planète serait complètement lisse. Est-ce vrai ? Et si l'on faisait l'inverse, en agrandissant une balle de squash à la taille de la Terre, quelle hauteur auraient les montagnes ?

Anonyme

Pour répondre à cette drôle de question, il faut d'abord déterminer de quel facteur il faudrait réduire la taille de la Terre pour arriver à celle d'une balle de squash. Le diamètre de la Terre est de 12756 kilomètres à l'équateur, et celui d'une balle de compétition de 4,4 centimètres. Cela implique qu'il faudrait réduire la Terre d'un facteur 290 millions.

Pour comparer la rugosité des deux surfaces, il faut connaître la différence entre les points les plus hauts et les plus bas.

Pour une balle de squash, c'est assez simple puisqu'il n'y a pas de zones où la surface est plus haute que la moyenne, mais cette surface comporte des petites dépressions de l'ordre d'un dixième de millimètre de profondeur.

Pour la Terre, le point le plus bas de la surface se trouve dans la fosse des Mariannes, à 11034 mètres sous le niveau de la mer. Le point le plus haut est bien sûr l'Everest, à 8848 mètres au-dessus du niveau des mers. L'amplitude des reliefs est donc de 19882 mètres.

Si l'on réduisait la Terre à la taille d'une balle de squash, c'est-à-dire du facteur 290 millions calculé ci-dessus, l'amplitude deviendrait 0,0686 millimètre. Cela représente à peu près les deux tiers de la profondeur des dépressions d'une balle de squash. Ce que vous avez entendu dire est donc vrai : une Terre réduite serait aussi lisse qu'une balle de squash.

Venons-en à la deuxième partie de la question. L'absence de zones élevées sur une balle de squash fait que, si on en multipliait la taille, il n'y aurait aucune montagne. En revanche, il y aurait beaucoup de grands cratères : les minuscules dépressions de la balle deviendraient des trous de 60 kilomètres de diamètre et de 29 kilomètres de profondeur !

Si ces dépressions étaient des fosses océaniques comme celles que l'on trouve sur notre planète, elles traverseraient les 6 kilomètres de la croûte océanique ainsi que la « discontinuité de Mohorovicic », nom de la limite à laquelle la croûte rencontre le manteau, pour atteindre le magma...

Tim Kelby

Si la masse de la Terre était concentrée dans une balle de squash, cela donnerait un objet si dense qu'il deviendrait une étoile à neutrons ou un trou noir.

Dans le premier cas, la gravité en surface serait environ un million de fois plus forte que la pesanteur terrestre – largement de quoi annuler toute différence d'altitude à la surface. Dans le cas du trou noir, il n'y aurait plus de surface du tout, juste un « horizon des événements » parfaitement plat.

Ce serait bien différent si l'on procédait à l'opération inverse. En considérant que la balle est essentiellement constituée d'atomes de carbone et qu'elle pèse 1 kilogramme (pour simplifier), cela donnerait, pour l'objet final, une densité d'environ 22 atomes par centimètre cube. Je pense que c'est encore moins dense que l'atmosphère hyper-raréfiée que l'on trouve à la limite avec l'espace interplanétaire.

Steven Forbes

? Une question d'équilibre

Est-il vrai que l'Angleterre s'enfonce au sud et se soulève au nord. Et pourquoi ?

Dave Valentine

Oui, c'est vrai. C'est la conséquence d'un phénomène appelé « rebond isostatique ». Depuis la dernière glaciation, une grande quantité de glace a disparu de la partie nord de la Grande-Bretagne. La croûte terrestre n'étant pas rigide, mais très légèrement élastique, elle répond aux surcharges ou aux allègements en s'enfonçant ou en se soulevant.

Cet ajustement prend des milliers d'années. Si vous déchargez un cargo, il flottera plus haut sur l'eau. Il en va de même de la croûte terrestre ; si vous lui enlevez une épaisseur de roches de 300 mètres, elle s'élèvera d'environ 200 mètres. La glace étant trois fois moins dense que la roche, en enlever 300 mètres donnera une élévation de la croûte d'environ 60 mètres.

La Scandinavie et l'Écosse étaient sous plus de 300 mètres de glace pendant les âges glaciaires : le soulèvement le plus intense, dans le nord de la Baltique, atteint presque un mètre par siècle. Cela est parfaitement observable dans l'espace d'une vie humaine. La région de la baie d'Hudson, au Canada, connaît une élévation semblable, pour la même raison. En Grande-Bretagne, le processus est maximal au nord-est de l'Écosse, où l'on trouve des plages suspendues à plusieurs mètres au-dessus du niveau actuel de la mer.

Pourquoi, maintenant, le sud de l'Angleterre s'enfonce-t-il ? D'abord, le poids de la calotte glaciaire écossaise a fait que la croûte s'est soulevée autour : quand on appuie au milieu d'un matelas, les bords se relèvent. Ce processus est désormais en train de s'inverser : les régions du sud de l'Angleterre et de la Baltique s'enfoncent.

Ensuite, le niveau des mers est en train d'augmenter dans le monde entier. Cette augmentation a d'abord été très rapide, lors de la fonte des glaces écossaises ; elle est aujourd'hui plus lente, mais constante, à cause de la fonte des calottes glaciaires due au réchauffement climatique. Il y a donc davantage d'eau dans les océans, et cette eau occupe davantage de place, car elle est plus chaude. Cela s'appelle l'expansion thermique.

Le sud de l'Angleterre subit donc un double effet : la croûte s'enfonce et le niveau des mers monte. Si ce niveau ne montait pas, la ligne séparant la partie ascendante et la partie descendante du pays serait au niveau du pays de Galles et du Yorkshire. En réalité, elle est beaucoup plus au nord, près de la frontière de l'Écosse.

En ce qui concerne les risques d'immersion, la région de Londres subit un quintuple effet. Outre les deux effets précé-

dents, la vallée de la Tamise est un synclinal, région caractérisée par une subsidence de la croûte – enfoncement augmenté il y a peu de temps encore par des prélèvements souterrains d'eau potable. Enfin, l'entonnoir que constitue l'entrée de la mer du Nord amplifie les marées de tempête à l'entrée de l'estuaire de la Tamise.

Tout cela mène à une conclusion inéluctable : la vallée de la Tamise était un des pires endroits où fonder une grande ville.

Hillary Shaw

Nous nous enfonçons, et la mer n'arrête pas de monter. L'expansion thermique des océans fait monter le niveau des mers de 3 millimètres par an.

Ici, dans l'Essex, la pointe sud-est de l'Angleterre, les effets combinés de l'enfoncement de la croûte et de l'élévation du niveau des mers se traduisent par une montée des eaux de 6 millimètres par an. C'est un problème majeur pour les spécialistes de la protection du littoral et les propriétaires de terrains côtiers.

Chris Gibson, Protection du littoral, Colchester

Jusqu'où va une vague ?

Après deux bonnes bouteilles sur le port de Ciutadella, sur l'île de Minorque, ma femme et moi nous sommes demandé si les vagues créées par les cailloux que nous jetions dans l'eau iraient jusqu'en Amérique. Elle pensait que non, car les vagues devraient passer le détroit de Gibraltar et traverser l'Atlantique, où elles se mélangeraient avec d'autres et subiraient les frottements du fond et des côtes. Il me semble que, à moins qu'elle ne rencontre une côte, une vague est virtuellement infinie. Qui a raison ?

Dave Johnston

C'est votre femme qui a raison. Les vagues qui se propagent dans un fluide ne sont pas infinies. Elles perdent de l'énergie car, au passage d'une vague, l'eau se soulève puis s'abaisse. Et tout mouvement se traduit par une dissipation d'énergie.

En outre, quand une onde se propage, son énergie se répartit sur une région de plus en plus grande, et tend donc à diminuer en un point donné de la vague, jusqu'à disparaître presque totalement. Si la profondeur est importante, le déplacement de l'eau n'est pas très grand et la dissipation d'énergie assez lente. C'est pourquoi les tsunamis peuvent rester destructeurs après avoir parcouru de grandes distances. Dans un lac, en revanche, ou même dans les eaux relativement peu profondes de la Méditerranée, l'énergie se dissipe bien plus vite.

Simon Iveson, université de Pembangunan, Indonésie

Les vagues provoquées par vos cailloux sont des cercles concentriques de rayon croissant. En supposant (ce qui est peu réaliste) que la hauteur d'une vague soit proportionnelle à l'énergie qui la crée et la maintient, et qu'il n'y ait aucun frottement, la hauteur de la vague serait inversement proportionnelle à son rayon. En effet, l'énergie se répartit sur toute la circonférence de la vague.

La petite vague que vous venez de créer a 1 mètre de rayon ; quand elle atteindra le détroit de Gibraltar, à 1 000 kilomètres de là, son rayon aura été multiplié par un million, et sa hauteur sera un million de fois plus faible qu'au départ. Si la vague avait 10 centimètres de hauteur, elle ne fera plus que 100 nanomètres (un cent millionième de millimètre) en entrant dans l'océan Atlantique.

En principe, une vague doit pouvoir en traverser une autre sans être perturbée. Mais la vague en question ici, lorsqu'elle atteindra une plage américaine à 6 500 kilomètres de là, aura une hauteur de 10 nanomètres, soit 100 atomes empilés les uns sur

les autres. Encore cette hauteur est-elle surévaluée, car il faut tenir compte de l'effet du vent et de la viscosité de l'eau. Pire encore : le détroit de Gibraltar n'est pas en vue de l'île de Minorque. La vague devrait être réfléchie par la côte de l'Afrique du Nord ou par un bateau de passage, ce qui augmenterait encore la perte d'énergie.

La source d'énergie qui entretient les vagues est généralement le vent. Votre vague, elle, devrait se débrouiller avec la toute petite énergie avec laquelle vous avez jeté le caillou. En outre, la vitesse à laquelle une vague perd son énergie varie comme l'inverse de sa longueur d'onde, qui est la distance entre une crête et la suivante. Avec sa petite longueur d'onde, votre vaguelette va très vite perdre son énergie de départ. Un tsunami, en revanche, comme celui qui a dévasté les côtes de l'océan Indien en décembre 2004, transporte une énergie considérable, provenant de séismes sous-marins. Sa longueur d'onde est typiquement de l'ordre de 500 kilomètres, de sorte qu'il perd très peu d'énergie en se propageant. En eau profonde, les tsunamis peuvent aller plus vite qu'un avion de ligne, mais leur faible hauteur – environ 1 mètre – fait qu'ils sont pratiquement indétectables. Dès que le fond remonte à l'approche d'une côte, cependant, ils atteignent des hauteurs de plusieurs dizaines de mètres et balayent tout jusque loin dans l'intérieur des terres. À l'échelle, il se passe la même chose quand on lâche une très grosse pierre dans un tout petit étang.

Mike Follows

Avez-vous déjà observé comme les vaguelettes créées par une pierre jetée dans un étang disparaissent vite ? C'est la viscosité de l'eau qui dissipe les vagues. À moins que vous ne lanciez un caillou vraiment gigantesque, vos vagues auront disparu depuis longtemps avant d'atteindre Gibraltar.

Morton Nadler

Même si un front de vague circulaire ne rencontre aucune côte, la hauteur de la crête diminue comme l'inverse de la racine carrée de sa distance à l'origine.

Au début, la vague créée par une pierre jetée dans l'eau est bien circulaire, mais certaines parties du cercle seront ensuite réfléchies quand elle rencontrera une berge ou un obstacle.

Si la berge est très basse, sablonneuse ou marécageuse, presque toute l'énergie sera absorbée : il n'y aura aucune réflexion. On n'observera une réflexion parfaite (presque sans perte d'énergie) dans une direction bien déterminée que lorsque la vague rencontrera une falaise verticale et uniforme plongeant verticalement dans l'eau. Mais si la falaise est rugueuse ou comporte des irrégularités de tailles voisines de celle de la vague, alors elle sera dispersée et renvoyée dans différentes directions.

En regardant une carte de la Méditerranée, on voit qu'aucune partie d'une vague originaire de Minorque n'a la moindre chance d'atteindre Gibraltar sans être plusieurs fois réfléchie ou dispersée par des côtes.

Le vent est un autre facteur gênant. La plupart des vagues sont engendrées par le vent. Si une vague créée par la chute d'un caillou se propage dans la direction du vent, elle peut être amplifiée. Mais un vent trop fort peut aussi bien la déformer complètement et lui faire perdre son identité.

Il est donc probable qu'aucune partie de la vague initiale n'atteindra Gibraltar, et encore moins l'Amérique. Mais j'apprécie l'esprit de la question.

Patrick Johnson

6. Drôle de temps

Neige récalcitrante

Avec de la neige fraîche, et quand il fait très froid, il est pratiquement impossible de faire des boules de neige comme avec de la neige normale. Pourquoi ?

Morag Challenor

Je ne suis pas surpris que la question vienne d'Europe. Personne au Canada ou en Amérique du Nord n'aurait écrit que la neige « normale » permet de faire des boules de neige. On sait là-bas que la neige est parfois bonne pour cela, et d'autres fois non.

Je crois que le paramètre déterminant est la température. Quand elle est tout juste négative, comme c'est souvent le cas en Europe quand il neige, la neige est humide, tombe en gros flocons et se laisse facilement compacter. Quand il fait vraiment froid, disons - 20 °C, la neige est sèche, poudreuse et très difficile à compacter. Quand on fait une boule de neige, c'est l'humidité de la neige qui doit certainement déterminer la quantité de glace qui se forme sous la pression des mains, et c'est cette glace qui assure la cohésion de la neige.

À partir d'une certaine température au-dessus de zéro, il devient même impossible de faire des boules de neige : elles fondent dans la main. Il doit donc exister une température optimale pour faire des boules de neige.

Bob Ladd

Seule la neige « humide », contenant jusqu'à 50 % d'eau liquide, est bonne pour faire des boules de neige. Cela implique des températures voisines de zéro.

En 1842, le physicien anglais Michael Faraday suggéra que les cristaux de glace de la neige humide étaient recouverts d'un film d'eau responsable de leur adhésion les uns aux autres. Il suspendit deux blocs de glace dans de l'eau glacée pour montrer qu'il suffisait de les mettre en contact pour qu'ils se soudent l'un à l'autre.

Il y eut d'autres explications : comprimer la neige, pour faire une boule, rapproche les cristaux de glace. Bien que nos mains n'exercent pas une très forte pression, la pression sur les points des cristaux, localement, peut être très élevée et provoquer la fusion de la glace. Si la pression est relâchée, l'eau regèle aussitôt. Cependant, plus la température est basse, plus forte doit être la pression.

Notre compréhension des phénomènes de surface a progressé depuis Faraday. À la surface d'un cristal de glace, les molécules d'eau ne sont liées à rien du côté exposé à l'air ; elles ont donc de l'énergie disponible. Cette énergie peut être utilisée si deux cristaux viennent au contact, comme l'avait montré Faraday.

Mais ce n'est pas tout, car sinon rien n'empêcherait de faire des boules de neige à des températures très basses. À ces températures, les flocons de neige, qui ont toutes sortes de formes et de tailles, s'adaptent très mal les uns aux autres. Ce n'est que si la température approche de zéro que des molécules d'eau, plus mobiles, apparaissent et viennent « boucher les trous » entre les flocons. Tel est le secret de la cohésion de la neige.

Mike Follows

Perdu le nord

Dans Moby Dick, *le navire baleinier en bois subit un typhon au sud-est du Japon. Il est foudroyé par des éclairs et sa mâture s'orne de feux de Saint-Elme. Peu après, on s'aperçoit que le magnétisme du compas est inversé. Herman Melville assurait que de telles inversions magnétiques « se sont produites plusieurs fois lors d'orages violents », et que l'on a même vu, après un foudroyage du gréement, le magnétisme du compas disparaître totalement. Cela est-il vrai ?*

Alan Sloan

L'affirmation de Melville est tout à fait plausible. Un éclair associe des courants électriques et des champs magnétiques très élevés. Il est capable d'aimanter des roches de très grande coercivité (résistance aux champs magnétiques) avec une déconcertante facilité. D'après l'aimantation de ces roches, on a estimé le courant à près de 10 000 ampères. Les champs magnétiques associés à de tels courants démagnétiseraient ou inverseraient toutes les boussoles du voisinage.

Alan Reid

Un courant électrique peut induire un champ magnétique, et une décharge électrique, tel un éclair, peut facilement inverser ou démagnétiser un compas.

Ce que votre correspondant a omis de préciser, c'est que, suite à cet incident, le capitaine Achab fabrique un nouveau compas en frappant une aiguille à coudre les voiles, ce qui a pour effet de la magnétiser. J'ai plusieurs fois expérimenté ce

phénomène, en laissant tomber des pinces spéciales destinées à manipuler des échantillons métallurgiques. La chute a suffi à les aimanter.

Les matériaux ferromagnétiques sont composés de microscopiques domaines magnétiques ayant chacun leur propre orientation. Quand ces domaines sont orientés au hasard, le matériau est démagnétisé ; quand ils s'alignent plus ou moins dans la même direction, le matériau s'aimante. Et il suffit parfois d'un choc pour passer d'un état à l'autre.

Roger Ristau, Institut de science des matériaux,
université du Connecticut

On ne compte plus les témoignages du type de celui rapporté par Melville. Le physicien français François Arago racontait en 1820 qu'un navire génois, frappé par la foudre après avoir quitté la côte algérienne, revint y faire naufrage : le compas du bord s'était inversé, mais le timonier garda le même cap.

? Complètement givré

Le matin, quand il fait très froid, on trouve sur les fenêtres et les voitures du givre qui dessine des feuilles, des branches ou des fougères. Quel est le processus à l'œuvre ?

Bob Clarke, Canada

Avec les doubles vitrages et le chauffage central, le givre va devenir un spectacle rare. Il est dû à ce que les vitres perdent vite leur chaleur la nuit, quand il fait froid. Elles refroidissent les molécules d'eau qui se trouvent dans leur voisinage immédiat. Les molécules d'eau peuvent fort bien rester à l'état liquide en dessous de 0 °C, mais, dès qu'elles touchent les vitres froides, elles se changent en glace.

Les microfissures de la vitre suffisent à rassembler suffisamment de molécules pour créer un cristal de glace à partir duquel croîtra le givre. Vu de près, le givre est hérissé de liaisons chimiques en attente de molécules. Les molécules d'eau sont très efficacement captées, et le cristal grossit rapidement. La structure obtenue dépend de la température et de l'humidité de l'air, ainsi que de l'état de surface de la vitre. Quand l'air est sec, les molécules d'eau se condensent lentement et forment de beaux hexagones. Les six côtés rectilignes sont lisses, peu réactifs et captent peu de molécules d'eau.

Les motifs en forme de plumes se forment sur des vitres propres, quand l'air est très humide. Le cristal initial est alors bombardé de molécules d'eau ; les hexagones n'ont pas le temps de se former et sont remplacés par des branches. Comme les pointes des cristaux attirent davantage les molécules que les parties rectilignes, on arrive à des motifs ressemblant furieusement à des fougères.

Combien pèse un nuage ?

Est-il possible de savoir combien d'eau contient un nuage ? La taille et la couleur sont-ils de bons indicateurs ?

James Down

Comme expliqué ci-dessous, il existe une méthode empirique simple qui impressionnera vos amis, et une méthode exacte pour laquelle il vous faudra un radar Doppler et une grosse subvention du CNRS.

La quantité d'eau dans un nuage n'est pas différente de celle qui se trouve dans l'air environnant. La différence est que, alors que l'air clair contient de la vapeur d'eau, un nuage est saturé en vapeur d'eau, laquelle s'est condensée pour donner le nuage. Et cette différence tient davantage à la température qu'au contenu en eau.

La couleur d'un nuage n'est pas déterminante non plus. Dans la partie supérieure du nuage, l'eau est sous forme de cristaux de glace. Plus bas, on a affaire à un mélange de glace et d'eau liquide. La couleur du nuage dépend davantage du mélange eau/glace et de la taille des gouttelettes d'eau que de son contenu en eau.

Le contenu en eau du nuage peut être calculé en estimant la quantité d'eau qui en tombe sous forme de pluie. Si toute l'atmosphère était saturée en eau, et si cette eau tombait d'un coup, cela produirait environ 35 millimètres de pluie, alors que les nuages les plus épais donnent 20 millimètres. Certains grains se produisant en air humide peuvent donner 50 millimètres ou plus, mais ils sont très localisés.

La pluie en millimètres d'un violent nuage d'orage s'obtient en multipliant par 6,5 la racine carrée de la durée de la pluie (en minutes). Une pluie plus modeste donne quelques millimètres de pluie, à un taux d'environ 0,1 millimètre par minute. Habituellement, 1 millimètre de pluie correspond à 1 000 m^3 d'eau, soit une masse de 1 000 tonnes par kilomètre cube de nuage. Les nuages les plus épais peuvent contenir vingt fois plus.

On peut aussi estimer la quantité d'eau d'après le volume du nuage : un millionième du volume du nuage est constitué d'eau. La section d'un nuage peut être mesurée en regardant son ombre. Un petit nuage de 500 m × 500 m × 100 m a un volume de 25 millions de mètres cubes, soit environ 25 m^3 d'eau, c'est-à-dire 25 tonnes. Cela suffira-t-il pour impressionner vos amis ?

Albert Zijlstra, physicien à l'université de Manchester

Le simple fait de regarder un nuage ne donne pas une idée très précise de ce qu'il contient. La couleur du nuage dépend entièrement de la position de l'observateur par rapport à la structure physique du nuage. Sa taille apparente, elle, dépend de son altitude, et cette altitude ne peut être estimée par un seul observateur.

Connaître la quantité exacte d'eau dans un nuage est important pour faire de bonnes prévisions météo. Et l'outil idéal pour cela est le radar Doppler. Le choix de la fréquence du faisceau radar est essentiel. S'il interagit trop fortement avec l'eau du nuage, le signal sera atténué ou réfléchi, et ne pénétrera le nuage qu'imparfaitement. Si l'interaction est trop faible, aucune information ne pourra être obtenue. Si la fréquence est bien réglée, un radar Doppler donne la densité des gouttes ou des cristaux, leur taille et leur vitesse.

Avec ce radar, il est non seulement possible d'estimer avec précision le contenu en eau d'un nuage, mais, d'après sa structure, de savoir s'il va pleuvoir. Cette technique est couramment utilisée lors des tournois de tennis où la pluie vient souvent perturber les matchs : Roland-Garros, et surtout Wimbledon.

Ces radars donnent des informations précises sur le temps, qu'il s'agisse de prévoir la trajectoire d'un ouragan, de prévoir la météo du week-end ou de localiser les zones de turbulences pour le trafic aérien.

Dave Richards

Entre les gouttes

Les gouttes de pluie ne sont pas toutes semblables. Certaines, allongées, tombent à grande vitesse et rebondissent haut après leur impact sur le sol. D'autres, dans les brouillards par exemple, sont si petites qu'elles sont souf-

flées par le vent. Comment se fait-il que la pluie puisse tantôt être assez violente pour faire mal, et tantôt se faire impalpable ?

Martin Reeves

Les gouttes allongées sont une illusion. Les plus grosses gouttes sont en réalité aplaties par la résistance de l'air. La taille des gouttelettes est le paramètre déterminant des différents types de pluie. Elle dépend des conditions lors de leur formation, spécialement l'humidité, la température et le nombre de « noyaux de condensation » comme les particules de poussière. Par exemple, un petit nombre de germes dans des courants ascendants donne de grosses gouttes : elles ont beaucoup d'eau à leur disposition, et ne commencent à tomber que quand leur poids excède la force ascensionnelle du courant d'air. Lorsqu'il y a beaucoup de germes de condensation, il y a compétition entre eux et les petites gouttes formées s'évaporent souvent avant de toucher le sol.

En air calme, les gouttes tombent dru. Une goutte de 1 centimètre de diamètre atteint une vitesse de 30 km/h ; le frottement les fragmente en plusieurs gouttes plus petites, à moins que la goutte initiale ne soit en partie gelée. Ce phénomène limite la croissance des gouttes. Il se peut néanmoins qu'un grand nombre de gouttes de pluie génère un courant descendant qui augmente la vitesse à partir de laquelle une goutte se fragmente.

De forts vents horizontaux peuvent enfin doubler la vitesse de l'impact, et l'énergie croît comme le carré de la vitesse…

Jon Richfield

L'intensité de la pluie dépend surtout de la hauteur du nuage et de la force des courants ascendants. L'élévation brutale de l'air engendre la condensation rapide des gouttes d'eau et donne beaucoup de pluie, surtout quand l'extension verticale du nuage est suffisante pour que des cristaux de glace se forment parmi les gouttes d'eau refroidies à très basse température.

Les nuages peu épais avec des courants faibles ne donnent que des brouillards, dont les gouttelettes ne tombent qu'à 10 km/h environ. La vitesse augmente avec la taille, jusqu'à un diamètre d'environ 6 millimètres : le frottement de l'air aplatit alors la base, augmente encore le frottement et empêche toute accélération supplémentaire.

Si la pluie est prise dans un courant « rabattant », dans une colonne d'air descendant à 70 km/h par exemple, la pluie heurtera le sol avec violence. On trouve souvent des rabattants, parfois provoqués par les chutes de pluie, sous les cumulo-nimbus, nuages d'orage typiques reconnaissables à leur sommet aplati en enclume.

La pluie sous les nuages en couches épaisses est généralement due à l'ascension d'une masse d'air chaud sur un « coin » d'air froid. Ce genre de pluie peut durer longtemps, mais il est rarement violent, sauf si le soulèvement prolongé rend le nuage instable. L'apparition de cumulo-nimbus contenant de rapides courants ascendants peut alors causer de fortes pluies à partir d'un nuage qui n'avait jusque-là donné que des pluies modérées.

Tom Bradbury

Hêtre à l'abri

J'ai lu récemment que les chênes et les sapins sont plus souvent touchés par la foudre que les pins, et que les hêtres ne le sont presque jamais. Est-ce vrai ?

Jeff Kessler

Il y a près d'un siècle commença à paraître la revue mensuelle *Country Queries and Notes* (Questions et observations rurales).

Cette question fut posée dans le premier numéro et suscita un grand intérêt chez les lecteurs. Des réponses arrivaient encore un an plus tard.

Les statistiques pratiquées sur les réponses donnèrent les résultats suivants : chêne, 484 ; peuplier, 284 ; saule, 87 ; orme, 66 ; pin, 54 ; if, 50 ; hêtre, 39 ; frêne, 33 ; poirier, 30 ; noyer, 22 ; citronnier, 16 ; cerisier, 12 ; châtaignier, 11 ; mélèze, 11 ; érable, 11 ; bouleau, 9 ; pommier, 7 ; aulne, 6 ; sorbier, 2, et aubépine, 1. Sur l'insistance du rédacteur de la revue, un lecteur admit avoir vu un sycomore foudroyé, et un autre avança qu'aucun houx n'avait jamais été touché.

Sans indications sur les proportions relatives des arbres mentionnés, cette liste peut sembler sans intérêt. Elle montre néanmoins que la hauteur semble plus déterminante que l'espèce. Des arguments divers furent échangés, dont il ressortit que les arbres à écorce rugueuse (retenant davantage d'eau) attiraient mieux les éclairs que les arbres à écorce lisse.

James O'Hagan

L'article des Eaux et Forêts britanniques le plus récent sur la question affirme que les chênes, les peupliers et les sapins sont les trois espèces les plus fréquemment touchées. Il est cependant basé sur deux études, l'une menée de 1932 à 1935 et l'autre de 1967 à 1985, qui ne relevaient pas exactement le même type de dommages – foudroiement partiel ou total. Les publications nord-américaines affirment aussi que le hêtre, le bouleau et le marronnier sont moins susceptibles d'être touchés que le chêne, le pin et le spruce, entre autres. En Amérique du Nord, il n'est pas rare de voir des arbres équipés de paratonnerres.

Diverses théories ont été avancées, selon lesquelles certains arbres seraient meilleurs conducteurs que d'autres à cause de leur sève ou du contenu en eau de leur écorce. Cela expliquerait pourquoi le hêtre, à écorce lisse, échappe si bien à la foudre.

Simon Pryce

Un coup de rosée

En ouvrant ma tente au petit matin, j'ai souvent remarqué que les gouttes de rosée se trouvaient à l'extrémité des herbes. Comment font-elles pour rester dans cette position précaire ?

John Lamont-Black

Ce phénomène est une forme de sudation appelée « guttation ». Les herbes portent sur leur surface des stomates, ou pores, à travers lesquels passe l'eau de transpiration de la plante. La nuit, les stomates se referment, ce qui ralentit la transpiration. Les gouttelettes d'eau ne peuvent alors sortir de la plante que par des stomates spéciaux, les « hydatodes ». Ils sont placés le long des côtés des feuilles ou aux extrémités. On pense que la guttation est causée par la forte pression racinaire. Les herbes produisent souvent de l'eau à leur extrémité, comme l'a bien remarqué votre correspondant-campeur. La guttation se produit aussi sur les feuilles des pommes de terre, des tomates et des fraises.

Frances Tobin

Les gouttes que vous avez observées proviennent de la guttation. Les racines des plantes prélèvent des ions dans le sol et les transportent jusqu'au xylème, qui les stocke. L'eau est aspirée par osmose, ce qui crée une pression dans le xylème. Sous l'effet de cette pression, la sève s'échappe des pores (les hydatodes) placés aux extrémités des feuilles d'herbe. Quand les gouttes sont assez grandes, elles tombent et de nouvelles se forment.

La guttation se produit généralement la nuit car, le jour, la perte d'eau des feuilles est insuffisante pour maintenir une dépression dans le xylème. Les conditions qui favorisent la guttation sont aussi celles qui favorisent le camping : ciel clair, vent léger, réchauffement du sol le jour et refroidissement la nuit, ce qui augmente l'humidité et facilite la mise en place des piquets de tente.

Certains ions utiles sont probablement captés par les hydatodes et certains ions du xylème, dans les racines, peuvent avoir été remis dans le circuit. Un phénomène semblable à la guttation apporte le calcium aux fruits qui mûrissent. Son interruption est un mauvais signe. Par exemple, une atmosphère sèche dans une serre, la nuit, peut empêcher l'établissement de la pression adéquate dans le xylème, et donner des fruits, telle la tomate, présentant des déficiences en calcium, dont l'extrémité du bourgeon tend à pourrir.

John Tulett

La guttation a été observée chez plus de 330 genres de 115 familles de plantes. Elle est engendrée par des conditions qui favorisent l'absorption des racines, mais retardent la transpiration. Elle est donc plus fréquente la nuit et dans les régions tropicales humides, où la haute température du sol favorise l'absorption des racines et où l'humidité de l'atmosphère retarde la transpiration. Parmi les plantes des régions tempérées, certaines espèces d'impatientes et d'herbes, dont les céréales, montrent ce phénomène. La plante tropicale *Colocasia antiquorum* peut exsuder ainsi un cinquième de litre d'eau par feuille, en une journée !

John Timlinson

7. Transports peu communs

Ça plane pour moi

Je viens de voler à 12 000 mètres d'altitude et à 800 km/h dans de l'air à - 50 °C. Heureusement, j'étais dans un avion de ligne. Comment se fait-il que des parois de 10 centimètres d'épaisseur suffisent à protéger les passagers ? Pourquoi ne les utilise-t-on pas pour isoler les maisons ?

Philip Welsby

Le refroidissement dû au vent, très sensible si l'on est nu, résulte surtout des turbulences, qui favorisent la perte de chaleur de la peau par évaporation et convection. Sur le fuselage d'un avion, le flux d'air est laminaire (c'est en tout cas le résultat auquel s'efforcent de parvenir les ingénieurs en aéronautique), et bien moins favorable au transfert de chaleur. En outre, à 9 000 mètres d'altitude, la densité de l'air est trois fois plus faible qu'au niveau de la mer. C'est comme si l'avion volait dans une bouteille Thermos.

Au-delà de 500 km/h, la surface d'un avion s'échauffe à cause du frottement de l'air. Certaines pièces du Concorde s'échauffaient de 200 °C en vol, et l'on sait que les boucliers thermiques des véhicules spatiaux sont portés au rouge lors de la rentrée dans l'atmosphère.

Dans une cabine d'avion, où de nombreuses personnes sont rassemblées dans un petit volume, l'énergie par unité de volume dégagée par le métabolisme atteint des valeurs cent fois plus élevées que dans une petite maison. Et le rapport surface/volume est plus petit pour un fuselage cylindrique que pour une maison de forme complexe.

Dans une cabine, l'air est conditionné et recirculé. La puissance nécessaire est prélevée sur l'énergie des moteurs, de sorte qu'il est facile de maintenir une température agréable en vol. Le secret de l'isolation consiste à tapisser l'intérieur de la cabine avec une feuille de plastique afin qu'on ne soit en contact avec aucune pièce métallique, et à remplir l'espace entre la carlingue et le plastique avec une mousse isolante du type de celle qu'on emploie pour les maisons. Il fait donc une température agréable dans la cabine, mais votre correspondant a raison de signaler que certaines parties de l'avion sont très froides. Le cône de queue et le compartiment à bagages arrière sont glacés.

Rappelons enfin qu'un avion au sol, moteurs coupés, n'est pas plus chaud qu'une caravane non chauffée.

Alan Calverd

La température à l'extérieur d'un avion de ligne est très basse, mais la carlingue de l'avion peut s'échauffer considérablement. La grande différence de température qui en résulte implique une isolation thermique mais, à part quelques endroits particuliers (le dessus et le dessous de la cabine passagers), l'isolation la plus importante à assurer est de nature acoustique.

L'atténuation du bruit des moteurs et de l'air augmente l'épaisseur de l'isolant thermique. On utilise généralement du « mat » de fibre de verre. Le très petit diamètre des fibres réduit considérablement le bruit. L'épaisseur de l'isolation totale, qui dépend évidemment des types d'avions, varie de 12 centimètres (toit de la cabine) à 8 centimètres sur les côtés et 3 au niveau du plancher de la cabine. La fibre de verre employée en aviation est spécialement légère, mais des produits semblables sont proposés au public pour l'isolation thermique des maisons.

David Kettle

Occupé

Quand on va dans les toilettes d'un avion, la lumière s'allume quand on pousse le verrou. Mais elle ne s'allume qu'au bout de quelques secondes. Pourquoi ?

Mick Towne

Il faut quelques secondes pour qu'un tube fluorescent de basse puissance et basse tension accumule suffisamment d'énergie pour qu'un arc électrique s'établisse entre les électrodes. Le gaz du tube contient un tout petit peu de mercure sous forme gazeuse, et le mercure ne commence à s'ioniser que s'il est chauffé.

La lampe à mercure donne une lumière de longueur d'onde 337,1 nanomètres, c'est-à-dire dans la partie non visible du spectre – l'ultraviolet. Elle devrait donc être invisible, mais le revêtement à l'intérieur du tube absorbe cette lumière et réémet dans la partie visible du spectre.

Les alimentations 24 volts des avions sont moins énergétiques que celles que nous avons chez nous et au bureau. Elles pourraient cependant donner le choc électrique initial nécessaire à l'allumage immédiat de la lampe des toilettes, mais cela engendrerait une brutale baisse de tension, durant quelques dixièmes de milliseconde, qui pourrait perturber d'autres appareils. C'est pourquoi la lampe démarre « en douceur ».

Dan Schwartz

La nature a-t-elle inventé la roue ?

La roue est un dispositif extrêmement utile pour se déplacer. Pourquoi l'évolution ne l'a-t-elle pas utilisée ?

Tyrone Peeter

Il n'est pas juste de dire que la nature n'a pas inventé la roue : les bactéries l'utilisent pour se déplacer depuis des millions d'années, sous la forme de flagelles, sortes de tire-bouchons en rotation perpétuelle. La moitié des bactéries connues possèdent un ou plusieurs flagelles.

Chacun est solidaire d'une « roue » située dans la membrane cellulaire et qui tourne – entraînée par un minuscule moteur électrique – à quelques centaines de tours par seconde. L'électricité est produite par des variations de charge rapides au sein d'un anneau de protéines qui entoure la roue. Ces charges sont celles des ions hydrogène positifs, qui sont en permanence extraits de la membrane cellulaire, et qui y retournent.

Les seuls nutriments nécessaires au flagelle sont les protéines qui lui permettent de croître. Elles arrivent par le centre du flagelle, et sont assemblées pour donner un nouveau matériau cellulaire lorsqu'elles atteignent son extrémité.

Ce dispositif nanotechnologique très sophistiqué possède même une marche arrière, très utile lors de la recherche de nourriture. Ainsi, non seulement la nature a inventé la roue, mais, vu le nombre astronomique de bactéries dans le monde vivant, il s'agit probablement du mode de locomotion le plus employé !

Andrew Goldsworthy

Il existe une forme de vie macroscopique qui roule : la « soude brûlée » *(Salsola kali)*, commune dans l'Ouest américain (et dans les westerns), dont la partie située au-dessus du sol se détache de la tige et roule, poussée par le vent, dispersant très efficacement ses graines.

Eric Kvaalen

Bon. La nature a bien inventé la roue. Mais pourquoi aussi peu de créatures l'utilisent-elles ?

La roue n'est devenue un instrument utile que parce que nous avons considérablement modifié notre habitat pour pouvoir l'utiliser. Une simple chaise roulante démontre même que notre habitat n'est pas encore assez adapté à la roue. Dès que l'on quitte les routes et les chemins praticables pour se retrouver dans la boue, le sable, la neige, les cailloux ou les crevasses, la merveilleuse invention devient totalement inutile.

Alistair Scott

Chaque partie de notre corps (et de ceux de la plupart des organismes supérieurs) est reliée aux (ou communique avec les) systèmes essentiels du corps – chez nous, les systèmes nerveux et sanguin. Il devrait en être de même avec une éventuelle roue développée par l'organisme. Mais une roue étant en rotation, les vaisseaux sanguins et les nerfs s'enrouleraient autour de son axe.

Ben Hill

Les machines roulantes, trains et voitures, possèdent un moteur qui génère un « couple » mécanique. Dans le cas d'une brouette, il est fourni par les jambes. La plus grande part de la locomotion animale est produite par les muscles qui sont très efficaces pour convertir en travail mécanique l'énergie chimique, mais qui ne peuvent que se contracter. Pour utiliser des

roues, la nature devrait soit remplacer les muscles par une autre forme de poussée, soit concocter un mélange de jambes et de roues, soit inventer une très improbable bicyclette biologique.

Roland Davis

L'évolution biologique n'est pas un processus qui sait où il va. C'est avant tout l'effet cumulé de la sélection naturelle agissant sur des mutations au hasard. Une nouvelle forme de vie ou de locomotion ne peut ainsi apparaître que si chaque étape de cette évolution confère un avantage à l'organisme ou, à la rigueur, si elle ne confère aucun désavantage.

Les ailes ont pu évoluer car un embryon d'aile procure déjà un avantage aérodynamique lorsqu'il s'agit de sauter de branche en branche. Et une coquille peut évoluer car une coquille molle est déjà une protection efficace. Mais quelle étape intermédiaire utile pourrait mener vers la roue ?

En fait, les roues ont bien évolué : l'évolution a donné des êtres humains, qui ont été assez futés pour fabriquer des roues et modifier leur environnement en conséquence.

Simon Iveson

Mal de terre

Quand je reviens à la maison après mes leçons de voile, j'ai l'impression que ma chambre bouge. Pourquoi ?

Richard Matthews (9 ans)

Pour se localiser, notre cerveau rassemble des informations en provenance de diverses sources, dont la vue, le toucher et l'oreille interne. La plupart du temps, les organes des sens et ceux de l'oreille interne concordent. Quand ce n'est pas le cas, la localisation devient imprécise et ambiguë, ce qui peut donner le mal de mer ou des pertes d'équilibre.

Le mal de mer est dû à un conflit entre les informations sensorielles et notre « programmation » interne du mouvement. Acquérir le pied marin est la réponse de l'organisme : on s'habitue en anticipant les mouvements du bateau et en adaptant notre posture en conséquence. Quand on met pied à terre, le corps peut continuer à ce régime pendant des heures, voire des jours, ce qui peut se traduire par des nausées ou donner l'impression que les pièces tanguent.

Certaines personnes présentent même ce genre de syndrome pendant des semaines, voire des mois ou des années. C'est le syndrome du « mal de débarquement ». On ne sait pas pourquoi ce syndrome persiste aussi longtemps, mais on sait le traiter.

La navigation à voiles n'est pas la seule activité à provoquer ce genre d'illusion. Les passagers des trains de nuit disent parfois qu'ils ressentent encore dans les jambes le « clicketi-clack » des roues sur les rails. Et les astronautes de retour sur terre ont souvent des nausées, des vertiges, du mal à marcher et des illusions sensorielles. Plus longtemps on est exposé à des mouvements inhabituels, plus longtemps dureront les effets secondaires.

Timothy Hain, Northwestern University, Chicago,
et Charles Oman, Massachusetts Institute of Technology

? Titanesque

Visitant l'exposition sur le Titanic, *j'ai appris qu'il faut faire très attention en remontant de 4 000 mètres de profondeur les objets en fonte, car ils risquent d'exploser en surface. Pourquoi ?*

Thomas Theakston

Plusieurs phénomènes sont à prendre en compte. La fonte contient toujours des microcavités qui se forment sous la

surface. Comme elle a une faible ductilité, elle a tendance à se fissurer plutôt qu'à se déformer. Enfin, c'est un matériau très hétérogène, contenant jusqu'à 4,5 % de carbone, du silicium, du manganèse, du phosphore et du soufre. On y trouve aussi plusieurs phases cristallines : graphite, argentite et ferrite.

Quand la fonte est placée dans un électrolyte comme l'eau de mer, la corrosion commence par attaquer la surface. Un des produits de cette corrosion est l'hydrogène sous forme d'atome ou d'ion. Dans cet état, l'hydrogène peut diffuser à travers la ferrite et s'amasser dans les microcavités. Là, il redonne de l'hydrogène moléculaire gazeux, ce qui augmente la pression dans les cavités.

Ce processus électrolytique ayant lieu à grande profondeur, et donc à haute pression, la pression du gaz des cavités se met en équilibre avec l'eau de fond. En remontant l'objet en fonte, on diminue la pression externe, ce qui augmente d'autant la pression dans les cavités.

Au mieux, l'alliage va se fissurer. Au pire, il va se briser.

C.C. Hanson

Il arrive que les vieux boulets de canon remontés à la surface explosent lors des manipulations. Cela se produit dans des circonstances bien particulières, lorsque des bactéries réductrices des sulfates, communes dans les sédiments marins, colonisent les microfissures du fer. Ces bactéries utilisent les sulfates (oxydes de soufre) de l'eau de mer comme source d'oxygène, et rejettent les sulfures qui en résultent. En présence de fer, le sulfure soluble réagit pour former du disulfure de fer (pyrite) et autres minéraux apparentés.

Les sulfures de fer, stables dans les conditions réductrices qui règnent au fond de la mer, participent à l'oxydation dès qu'ils sont amenés en surface. Cette réaction dégage beaucoup d'énergie, donne un acide, et provoque une forte augmentation de volume. Une importante oxydation peut se produire en quelques heures, et parfois plus vite encore. Il peut en résulter des explosions spectaculaires.

Jeff Taylor, géochimiste

Beau comme un pneu

Pourquoi les pneus de voiture et de moto exhibent-ils autant de motifs différents ? Pourquoi n'y a-t-il pas un motif standard, à l'efficacité reconnue ?

G. Curling

Il n'y a que deux paramètres pour définir une bande de roulement de pneu. Le pneu doit transmettre au sol les forces d'accélération et de freinage, et il doit évacuer l'eau de pluie de façon à réduire autant que possible l'aquaplaning, qui tend à faire glisser les voitures sur route humide.

Un motif fait de simples blocs juxtaposés suffit pour les usages tout terrain, mais sur une route, les parties avant et arrière des blocs s'usent très vite. Des rides longitudinales, ornées d'indentations, améliorent la traction sans augmenter le frottement. Mais les motifs transversaux espacés régulièrement créent un bruit sourd, ce qui mène à utiliser des motifs irréguliers.

À 100 km/h avec une légère pluie, un pneu de voiture doit déplacer 5 litres d'eau par seconde pour rester en contact avec la route. Des crêtes soulèvent l'eau de la route, puis l'éjectent sur les côtés par des rayures transversales.

Avec les pneus de moto, la section ovale pénètre facilement dans l'eau. L'aquaplaning est rarement un problème et les questions de bruit sont moins importantes qu'en voiture. Ce qui est important, c'est la traction.

Le cahier des charges peut évidemment être rempli de nombreuses façons différentes. En fait, la plupart des variations

dans les motifs de pneus sont dues aux spécialistes du marketing des fabricants.

Reinhard Readding

Dans les années 1980, j'ai travaillé avec des outils informatiques 3D à la mise au point de motifs de pneus. À partir de données techniques (taille du pneu, structure) et d'un dessin à deux dimensions, il était possible de produire n'importe quel motif.

Les designers m'ont dit que cet outil leur était très utile car beaucoup des centaines de motifs qu'ils proposaient chaque année étaient refusés par le service marketing pour des raisons purement esthétiques. Certains étaient jugés « pas assez sexy » ou « pas assez masculins », et mis au rancart.

Si le marketing est d'accord, on passe à la production de prototypes. Ils sont taillés à la main, à cause du coût de fabrication d'un moule, puis testés.

Les anciens dans le métier savaient quels motifs conviennent le mieux à tels types de pneus, et fournissaient un nombre surprenant de motifs nouveaux qui non seulement satisfaisaient le marketing, mais en outre se comportaient très bien durant les tests.

André de Bruin

? Fort comme un paquebot

Supposons qu'un énorme paquebot soit à quai, et qu'aucune force (vent ou courant) n'agisse sur lui. Si je repousse le bateau de la main, va-t-il bouger, même très lentement ? Ou les forces de frottement de l'eau opposent-elles une résistance trop forte ?

Trevor Kitson

Quand j'étais un jeune conscrit au service du roi George V, j'ai eu plusieurs fois l'occasion de déplacer un destroyer en le repoussant à la main.

Par marée de morte-eau dans le port de Harwich (Essex) et brise molle, je me suis appuyé sur le bastingage du bateau sur lequel j'étais, et ai agrippé des deux mains, à bout de bras, le bastingage du bateau voisin. Puis j'ai tiré.

Pendant une minute, il ne s'est rien passé, puis l'espace entre les bateaux a commencé à se réduire jusqu'à ce que les deux bateaux se touchent en douceur, sans aucun bruit, et restent au contact l'un de l'autre. Ensuite, en repoussant, j'ai remis les deux navires dans leur position initiale. En toute simplicité.

Un paquebot a la taille au-dessus d'un destroyer de la marine, mais je pense que la seule différence serait la durée nécessaire pour bouger le navire. Je conseillerais à votre correspondant, s'il se trouve un jour en mesure de tenter l'expérience, de ne pas bloquer sa respiration pendant qu'il pousse...

Ken Green

En l'absence de vent et de courant, il est possible de faire bouger un navire aussi gros que l'on souhaite. C'est même extraordinairement facile. Cela peut s'expliquer en termes d'énergie cinétique et de quantité de mouvement.

Prenons un bateau de masse *(m)* de 20 000 tonnes. Avec une vitesse *(v)* de 1 cm/s, il possède une énergie cinétique $(1/2\ mv^2)$ de :

$1/2 \times 2 \times 10^7 \times (10^{-2})^2 = 1\,000$ joules.

Cette énergie est très petite. Un homme de 51 kilos s'élevant de 2 mètres dépense la même.

À 1 cm/s, la quantité de mouvement *(mv)* du bateau atteint 2×10^5 newtons-seconde. Notre homme de 51 kilos peut la transmettre au bateau en appliquant l'équivalent de son propre poids pendant 400 secondes :

$51 \times g \times 400 = 2 \times 10^5$,

où g est l'accélération de la pesanteur (9,8 m/s^2).

Quand un navire se déplace, la même masse d'eau se déplace à la même vitesse. L'énergie cinétique et la quantité de mouvement calculées plus haut ont donc été sous-estimées d'un facteur 2 (à peu près). Mais la conclusion tient toujours : un homme seul peut déplacer un navire.

John Ponsonby

Le bateau va se déplacer. Les forces fluides n'ont pas de limite de frottement statique. On peut considérer que ces forces sont proportionnelles à la vitesse du bateau. Elles sont quasi nulles quand le bateau est immobile.

Donc, il suffit de pousser. Bonne chance !

Marco Venturini Autieri

? Hublot sous pression

Les deux vitres externes d'un hublot d'avion de ligne sont séparées par un petit cylindre métallique, qui est souvent entouré de condensation. À quoi cela sert-il et de quoi est-il fait ?

Rita Breitkopf

Les vitres d'avion comprennent trois couches de verre ou d'acrylique, ou plus, pour assurer l'isolation thermique. Le petit cylindre est en fait constitué des côtés d'un petit trou foré dans la couche du milieu afin d'égaliser les pressions entre les vitres tout en minimisant la convection.

La condensation autour de ce trou est due au refroidissement de l'air qui se trouve dans le trou. De la glace s'y forme souvent. La position du trou est choisie de façon à laisser la meilleure visibilité, à minimiser les éventuelles fissures entre le trou et les bords des couches, et à empêcher une condensation excessive qui pourrait boucher le trou avec de la glace.

Fred Parkinson

Turbulence en air clair

Lors de mon dernier voyage en avion, nous avons rencontré de sévères turbulences. La nourriture et les boissons volaient, les rangements supérieurs s'ouvraient tout seuls, les passagers criaient, pleuraient et même le personnel de cabine commençait à s'inquiéter sérieusement. Il m'a semblé que l'avion tombait comme une pierre pendant 5 secondes. Y avait-il vraiment du danger ? On avait vraiment l'impression que l'avion tombait hors du ciel. Cela s'est-il déjà produit ?

Brian Jackson

Votre lecteur a expérimenté les effets de la turbulence en air clair, ou TAC. Une TAC est invisible aux pilotes, et peut parfaitement causer le crash d'un avion, si elle est rencontrée au moment du décollage ou de l'atterrissage. Depuis 1981, on a dénombré 350 cas d'avions rencontrant des turbulences sévères. Ces phénomènes sont aussi la cause majeure de blessures en vol : aux États-Unis, près de 60 passagers sont blessés chaque année, ce qui explique qu'on leur demande de garder leurs ceintures attachées.

Il y a cinq causes majeures de TAC : les jet-streams, le sillage d'un autre avion, l'écoulement autour d'une montagne, et les violents courants descendants associés aux nuages d'orage. L'événement décrit ici semble avoir été causé par une turbulence de jet-stream. Lors des vols long-courriers, les pilotes essayent de se maintenir dans ces jet-streams, courants d'altitude qui permettent de grosses économies de carburant. Cepen-

dant, les jet-streams se trouvant à plus de 12000 mètres d'altitude, les avions volent généralement dessous, dans des zones d'écoulement turbulent.

Si un avion rencontre un courant descendant, la portance des ailes s'annule et l'avion tombe immédiatement. Tout ce qui n'est pas attaché se met alors à voler à travers la cabine, et c'est souvent le personnel de bord qui en est victime. Lorsque l'appareil quitte le courant descendant, les ailes reprennent brutalement leur portance avec un fort « bang ». Les ailes sont conçues pour résister à des accélérations vers le haut de 2,5 *g* et de 1,5 *g* vers le bas (*g* est l'accélération de la pesanteur). Au-delà, des problèmes apparaissent.

Le 5 mars 1966, une TAC a causé une catastrophe. Par un jour sans nuages, le pilote du vol BOAC 911 décida de faire un détour pour offrir à ses passagers une vue du mont Fuji. Volant trop près de la montagne, l'avion fut fracassé par une turbulence.

On connaît d'autres cas de crash au décollage ou à l'atterrissage, moments où les avions sont spécialement vulnérables. Des appareils en approche ayant été retournés comme des crêpes, la présence de radars météo est désormais obligatoire sur les avions de ligne aux États-Unis. Ils détectent les gouttes d'eau associées aux cisaillements de vent et préviennent le pilote.

Terence Hollingworth

Le *best of* du reste

Filles aléatoires

Les parents de ma femme ont eu six enfants, dont les trois premiers et le sixième sont des filles. Quatre de ces enfants ont eu des enfants, sept en tout, et toutes sont des filles. Je crois savoir que certains hommes sont plus portés à avoir des filles, mais dans cette famille, les sept petits-enfants ont quatre pères différents. S'agit-il d'une coïncidence, ou d'autres facteurs sont-ils à l'œuvre ?

Mark Higgins

Bien que je ne connaisse pas tous les détails, je crois pouvoir affirmer qu'il s'agit d'une coïncidence. Un fœtus a 1 chance sur 2 d'être une fille ; il y a donc 1/2 à la puissance 7, soit 1 chance sur 128, pour que sept enfants soient tous des filles. Cela n'est donc pas si improbable, et l'on trouverait probablement de nombreuses autres combinaisons remarquables (tous des garçons, ou une fille - un garçon, etc.), de sorte que les chances d'obtenir une combinaison « remarquable » sont finalement assez élevées.

Cette question émane de la capacité typiquement humaine à trouver des motifs singuliers dans des données au hasard. On s'est aperçu que les gens ont une idée du hasard bien différente de ce qu'est réellement le hasard. En jouant à pile (P) ou face (F), par exemple, une séquence du genre « FPFFPFPPFFFPPF » sera considérée comme aléatoire, alors qu'une séquence vraiment aléatoire serait plutôt du genre « FFFFFPFFPPFFFF » – c'est-à-dire moins de variations et des séquences plus longues de piles

ou de faces. Inversement, cela signifie que des séquences aléatoires paraissent ne pas l'être aux yeux de la majorité des gens.

Si le groupe atteignait un jour 15 petits-enfants – toutes des filles –, je commencerais à dresser l'oreille et à suspecter un phénomène non aléatoire. Mais même si cette probabilité est encore faible (1 chance sur 32000), elle a déjà dû se produire plusieurs fois dans l'histoire.

Ben Haller

Attraper froid

J'ai entendu dire que l'on pouvait attraper froid quand une personne porteuse du virus touche votre main, et que vous la portez à vos yeux ou à votre nez. Apparemment, la « crève » peut aussi se « refiler » par l'intermédiaire d'une poignée de porte. Combien de temps un virus ou tout autre microbe peut-il subsister sur une surface ? Cela dépend-il de la surface, et l'humidité joue-t-elle un rôle ?

Cory Caulfell

Cela dépend de la surface. Une surface humide, froide et à l'abri de la lumière, par exemple, devrait conserver un rhinovirus ou un coronavirus pendant plusieurs jours.

Une pièce de monnaie en bronze, en revanche, sèche, bien éclairée et recouverte d'une couche d'oxyde (le vert-de-gris), devrait être « propre » moins d'une demi-heure après avoir été contaminée. Ces métaux (cuivre et zinc) sont très mauvais pour les microbes, de sorte que les pièces jaunes, même très sales, ne sont pas aussi sales qu'il y paraît.

Les rhinovirus sont de loin les plus communs. Ce sont des picornavirus, qui ne sont que modérément stables. La dessiccation et l'éclairement aux ultraviolets solaires suffisent à nettoyer la plupart des surfaces. Un mouchoir, en revanche, est susceptible de conserver des microbes pendant des jours, à moins qu'il n'abrite aussi des bactéries qui digéreront rapidement les sécrétions du moucheur.

Pour éviter une infection virale, il vaut mieux ne pas se toucher le visage, ou se laver les mains avant de le faire.

Jon Richfield

Ça pique les yeux

Comment fait le chlore des piscines pour tuer les organismes nocifs, et pourquoi emploie-t-on cet élément ?

Tommy Krone

Le chlore n'est pas le seul élément de la famille des halogènes qui puisse être utilisé pour désinfecter l'eau. L'iode et le brome conviennent aussi, mais pas le fluor, qui est trop réactif. On emploie le chlore simplement parce qu'il est économique, abondant et assez facile à manipuler.

La désinfection se fait par interruption du métabolisme ou désorganisation de la structure du microbe. Cela peut se faire aussi par des éléments chimiques oxydants ou réducteurs qui ont des effets semblables, ou par des processus physiques : ultraviolets (solaires ou non), rayons X, ultrasons, chaleur (comme dans la pasteurisation), modifications du pH et même stockage de longue durée.

Le chlore gazeux est constitué de deux atomes de chlore, mais pas d'oxygène. En présence d'eau, un des atomes de chlore forme un ion chlorure ; l'autre réagit avec l'eau pour donner de l'acide hypochloreux, qui est un oxydant puissant. La désinfection a lieu lorsque cet acide attaque certaines molécules de la membrane cellulaire du microbe par oxydo-

réduction. Si cela se produit plusieurs fois, les mécanismes cellulaires de réparation sont débordés, et l'organisme meurt. La concentration du désinfectant et le temps d'exposition sont donc les facteurs clés.

On trouve le chlore sous plusieurs formes commerciales : le chlore gazeux, l'hypochlorite de sodium (la poudre que l'on met dans les piscines) et l'eau de Javel. Certains produits contenant du chlore ne sont pas des désinfectants car leur chlore, déjà réduit, n'a plus de pouvoir oxydant. C'est le cas du chlorure de sodium (le sel), ce qui explique que les microbes soient très à l'aise dans l'eau de mer.

Philip Jones, « Water Environment Consultants »

La désinfection doit être menée dans des conditions de pH étroitement surveillées – idéalement entre 7 et 7,6. Si le pH est trop bas – inférieur à 6,8 –, les composés de l'azote, surtout l'urée (présente dans les piscines), tendent à se dégrader en chloramines. Le pire de ces composés est le trichlorure d'azote, qui irrite les yeux et donne la désagréable odeur de chlore des piscines mal gérées.

Philip Stainer

? Biniou des alpages

Que se passerait-il si on jouait de la cornemuse dans le mélange hélium/oxygène qu'utilisent les plongeurs, et qui déforme le son ? Est-ce que le chalumeau (le tube à trous) se comporterait comme les bourdons (tubes simples donnant une seule note) ?

Roger Malton

Une cornemuse, ou un biniou, est constituée d'une outre remplie d'air et munie d'un système de clapets qui l'empêche de se vider trop vite. L'air comprimé est dirigé vers divers tubes, dont le chalumeau et les bourdons.

La fréquence fondamentale d'une cavité résonante, qu'il s'agisse du larynx ou du chalumeau d'une cornemuse, est proportionnelle à la vitesse du son dans le gaz qui occupe la cavité. Or, cette vitesse est elle-même proportionnelle à la racine carrée de T/M (où T est la température absolue du gaz – ajoutez 273 à la température ordinaire pour l'obtenir –, et où M est la masse molaire du gaz). La vitesse du son est donc plus grande dans des gaz plus légers que l'air. Dans l'hélium par exemple (M = 4), elle vaut presque trois fois plus que la vitesse du son dans l'air (M = 29). La fréquence de résonance d'une cavité sonore est donc à peu près trois fois plus élevée : dans l'hélium, on a la voix de Donald.

Il est évidemment difficile d'imaginer un joueur de cornemuse écossaise ou de biniou breton dans une cloche à plongeur emplie de mélange hélium/oxygène. La flûte irlandaise se prête mieux à l'expérience, et satisfait tout autant notre goût pour la musique celtique.

J'ai procédé à cette expérience en inhalant de l'hélium d'un ballon d'enfant (ceux qui s'envolent sont gonflés à l'hélium), et en soufflant dans ma flûte en *ré*. J'étais à 41 mètres au-dessus du niveau de la mer et la température était de 22 °C. La note stable obtenue avec l'hélium était exactement de trois demi-tons, de *ré* à *fa*, au-dessus de la note dans l'air. En soufflant plus fort que d'habitude, j'ai réussi à jouer les douze premières mesures de *Down by the Sally Gardens*. Après cette première expiration, le *ré* initial est devenu un *ré* dièse, qui n'a disparu qu'après que tout l'hélium s'est évacué de mes poumons.

Tony Lamont

La note émise par les tubes d'une cornemuse dépend de leur longueur – longueur ajustable dans le cas du chalumeau. La

note dépendant de la vitesse du son, qui est supérieure dans l'hélium, le son émis par la cornemuse sera plus aigu.

Lorsque j'enseignais l'acoustique à des chanteurs d'opéra, je leur demandais de remplir leurs poumons avec de l'hélium, tout en gardant un peu de gaz carbonique, qui stimule le réflexe de respiration. Quand ils chantaient, le son ne changeait pas, car la fréquence était émise par les cordes vocales, et non par la cavité résonante.

Les résonances ne sont pas assez fortes pour dominer les cordes vocales. Ce qui change, c'est chacune des fréquences de résonance du conduit vocal – ce que l'on appelle les « formants ». Ce n'est donc pas le fondamental qui change, mais les formants qui montent dramatiquement.

En fait, peu de chanteurs ont eu l'occasion de s'entendre chanter. La plupart éclataient de rire en s'entendant, et expulsaient rapidement l'hélium contenu dans leurs poumons.

John Elliot

Oui, les cornemuses marchent dans des mélanges d'hélium. De l'hélium pur injecté dans le sac élève la fréquence d'environ une octave. Des expériences (peu concluantes) ont été faites avec un mélange air/hélium. L'emploi de gaz plus lourds que l'air (oxygène ou néon) donne des fréquences plus graves, mais n'améliore nullement la musicalité du son.

Mark Williams

Les fréquences de résonance de toutes les cavités sonores sont proportionnelles à la vitesse du son. Un mélange hélium/oxygène augmente ces fréquences, mais le gaz carbonique les diminue.

Les joueurs d'instruments à vent savent qu'ils doivent éviter de boire des boissons gazeuses avant un concert. Tout renvoi incontrôlé de gaz carbonique dans l'instrument se traduit en effet par un couac : la note jouée sera trop basse. En outre, l'instrument ne retrouve ses notes ordinaires que lorsque tout le gaz carbonique est évacué. Avec du gaz carbonique pur, la note jouée serait fausse de sept demi-tons, soit une demi-octave !

Laurie Griffiths

La guerre des marrons

Il est fait mention dans le journal local de l'école du village de Nash, en Angleterre, à la date du 9 novembre 1917, d'une « Lettre du Directeur de l'Armement remerciant pour le ramassage des marrons ». Quel rapport peut-il bien y avoir entre les écoliers, les marrons et les munitions en temps de guerre ?

John Harris et Greg Davies

Cette question a été posée dans le numéro de février 1987 de la revue *Chemistry in Britain*. Les divers correspondants ont répondu que les marrons, pendant la Première Guerre mondiale, étaient employés pour produire de l'acétone, laquelle entrait dans la fabrication de la cordite, poudre sans fumée utilisée dans l'artillerie.

Les poudres sans fumée ont révolutionné les techniques guerrières. Plus puissantes que la classique « poudre noire », ou « poudre à canon », elles offraient l'avantage de pouvoir tirer plusieurs fois de suite sans envelopper le tireur d'une épaisse fumée. La cordite est un mélange de coton/poudre (65 %), de nitroglycérine (30 %) et de vaseline (5 %), mis sous forme de gélatine avec de l'acétone, avant d'être façonné en longues tresses.

L'industrie de l'acétone étant insuffisante pour les besoins de l'armée, le ministre de l'Armement, David Lloyd George, demanda à Chaïm Weizmann, chimiste qui avait émigré en

Angleterre en 1904, de matérialiser son idée de produire de l'acétone par fermentation bactérienne de l'amidon de maïs. Deux usines, à Poole et à King's Lynn, produisirent rapidement 400000 litres d'acétone par an. Quand le maïs se faisait rare, on le remplaçait par des marrons ramassés par les enfants des écoles. Pour des raisons de sécurité, les adresses des usines étaient inconnues : les marrons étaient expédiés au Bureau central de la Poste, qui les redistribuait ensuite aux deux usines.

Voilà comment l'acétone de Lloyd George a laissé des traces dans l'école de Nash. Elle a aussi laissé, selon Lloyd George lui-même, des traces sur la carte du monde. Le ministre était en effet si reconnaissant à Weizmann, sioniste convaincu, qu'en devenant Premier ministre il le présenta à son ministre des Affaires étrangères, Arthur James Balfour. Il en résulta la très controversée « Déclaration Balfour » du 2 novembre 1917, affirmant que le gouvernement britannique était très favorable à « l'implantation en Palestine d'un État pour le peuple juif ». Quand l'État d'Israël fut créé, Chaïm Weizmann en fut le premier président, de 1949 à 1952.

Michael Goode

Tony Cross, conservateur du musée Curtis, à Alton (Hampshire), a trouvé des documents semblables, mais il a reçu une réponse assez différente de l'Imperial War Museum.

Pendant la Première Guerre mondiale, quelque 258 millions d'obus furent tirés par l'armée et par la marine britanniques. Le propulseur essentiel était la cordite, dont les solvants sont l'acétone et l'éther.

L'acétone était exclusivement obtenue par distillation du bois, marché dominé par les pays producteurs de bois. Avant la guerre, l'acétone était importée des États-Unis. En 1913, une usine moderne fut construite, mais, à la déclaration de guerre en août 1914, les stocks militaires d'acétone ne s'élevaient qu'à 3200 tonnes. D'autres usines furent mises en chantier quand il apparut que l'acétone pouvait être produite à partir de pomme de terre et de maïs.

En 1917 cependant, l'attaque sous-marine allemande dans l'Atlantique menaçait de couper l'approvisionnement en maïs américain. C'est alors que l'on découvrit que le marron pouvait produire de l'acétone. De grandes quantités de marrons furent collectées, mais seulement 3000 tonnes atteignirent l'usine de King's Lynn : il y avait de grosses difficultés de transport, et des lettres au *Times* évoquent des tas de marrons en état de pourriture avancée à proximité des gares.

L'usine de King's Lynn entra finalement en production en avril 1918... et ferma ses portes en juillet de la même année devant les difficultés de production rencontrées. Le marron n'a pas gagné la guerre.

Table de *Mais qui mange les guêpes ?*

Index général

Achevé d'imprimer par GGP Media GmbH, Pößneck
en Décembre 2007
pour le compte de France Loisirs,
Paris

N° d'éditeur: 50523
Dépôt légal: Septembre 2007

Imprimé en Allemagne